QUANDO FALHA O CONTROLE

Crimes de escravos contra senhores —
Campinas, 1840/1870

QUANDO FALHA O CONTROLE

Crimes de escravos contra senhores —
Campinas, 1840/1870

Maíra Chinelatto Alves

Copyright © 2014 Maíra Chinelatto Alves

Grafia atualizada segundo o Acordo Ortográfico da Língua Portuguesa de 1990, que entrou em vigor no Brasil em 2009.

Edição: Joana Monteleone/Haroldo Ceravolo Sereza

Editor assistente: João Paulo Putini

Assistente acadêmica: Danuza Vallim

Revisão: Ana Lígia Martins

Projeto gráfico, capa e diagramação: Gabriel Patez Silva

Assistente de produção: Ana Lígia Martins/Camila Hama

Imagem capa: Christiano Junior, *Cozinhando no campo.* Schomburg Center for Research in Black Culture.

CIP-BRASIL. CATALOGAÇÃO NA PUBLICAÇÃO
SINDICATO NACIONAL DOS EDITORES DE LIVROS, RJ

A48q

Alves, Maíra Chinelatto
QUANDO FALHA O CONTROLE : CRIMES DE ESCRAVOS
CONTRA SENHORES : CAMPINAS, 1840/1870
Maíra Chinelatto Alves. - 1. ed.
São Paulo : Alameda, 2014
238p. ; 23 cm

Inclui bibliografia
ISBN 978-85-7939-296-2

1. Escravidão - Brasil - História - Século XIX. 2. Liberdade
- Brasil - História - Século XIX. 3. Criminalidade - Brasil -
História - Século XIX. I. Título.

14-15816   CDD: 981.4
                            CDU: 94(81)'1840/1889'

ALAMEDA CASA EDITORIAL

Rua Conselheiro Ramalho, 694 – Bela Vista

CEP: 01325-000 – São Paulo, SP

Tel.: (11) 3012-2400

www.alamedaeditorial.com.br

Sumário

Prefácio	**9**
Capítulo 1– Agência e crime na história social da escravidão	**15**
Introdução	17
Discussão Bibliográfica	25
Capítulo 2 – Escravos africanos contestam o castigo: as relações escravistas na década de 1840	**43**
João de Nação e Pedro Antônio de Oliveira, 1845	54
Matheus, Venâncio e João Lopes de Camargo, 1847	67
Antônio de Nação e Antônio José Pinto da Silva, 1849	85
Capítulo 3 – Escravos enraizados reivindicam seus direitos: as relações escravistas na década de 1870	**113**
Camilo, Feliciano, Constantino, Gregório, Joaquim Guedes de Godói e José Francisco de Paula Guedes, 1871	123
Manoel Mulato e João Ferreira da Silva, 1872	144
Ana, Benedito, Martinho, João, Caetano e Francisco de Salles, 1876	161
Benedito, Emiliano, João e Anísio e Manoel Inácio de Camargo, 1876	183
Capítulo 4 – Um balanço comparativo entre as décadas de 1840 e 1870: conclusões	**203**
Bibliografia	**219**
Agradecimentos	**233**

Índice de tabelas

TABELA 1 – Quadro geral de crimes, Campinas. 1830-1889   21

TABELA 2 – Quadro de crimes de escravos. Campinas, 1830-1888   22

Tabela 3 – Escravos de Pedro Antônio de Oliveira, 1845   58

Tabela 4 – Escravos de João Lopes de Camargo, 1849   79

TABELA 5 – Escravos de Antônio José Pinto da Silva e sua esposa, D. Maria Joaquina da Conceição   106

TABELA 6 – Escravos de Joaquim Guedes Godói   132

TABELA 7 – Escravos de Joaquim Guedes de Godói. Doações que não fizeram parte do auto de partilha   133

TABELA 8 – Escravos de João Ferreira da Silva Gordo – Fazenda do Funil   152

TABELA 9 – Escravos de João Ferreira da Silva Gordo – Fazenda Morro Alto   154

TABELA 10 – Escravos de Francisco de Salles, 1876   166

TABELA 11 – Escravos de Manoel Inácio de Camargo, 1876   185

TABELA 12 – Escravos de Manoel Inácio de Camargo constantes apenas da matrícula de 1872   186

TABELA 13 – Escravos de Floriana Olímpia Leite Penteado, 1880   187

TABELA 14 – Características gerais de réus e senhores   207

PREFÁCIO

É com grande prazer que apresento o livro de Maíra Chinelatto Alves, *Quando falha o controle: crimes de escravos contra senhores. Campinas, 1840/1870*. Tomando como base documental os processos criminais de escravos que assassinaram seus senhores em Campinas nas décadas de 1840 e 1870, este livro apresenta uma análise muito minuciosa e compreensiva não apenas das relações de trabalho que marcaram as mutáveis relações escravistas na região, mas, sobretudo, penetra na dinâmica das comunidades de senzala das fazendas onde ocorreram tais crimes. Conectando os processos criminais escolhidos aos inventários que os seguiram, Maíra Chinelatto, ao ampliar o ângulo de visão oferecido pelo processo criminal, inova uma abordagem já consagrada no âmbito da nova história social da escravidão. A partir desta estratégia analítica, a autora reconstitui não apenas o estado econômico da propriedade e a situação da família proprietária, como dedica-se, especialmente, a analisar o plantel aí elencado, buscando discriminar neste grupos familiares, relações de amizade e trabalho aí tecidas, profissões, tempo de residência na fazenda, entre muitas outras particularidades. Assim, a autora insufla vida própria naqueles documentos que, de outra forma, seriam apenas listas de nomes e idades e relatos de violência.

Recuperando formas de vida, organização social e dinâmicas de resistência e autonomia tanto dos escravos envolvidos nos crimes como daqueles que o assistiram, muitas vezes de forma quase colaborativa e/ou auxiliaram a encobri-lo e a facilitar a fuga dos agressores, *Quando falha o controle* nos brinda com um verdadeiro roteiro analítico que comprova como hoje a historiografia social da escravidão tornou-se capaz de realizar a tarefa proposta décadas atrás, e a qual muitos tomavam como impossível: a recuperação das dinâmicas da escravidão vistas por dentro e pelos olhos dos escravizados.

A notável renovação da história da escravidão das últimas décadas dependeu, em larga medida, da integração às análises historiográficas de novas fontes documentais, sobretudo cartoriais e jurídicas, que permitiram a reconstrução da escravidão e de suas relações sociais e econômicas em seus aspectos mais cotidianos e variados. Dentre todos os documentos que foram minuciosamente analisados pelos historiadores nas últimas três décadas, não há dúvida que o processo crime tornou-se uma das principais ferramentas para a recuperação das relações sociais existentes na escravidão e nesta o papel do escravizado como agente social, capaz de ativamente atuar na configuração das relações sociais escravistas. Contamos hoje com uma miríade de trabalhos que tomou os processos criminais como bem sucedida base de estudos para a construção de uma história social das relações escravistas, na qual sublinha-se a voz dos escravizados e sua agência social.

São Paulo contou, pioneiramente, com estudos que se utilizaram, em maior ou menor escala, de processos criminais de escravos e escravas. Sublinho, em primeiro lugar, o livro de Suely Robles Reis de Queiroz, *Escravidão Negra em São Paulo: um estudo das tensões provocadas pelo escravismo no século XIX* (Rio de Janeiro: José Olímpio, 1977), o qual levantou os processos criminais envolvendo escravos na província de São Paulo. Em seguida, *Crime e Escravidão. Trabalho, Luta e Resistência nas Lavouras Paulistas, 1840-1888* (São Paulo: Brasiliense, 1987) apresentava, já dentro do novo espírito da renovação da historiografia da escravidão, um panorama dos crimes envolvendo escravos ocorridos nas fazendas de Campinas, no Oeste paulista, como de Taubaté, no Vale do Paraíba paulista. No quadro geral da criminalidade escrava, os crimes envolvendo os ataques às figuras do mando senhorial, feitores, administradores e senhores, foram especialmente analisados. O fulcro do trabalho era reconstituir as relações de trabalho e suas transformações no contexto da ascensão e consolidação da economia do café no século XIX em São Paulo e nesta buscava-se especialmente jogar luz sobre o papel desempenhado por escravizados. Entendidos enquanto agentes históricos, possuidores de uma lógica e racionalidade, que os categorizava enquanto trabalhadores que, embora despossuídos de direitos formais, ainda assim se entendiam enquanto agentes econômicos e sociais capazes de impor limites e condições à exploração de sua produtividade. O livro buscava também mostrar como as comunidades escravas haviam reagido frente às mudanças de conjuntura econômica e política do período e como estas haviam sido capazes de crescentemente se politizar, afinando suas reivindicações.

Passados mais de 25 anos, o trabalho de Maíra Chinelatto Alves retoma estas questões amparado por uma bibliografia e metodologia amadurecidas e sofisticadas. Escolhendo recortar apenas uma fatia de processos criminais, este livro retoma as questões originais de *Crime e escravidão* e as amplia em novas direções e contextos. Tendo como pano de fundo uma ampla discussão a respeito da escravidão nas Américas e, especialmente no Brasil, *Quando falha o controle*, com muita maestria, integra os mutáveis contextos econômicos de Campinas ao longo do XIX – da produção açucareira dos meados do XIX à consolidação do café na segunda metade do século, passando pelas tentativas de introdução do chá e enfocando ainda a permanente produção de gêneros –, para então discriminar diferentes políticas de formação de plantéis e utilização do trabalho escravo. Conectando os crimes acontecidos nas fazendas com uma minuciosa análise dos inventários que os seguiram, Maíra é capaz de reconstituir em detalhes a situação das fazendas e as possíveis quebras de rotinas e acordos informais estabelecidos entre senhores e seus escravos, mostrando como as vicissitudes da situação econômica das famílias proprietárias esfacelavam a precária estabilidade da comunidade escrava.

Mais ainda, voltando-se para a fina recuperação das dinâmicas das comunidades escravas, a autora esmiúça os laços familiares e os parentescos refletidos em arranjos de moradia e trabalho, as relações geracionais que impunham privilégios àquelas famílias fundadoras de senzalas, escancara formas e estratégias de aproximação e fidelidade à famílias proprietárias bem como situações contrárias, nas quais um ou mais escravos se opõem temerariamente às ordens senhoriais, estreitando laços com seus companheiros. O papel desempenhado por feitores escravos são, neste sentido, especialmente analisados, mostrando as terríveis ambivalências desta posição.

Como estratégia analítica, *Quando falha o controle* recorta os crimes ocorridos em duas décadas diferentes. Primeiramente o livro enfoca a de 1840 – momento em que a produção açucareira começava a ser abandonada em favor de novas experiências agrícolas, como a do chá e a do café – mostrando a predominância de unidades produtivas de pequena e média estatura com plantéis pequenos ou em formação, formados majoritariamente por africanos. Em seguida, analisa a de 1870 mostrando a ascensão e consolidação de Campinas como potência cafeicultora, concretizada em fazendas cafeeiras formadas – embora ainda pontilhadas por produção de gêneros – possuidoras de plantéis médios e grandes, com políticas de exploração do trabalho escravo consolidadas por meio de políticas paternalistas e aumento do ritmo de trabalho.

Comparando as estratégias escravas em ambas as décadas, o livro é bem sucedido ao comprovar as transformações ocorridas nas atitudes dos escravos, não apenas daqueles que cometeram os crimes, mas das comunidades de senzala que aparecem como pano de fundo das ocorrências violentas. Frente a esta questão, a autora é capaz de, por meio de uma rica estratégia analítica, mostrar que, de fato, havia ocorrido entre as décadas de 1840 e 1870 uma sensível evolução na maneira como as comunidades escravas entendiam seus direitos. Segundo Maíra Chinelatto, a década de 1870, devido a razões diversas – consolidação de comunidades escravas na região, impacto da lei de 1871, influências da urbanização e imprensa na vida escrava – havia assistido a uma flagrante evolução das reivindicações escravas. Esta conclusão colabora para entendermos o porquê, nesta região especialmente, a década de 1880 ter sido atravessada por revoltas de escravos e abandono de fazendas.

Muito perspicaz e inquisitiva, é esta uma pesquisa que consagra e amplia a análise de processos criminais como ferramenta de reconstituição das comunidades escravas e suas relações de família, trabalho e resistência e, desta forma, colaborando para a evolução dos nossos conhecimentos sobre as dinâmicas das comunidades escravas no contexto do sudeste do século XIX.

Maria Helena Pereira Toledo Machado
Professora Titular
Departamento de História
Universidade de São Paulo

CAPÍTULO 1

Agência e crime na história social da escravidão

Introdução

Este livro é uma versão revisada de minha dissertação de mestrado, defendida em julho de 2010 na Universidade de São Paulo, que propõe um estudo das relações escravistas na cidade de Campinas em dois momentos bastante marcantes do século XIX: o final dos anos 1840 e a década de 1870. Tem como objetivo compreender como estas relações se estabeleciam e eram subvertidas nas ocasiões em que escravos tomavam a decisão de confrontar diretamente seus senhores, cometendo contra eles crimes de agressão e assassinato. Acompanho assim os estudos da história social da escravidão que, desde a década de 1980, vêm buscando recuperar os papéis desenvolvidos pelos escravos nas dinâmicas de funcionamento do sistema escravista, para além da subordinação que o mesmo lhes impunha.

Os delitos aqui abordados não foram experiências partilhadas pela maioria – nem por grande parte – dos escravos da época, também devido à preocupação de muitos proprietários em delegar o contato direto com a escravaria a prepostos. Transferiam a eles a responsabilidade de discipliná-la e castigá-la, podendo assim o senhor exercer um papel de homem bom e misericordioso, a quem os escravos poderiam recorrer em caso de se desentenderem com feitores e administradores.[1] Grande parte dos pequenos e médios proprietários, no entanto, não podiam recorrer a este estratagema e lidavam diretamente com seus cativos na roça. Já os senhores mais ricos buscavam, através de sua

---

1   STEIN, Stanley. *Grandeza e decadência do café no Vale do Paraíba com referência especial ao município de Vassouras.* São Paulo: Brasiliense, 1960, p. 163; 168. O autor comenta que "o castigo do chicote não era aplicado pelo senhor pessoalmente; este mandava o feitor castigar os escravos" e o hábito, em propriedades maiores, de "recorrer a intermediários para dirigir as atividades de seus trabalhadores".

presença, obter da escravaria maior disciplina. A lavoura foi o palco principal dos confrontos abordados nesta pesquisa, apesar de terem ocorrido alguns poucos crimes contra senhores em ambiente urbano. A concentração do estudo em propriedades rurais foi definida pelos casos encontrados que se encaixaram na opção metodológica, desenvolvida adiante.

A metodologia utilizada consistiu no cruzamento de dois importantes e ricos documentos produzidos quase que simultaneamente quando da morte de um senhor pelas mãos de seus escravos. O processo criminal, do qual fazem parte as investigações policiais, interrogatórios de réus, testemunhas e informantes, assim como o próprio julgamento e sentença revelam o delito em si e as circunstâncias em que ele ocorreu. O inventário *post-mortem* do senhor assassinado mostra a propriedade em que o crime aconteceu, quais atividades eram desenvolvidas pelos escravos e, principalmente, quem eram estes. Foi feita, portanto, uma leitura em profundidade destes dois documentos, com o objetivo de descobrir através deles o máximo possível sobre as vidas das pessoas envolvidas em cada caso. Pretendo, assim, contribuir para o conhecimento da dinâmica tanto dos conflitos entre senhores e escravos, sob o ponto de vista do funcionamento dos plantéis e da economia das fazendas no período, como das relações dos escravos entre si.

Apesar da riqueza da discussão, procurei me afastar dos embates ocorridos entre os familiares dos senhores mortos para me concentrar em buscar, talvez através das mesmas contendas, informações e vislumbres sobre a vida cotidiana dos escravos disputados por eles. Entender as peculiaridades destas relações que levaram os réus a cometerem crimes tão violentos era o objetivo principal desta pesquisa. Percebo, no entanto, que as relações sociais como se davam em Campinas no século XIX eram permeadas por uma violência que se intensificava mais quando se tratava de senhores e escravos. As opções metodológicas deste trabalho revelam, por conseguinte, a excepcionalidade destas relações – quando da quebra do domínio senhorial visto nos processos criminais – tanto quanto sua vulgaridade, observável através dos dados sobre as vidas dos escravos coletados dos inventários *post-mortem* dos senhores.

A pesquisa teve início nos Autos Crimes do Interior, localizados no Arquivo do Estado de São Paulo, onde foram levantados os autos de homicídio com réus escravos em Campinas ao longo do século XIX, cujas vítimas eram ou poderiam ser senhores ou seus prepostos. Em seguida, os nomes dessas vítimas foram pesquisados nos arquivos do Tribunal de Justiça de Campinas, localizados no Centro de Memória da Unicamp, buscando-se os inventários abertos após a sua morte. O cruzamento desses dois levantamentos formou a base documental da pesquisa.

Os autos crimes apresentam, via de regra, a seguinte estrutura: primeiramente acontecia uma denúncia do crime ocorrido, muitas vezes já com indicação dos suspeitos de tê-lo cometido. Esta denúncia iniciava o inquérito policial, levado adiante por um delegado ou subdelegado, que averiguava sua veracidade, providenciava a feitura do auto de corpo de delito e os interrogatórios de suspeitos, testemunhas e informantes. Caso esta fase inicial apontasse a culpabilidade dos réus, o promotor público apresentava o libelo crime acusatório, sendo então o processo conduzido pelo Juízo de Direito da cidade de Campinas, até que fosse julgado pelo Tribunal do Júri.

Nos inventários, depois das fórmulas de praxe, eram apresentados os herdeiros do falecido. Estes poderiam ser forçados – de linhagem ascendente ou descendente direta (pais e filhos) e cônjuges – ou não forçados, já que era possível a uma pessoa dispor em testamento de até um terço de seus bens a quaisquer outros indivíduos. Nos casos em que o inventariado deixava um testamento, este normalmente era transcrito integralmente nos autos de inventário.

Segue-se o arrolamento dos bens deixados em herança – incluem-se aí dívidas ativas ou passivas que estivessem em aberto quando da morte do inventariado – e a partilha destes bens entre os herdeiros. No começo de cada ação era indicado um inventariante que, ao cabo de períodos determinados e ao final do processo de partilha, era obrigado a prestar conta da administração dos bens deixados em herança. Tal documento normalmente era anexado ao inventário, assim como registros de maioridade, casamento ou morte de herdeiros.

A situação econômica da herança por vezes esclareceu um eventual aumento no ritmo de trabalho dos escravos por parte dos senhores assassinados. Ela também podia revelar certas fragilidades da própria posição do senhor e ajudam a explicar a necessidade de impor sua autoridade perante seus subordinados. As ocupações de cada escravo e seus laços familiares, quando revelados, podem demonstrar as demandas dos cativos e as estratégias de acomodação adotadas pelo senhor para manter sua propriedade em ordem. Disputas entre herdeiros insinuam os destinos dos escravos que seriam partilhados. Todas essas informações articuladas permitem conhecer as dinâmicas dos conflitos entre senhores e seus escravos, mas também as formas como se estabeleciam diferentes tipos de relações – de afeto, amizade ou disputa – entre os últimos.

De maneira geral mais longos do que os processos criminais, os inventários não apresentam uma estrutura tão simples e padronizada, sendo comum encontrar diversas petições por parte dos herdeiros, seus tutores ou credores, entranhadas no andamento esperado do processo de inventariação. Como veremos adiante, por vezes estas petições trazem informações sobre os escravos que não se apresentam em outras partes do documento e enriquecem a análise proposta. Podemos encontrar, assim, recibos de pagamento de sustento de réus escravos na prisão ou das custas do processo criminal instaurado, licenças de vendas de escravos para cobrir dívidas da herança ou visando a segurança dos herdeiros órfãos e até mesmo acompanhar a recuperação da saúde de um escravo depois do castigo de açoites aplicado pela justiça, como pena pelo assassinato cometido.

Uma análise mais aprofundada desta base de dados levou à conclusão de que a distribuição temporal dos crimes assim qualificados não justificaria a pesquisa em termos de amostragem, ou seja, eles não compõem uma base sólida o suficiente para acompanhar temporalmente a evolução deste tipo de crime na cidade de Campinas. Houve alguns momentos, desde meados do século XIX até seu final, em que diversos crimes aconteceram em datas bastante próximas, como o final da década de 1840, quando ocorreram três casos de assassinato de senhor, todos resultando em condenação à pena de morte. As décadas de 1850 e 1860 tiveram algumas ocorrências, mas apenas um caso, datado de 1869, permitia a aplicação da metodologia indicada. Tratava-se, então, da curiosa circunstância em que dois crimes aconteceram, no espaço de um ano, dentro de uma mesma propriedade que estava sendo inventariada: a morte do administrador da fazenda e a de um escravo, a última em disputa com um parceiro por ciúmes de uma escrava.[2] Os anos 1870 tiveram quatro crimes de morte de senhor e um de agressão de um senhor moço passíveis de serem analisados.

As tabelas 1 e 2 mostram os crimes ocorridos em Campinas de 1830 a 1888, pesquisados por Maria Helena Machado.[3] A primeira se refere à criminalidade em geral do município, enquanto a segunda trata especificamente de crimes cometidos por escravos. Dividindo-os por década, é fácil perceber que ambos aumentaram expressivamente, chegando a mais que triplicar entre a década de 1830 e a de 1870.

---

2 Fiz uma breve discussão deste caso em ALVES, Maíra Chinelatto. "O Falecido Senhor: disputas e conflitos na partilha de uma propriedade em Campinas nos anos 1860" in *Anais do XIX Encontro Regional de História organizado pela ANPUH – SP*. São Paulo, 2008.

3 MACHADO, Maria Helena P. T. *Crime e escravidão. Lavradores pobres na crise do trabalho escravo*. 1830-1888. São Paulo: Brasiliense, 1987.

Tabela 1 – Quadro geral de crimes, Campinas. 1830 – 1889.

Décadas	Crimes contra a pessoa					Crimes contra a propriedade					Crimes contra a ordem pública							Crimes contra a palavra	Discussão de posse e averiguação de alforria	Autos sem processo	Corpo de Delito			Execução de sentença	Total
	Homicídio e tentativa de homicídio	Lesões corporais	Crimes sexuais e contra a família	Maus tratos em escravos	Subtotal	Furto e roubo	Danos à propriedade	Estelionato	Contrabando, furto e açoitamento em escravos	Subtotal	Infração postura	Desordem	Feitiçaria	Fuga de cadeia	Abuso da autoridade	Resistência à autoridade	Subtotal				Suicídio	Outros	Subtotal		
30 a 39	17	36	1	–	54	18	–	–	1	19	13	–	–	8	2	1	24	2	–	3	–	–	–	3	105
40 a 49	19	27	–	–	46	12	–	–	3	15	11	–	–	6	2	–	19	–	1	6	–	–	–	20	107
50 a 59	25	75	–	–	100	14	1	5	7	27	28	–	–	5	10	3	46	6	1	30	–	–	–	84	294
60 a 69	44	46	3	–	93	23	6	2	2	33	13	2	–	2	4	12	33	9	1	11	2	1	3	42	225
70 a 79	62	64	4	1	131	20	4	9	1	34	19	3	–	1	3	4	30	19	1	71	8	42	50	29	365
80 a 89	48	38	4	2	92	23	4	2	–	29	15	–	2	–	3	–	20	4	–	12	1	12	13	8	178
Subtotal	215	286	12	3	516	110	15	18	14	157	99	5	2	22	24	20	172	40	4	133	11	55	66	186	1274
Total					516					157							172						66		1274

Fonte: MACHADO, *Crime e escravidão... op. cit.*, p. 29.

TABELA 2 – Quadro de crimes de escravos. Campinas, 1830-1888

Décadas	Crimes contra a pessoa								Crimes contra a propriedade			Crime conta a ordem pública	Execução de sentença (s/ processo corresp.)	Total geral
	Vítimas enquadradas no art. 1° da lei de 10 de junho de 1835			Outras vítimas				Total	Produtos agrícolas	Objetos ou dinheiro	Total			
	Senhor	Feitor, administ. Capataz	Subtotal	Homem livre	Escravo	Liberto	Subtotal							
30 a 39	2	1	3	4	-	-	4	7	-	1	1	2	-	10
40 a 49	2*	2	4	3	1	-	4	8	-	-	-	3	5	16
50 a 59	1	4	5	10	1	-	11	16	1	-	1	-	2	19
60 a 69	2	5	7	7	6	-	13	20	3	1	4	2	-	26
70 a 79	8	6	14	4	11	-	15	29	5	3	8	1	10	48
80 a 89	3	5	8	5	5	-	10	18	-	4	4	1	2	25
Total	18	23	41	33	24	-	57	98	9	9	18	9	19	144

Fonte: MACHADO, *Crime e escravidão...*, *op. cit.*, p. 39.
* Há uma discrepância entre o número de crimes contra senhores ocorridos na década de 1840; na presente pesquisa, foram encontrados 3 processos relativos a este tipo de delito.

Uma explicação para esse aumento é que os processos estejam subrrepresentados para o começo do período. Com o avançar do século, o Estado avançava cada vez mais no sentido de limitar e regular as relações privadas de poder. Talvez esse movimento implicasse em maior recorrência à justiça pública, o que criaria a ilusão de que a criminalidade – escrava e em geral – cresceu. Maria Helena Machado aponta ainda outros dois fatores para explicar esses dados: o crescimento demográfico da população em geral da comarca de Campinas, acentuado na década de 1870, pode ter feito com que o número de crimes tenha crescido de forma absoluta, mas tenha se mantido proporcional à população. A população livre de Campinas era de 3600 pessoas em 1829; 8000 em 1859; e 17000 em 1875.[4]

A situação da população escrava, no entanto, é diferente, já que ela não cresceu similarmente à população livre: passou de 4700 escravos em 1829 para aproximadamente 12000 em 1858 e 14000 em 1872.[5] Assim, o aumento do número de crimes cometidos por escravos evidenciaria a perda de legitimidade do regime – ao estimular os senhores a encaminhar seus cativos delinquentes à Justiça – mas também o acirramento da tensão social que levou os escravos a, de fato, cometerem mais crimes ao longo da segunda metade do século XIX.[6]

Em relação especificamente aos réus escravos, a predominância de crimes contra a pessoa sobre aqueles contra a propriedade pode ser explicada, como indica a autora, pela "consideração do costume, arraigado entre senhores, de resolver, amigavelmente, as pendências relativas aos prejuízos causados pelos furtos e roubos de escravos". O pequeno número de ocorrências que chegou à justiça pública demonstra "fissuras na coesão das normas de comportamento valorizadas pela camada senhorial".[7]

O pico da criminalidade escrava no século XIX se deu na década de 1870. Também foi nesse período que aconteceram mais crimes contra senhores, feitores, administradores e capatazes. Afora esta década, os ataques a

---

4   MACHADO, Maria Helena P. T. *Crime e escravidão... op. cit.*, p. 34; MARTINS, Valter. *Nem senhores, nem escravos: os pequenos agricultores em Campinas (1800-1850)*. Campinas, CMU/Unicamp, 1996, p. 32.

5   MACHADO, *Crime e escravidão... op. cit.*, 34.

6   MACHADO, *Crime e escravidão... op. cit.*, p. 33-35.

7   MACHADO, *Crime e escravidão... op. cit.*, p. 44-45. A autora faz uma discussão destes dados às p. 38-47.

senhores mantiveram-se bastante estáveis ao longo do período, com uma média de dois crimes em cada decênio. Os delitos cujas vítimas eram prepostos dos senhores aumentaram a partir dos anos 1850, mas permaneceram mais estáveis, inclusive nos conturbados anos 1870, do que as agressões a senhores.

O recorte da pesquisa foi feito de maneira a englobar apenas os dois momentos de documentação mais rica, os anos 1840 e 1870. Estes foram analisados, primeiramente, em blocos separados e depois, conjuntamente.

O texto se divide em quatro capítulos. Neste primeiro capítulo, faço uma análise de historiografia clássica e recente relativa à escravidão no Brasil do século XIX e discuto conceitos centrais que serão abordados neste trabalho, como crime, criminalidade, agência, resistência e paternalismo.

O capítulo 2 trata dos crimes contra senhores ocorridos na segunda metade da década de 1840. Para melhor compreender estes delitos e o momento em que ocorreram, discuto as características sociais e econômicas da região de Campinas no período. A diversidade de culturas então existente é observável nos casos analisados, que ocorreram em plantações de cana-de-açúcar, chá e café. O conhecimento das condições econômicas dos senhores, obtido através do estudo de seus inventários, pode ajudar a elucidar que tipos de relações estes estabeleciam com seus cativos, quais as atividades desempenhadas pelos últimos na propriedade e, consequentemente, lançar luzes sobre os modos de vida dos escravos, objetivo central da pesquisa. Assim iluminados, foram analisados em detalhe cada um dos homicídios acontecidos nesta época.

Cinco processos criminais, referentes a quatro mortes, serão analisados no capítulo 3. O mesmo tipo de análise será feito, com o objetivo de compreender os laços que uniam escravos entre si e com seus senhores e como estas relações podiam ser rompidas no momento em que se cometia o crime. Novamente, o caráter econômico da região pode ser observado nos estudos de caso e as situações em que se encontravam os senhores podem elucidar tanto os crimes como os cotidianos dos escravos envolvidos.

Depois de analisados em blocos separados no capítulo 4 será feita uma análise comparativa dos casos ocorridos nas décadas de 1840 e 1870. Mudanças econômicas significativas ocorreram na região neste período, com o crescimento acelerado da cafeicultura, em detrimento de culturas mais tradicionais, como o açúcar. O fechamento do tráfico atlântico de escravos também foi fator primordial na transformação dos padrões demográficos das escravarias de Campinas, o que pode ser observado através da análise dos perfis dos réus levados a julgamento pelos crimes de assassinato. Finalmente, o impacto das leis emancipacionistas e o maior envolvimento da opinião pública nos debates sobre o tema podem trazer novas perspectivas às ações e falas de todos os envolvidos.

A imagem da capa, uma fotografia de Christiano Jr., retrata o cotidiano de trabalho numa plantação de café na Província do Rio de Janeiro. Apesar de se tratar de uma região diferente da estudada neste livro, elas dizem respeito a contextos muito semelhantes. Os escravos trazidos da África para as duas províncias, do Rio e de São Paulo, vieram das mesmas áreas, nos mesmos períodos e muitas vezes eram obrigados a se deslocar de uma região para outra dentro do Brasil, quando era do interesse de seus senhores. Eles desempenhavam o mesmo tipo de trabalho na lavoura cafeicultora e estavam sujeitos à mesma violência inerente ao sistema escravista.

A representação destes sujeitos escravizados, homens e mulheres de diferentes idades, cozinhando em meio à plantação, com suas ferramentas de trabalho – que, como se verá, funcionavam eventualmente como armas – descansando a seus pés, assemelha-se muito às descrições e reivindicações apresentadas por escravos de Campinas à justiça, que serão minuciosamente analisadas ao longo deste estudo. Aqueles homens e mulheres viviam sob a vigilância de uma figura algo ameaçadora ao fundo, com suas botas, casaco e chapéu de abas largas, que a qualquer momento poderia castiga-los de diferentes maneiras; julgavam que as roupas que recebiam, que aparecem na imagem, eram insuficientes; que a comida recebida, também retratada, era pouca para seu sustento. A presente obra não se propõe a fazer uma discussão da iconografia sobre a escravidão no século XIX, nem utiliza imagens como documentos para estudar os relacionamentos possíveis dentro e fora das senzalas, mas uma imagem como esta ajuda a trazer materialidade às questões levantadas a partir de outras fontes. Ajuda, também, a ressaltar a humanidade daquelas pessoas, trazendo a contrapartida de destacar a crueldade com que foram tratadas no seio das sociedades escravistas.

Discussão bibliográfica

Em "O que Rui Barbosa não queimou: novas fontes para o estudo da escravidão no século XIX", publicado em 1983, Robert Slenes discutiu as possibilidades de se construir a história da escravidão no Brasil, em vista das lacunas criadas pela escassez de documentos relativos ao tema.[8] Desde essa época, diversos historiadores interessados no assunto têm trabalhado para ultrapassar estes obstáculos e apreender os modos de vida e relacionamento de senhores e escravos nos séculos em que a instituição perdurou.

Como alternativa para a ausência de testemunhos produzidos pelos próprios cativos, a historiografia tem buscado outros tipos de documentação cujo objetivo primeiro não era o de revelar os modos de vida dos escravos, mas que acabam, sob cuidadosa análise, tornando possível o conhecimento das ações, relacionamentos e atividades de cativos que viveram no Brasil durante a Colônia e o Império. Foram feitos, nesse sentido, trabalhos baseados em periódicos, fontes cartoriais e eclesiásticas, depoimentos de viajantes, documentação judicial e policial.

Concomitantemente com as novas perspectivas trazidas pela utilização destas novas fontes, houve uma transformação conceitual no modo de se ver a escravidão e o escravo.[9] Diversos autores buscaram reconhecer o papel crucial desempenhado pelos cativos enquanto sujeitos históricos na formação e funcionamento da instituição, em contraposição a uma tendência anterior, das décadas de 1960 e 1970, de se aceitar acriticamente a reificação dos negros escravizados veiculada pelos setores dominantes da sociedade imperial. Os escravos eram então tidos como anômicos, com uma capacidade de ação que se revelaria apenas em momentos de revolta violenta, quando se voltavam contra seus opressores como animais.[10]

Através de diferentes abordagens, a historiografia brasileira tem procurado reconhecer a agência dos escravos e o fato de, dentro de um sistema tão opressivo, eles procurarem meios de fazer valer sua humanidade e seus interesses, os quais poderiam ou não ser condizentes com os de seus senhores – do que resultariam tipos diversos de estratégias para alcançá-los.

---

8 SLENES, Robert. "O que Rui Barbosa não queimou: novas fontes para o estudo da escravidão no século XIX". In: *Estudos Econômicos*, vol. 13, n° 1, jan.-abr. 1983.

9 Uma discussão da recente produção brasileira sobre a história social da escravidão, com ênfase nas transformações aqui indicadas, pode ser encontrada em KLEIN, Herbert S. "American slavery in recent Brazilian scolarship, with emphasis on quantitative socio-economic studies". In: *Slavery and Abolition*, vol. 30, no. 1, mar. 2009, p. 113-135.

10 FERNANDES, Florestan. *A integração do negro na sociedade de classes*. São Paulo: Dominus/ Edusp, 1965; CARDOSO, Fernando Henrique. *Capitalismo e escravidão no Brasil Meridional*. São Paulo: Difusão Europeia do Livro, 1962.

Quando falha o controle   27

O estudo dos processos criminais envolvendo escravos tornou-se uma das principais saídas para alcançar estes objetivos. Partindo desta premissa, Maria Helena Machado desenvolveu um estudo abrangente da criminalidade escrava em Campinas e Taubaté ao longo do século XIX, enriquecido com análises mais aprofundadas de alguns casos, com o objetivo de observar as vidas dos escravos no interior das lavouras.[11] Em *Crime e escravidão*, a autora discute diversos tipos de crimes cometidos por escravos – contra a pessoa, a propriedade e a ordem pública –, mas se detém mais longamente nas interações ocorridas entre senhores e cativos depreendidas da análise dos processos criminais. A autora chama a atenção ao caráter contratual da escravidão, através do qual "cada cativo, individualmente ou com seus parceiros do eito ou das oficinas, encarregava-se de mostrar a seus senhores, feitores e capatazes qual o limite do tolerável e quais as margens de negociação possível na exploração de seu trabalho".[12]

O trabalho de Maria Cristina Wissembach em *Sonhos africanos, vivências ladinas* também se baseou nos processos criminais, agora relativos à cidade de São Paulo, para empreender um estudo sobre escravos e forros na segunda metade do século XIX. A autora destaca a peculiaridade da escravidão urbana, predominantemente de senhores de poucas posses, de que resultavam significativas mobilidade e sociabilidade escravas. Ali, "a pulverização do domínio social em relações interpessoais, que se desenvolviam num território social comum, exigiu, por fim, um outro tratamento para a questão das relações escravistas".[13] Os testemunhos de escravos observáveis através da documentação estudada indicam a existência de "uma concepção de mundo, da liberdade e da escravidão, totalmente distinta da concebida pelo pensamento liberal-abolicionista".[14]

No mesmo sentido, Robert Slenes contesta a afirmação de Charles Ribeirolles de que nos cubículos dos negros "não existem esperanças nem recordações". Aquele autor procurou, através do estudo de listas de população e de matrículas de escravos, resgatadas de inventários *post-mortem*, a flor na senzala invisível ao viajante. Encontrou na região de Campinas uma

---

11   MACHADO, *Crime e escravidão... op. cit.*, p. 8-9.

12   MACHADO, *Crime e escravidão... op. cit.*, p. 58-59.

13   WISSEMBACH, Maria Cristina Cortez. *Sonhos africanos, vivências ladinas: escravos e forros em São Paulo (1850-1880)*. São Paulo: Hucitec, 1998, p. 258.

14   WISSEMBACH, *Sonhos africanos... op. cit.*, p. 20.

significativa parcela da população escrava pertencente a núcleos familiares oficialmente reconhecidos através de casamentos, os quais eram cruciais na formação de uma identidade compartilhada pelas escravarias. Pelo menos nas posses médias e grandes,

> os escravos, em todos os contextos, valorizavam a família conjugal estável, lutavam com empenho para formá-la e frequentemente conseguiam realizar essa meta (dentro dos limites criados pelas altas taxas de masculinidade e mortalidade), quando havia condições propícias para isso.[15]

Hebe Maria Mattos concorda com Robert W. Slenes quanto à existência de uma política de incentivo por parte dos senhores na formação de algum tipo de laço entre os escravos, cujos objetivos passavam por aspectos de dominação social.[16] Mattos, no entanto, entende que essa comunidade seria focada mais na experiência da liberdade do que na do cativeiro[17] e seria fragmentada em grupos familiares: em fazendas estabelecidas há mais tempo, por exemplo, escravos recém adquiridos eram excluídos por aqueles mais antigos. Como consequência pode-se supor que a construção de uma comunidade estável entre todos os escravos não ocorria necessariamente. Apesar disso, poderia haver alguns momentos, como durante rebeliões coletivas, em que era possível uma ressignificação dos elementos que colaboravam para a gestação de objetivos comuns entre os escravos.[18]

Fragmentada e voltada para a liberdade, essa comunidade de escravos experientes ou mais antigos estaria mais sujeita ao controle senhorial ao mesmo

---

15 SLENES, Robert W. *Na senzala, uma flor: esperanças e recordações na formação da família escrava, Brasil, Sudeste, século XIX*. Rio de Janeiro: Nova Fronteira, 1999, p. 109.

16 "(…) os senhores investiram na diferenciação interna da experiência do cativeiro, como estratégia explícita de controle social de seus escravos. Era socialmente interessante que 'africanos' disputassem com 'crioulos', que cativos se esforçassem para se tornarem 'feitores' ou terem acesso privilegiado às roças de subsistência". MATTOS, Hebe Maria. *Das cores do silêncio: os significados da liberdade no Sudeste escravista, Brasil século XIX*. Rio de Janeiro: Nova Fronteira, 1998, p. 131.

17 "(…) a gestação de relações comunitárias entre os escravos, no Brasil, significou mais uma aproximação com uma determinada visão de liberdade que lhes era próxima e que podia, pelo menos em teoria, ser atingida através da alforria, do que a formação de uma identidade étnica a partir da experiência do cativeiro" MATTOS, *Das cores… op. cit.* p. 127. Ver também p. 137.

18 MATTOS, *Das cores… op. cit.*, p. 135.

Quando falha o controle 29

tempo em que buscava seus próprios objetivos, que poderiam ser tanto diferentes dos de outros grupos escravos quanto dos de seus senhores. No entanto, se

> em linhas gerais, a possibilidade desta política representou para os senhores uma forma de produzir fidelidades e potencializar o nível de sua autoridade entre os cativos, para os escravos ela buscou primordialmente a miragem da alforria. Os níveis de frustração destas expectativas que os senhores podiam produzir estiveram condicionados a um cálculo dos riscos de insubordinação que aquela frustração poderia gerar.[19]

Desde o período colonial, debatia-se a insuficiência do uso exclusivo da violência senhorial como meio de domínio das respectivas escravarias. Autores como André João Antonil e Manoel Ribeiro Rocha, ainda no século XVIII chamavam a atenção para as obrigações cristãs devidas pelos senhores aos seus escravos.[20] Desde então, senhores instruíam seus empregados quanto ao tratamento dos negros, que deveria incluir confissão, alimentação e vestuário, tratamento de doenças e castigo justo.[21] A historiografia mais recente sobre a escravidão, no entanto, tende a ler tais documentos como produções elitistas e interpreta que, além de concessões cristãs, os cuidados senhoriais eram fundamentais para manter a disciplina entre os escravos, os quais poderiam vir a entendê-las não como concessões, mas como obrigações senhoriais.[22] Eugene Genovese discutiu a forma como o costume senhorial de se pagar aos escravos

---

19 MATTOS, *Das cores... op. cit.*, p. 192.

20 ANTONIL, André João. *Cultura e opulência do Brasil por suas drogas e minas.* (1711) (Ed. A. Mansuy) Paris: IEHEAL, 1968; ROCHA, Pe. Manoel Ribeiro. *Ethiope resgatado, empenhado, sustentado, corrigido, instruído e libertado. Discurso theológico-jurídico em que se propõe o modo de comerciar, haver e possuir validamente, quanto a um e outro Foro os pretos cativos africanos e as principais obrigações que concorrem a quem deles se servir.* Lisboa: Oficina Patriarcal de Francisco Luiz Ameno, 1758. Esta obra foi publicada em *Cadernos do Instituto de Filosofia e Ciências Humanas*, n. 21. Departamento de História, IFCH-Unicamp, agosto 1991.

21 "Regimento que há de guardar o feitor-mor de engenho...". In: MELO, J. A. Gonçalves de. "Um Regimento de Feitor-mor de engenho de 1663". *Boletim do Instituto Joaquim Nabuco de Pesquisas Sociais*, 2 (1953): 82-87.

22 MACHADO, *Crime...* explora a interpretação da escravidão como sistema consensual, pois os escravos justificavam seus crimes "como mecanismo legítimo de cobrança dos direitos desrespeitados": roupas e alimentação suficiente, permissão para trabalhar para si ou outros proprietários, remuneração por trabalhos realizados em domingos e dias santos. (p. 121). Ver também CHALHOUB, Sidney. *Visões da Liberdade: uma história das últimas décadas da escravidão na Corte.* São Paulo: Companhia das Letras, 1990.

pelo trabalho realizado em domingos e feriados passou a ser reconhecido como direito por parte dos escravos, para depois ser reconhecido pela lei, no Sul dos Estados Unidos. Segundo o autor, "os escravos utilizaram em benefício próprio a doutrina paternalista da reciprocidade, demonstrando assim a importância desta doutrina, para eles mesmos e para seus senhores".[23]

Slenes chamou a atenção para outro tipo de estímulo positivo: a mobilidade ocupacional, a qual trazia consigo a possibilidade de alforria ao fim de algum tempo. No entanto, ele aponta para a insuficiência e falibilidade de tais incentivos em coibir a solidariedade entre os escravos, já que o caminho para a alforria era incerto e era necessário construir outros laços sociais, se não por outro motivo, ao menos para não apostar todas as fichas num evento – a alforria – que poderia nunca acontecer.[24] É central, em seu argumento, o papel ambíguo das famílias. Eram meios de controle senhorial, na medida em que deixavam os escravos "vulneráveis às medidas disciplinares do senhor" e elevava-lhes o custo da fuga – e da resistência em geral. Ao mesmo tempo, devido a seu papel "importante para a transmissão e reinterpretação da cultura e da experiência entre as gerações", podia incentivar aquela mesma resistência.[25]

O presente trabalho acompanha essa movimentação, mas concentra-se em perquirir os crimes cometidos contra senhores e extrair da combinação dos processos criminais e inventários o máximo possível de informações sobre as vidas dos escravos tocados pelas investigações. Nesta associação entre os dois documentos consiste a especificidade deste trabalho, que permite um conhecimento mais detalhado sobre cada um dos

---

23 GENOVESE, Eugene. *A Terra Prometida: O mundo que os escravos criaram*. Rio de Janeiro: Paz e Terra, 1988, p. 474. O autor problematiza a questão do direito nas sociedades escravistas, que atribuíam ao escravo a condição contraditória de mercadoria e pessoa, apontando as possibilidades encontradas pelos cativos de "resistir às pretensões da classe dos senhores. Não tardou para que, com lei ou sem lei, acrescentassem grande número de 'direitos consuetudinários' por eles próprios criados e aprendessem a fazer com que eles fossem respeitados" (p. 54).

24 Stuart Schwartz discute a relação entre as roças de subsistência, que propiciavam o acúmulo de pecúlio, com a concessão pelos senhores de alforrias pagas. Segundo ele, o trabalho dos escravos nas roças era também lucrativo para os senhores, já que o tempo desviado da propriedade do senhor em direção às roças ao longo da vida dos escravos era recompensado ao fim de vários anos, já que os frutos das economias geradas por esse trabalho para si serviriam para pagar ao senhor na forma da manumissão. SCHWARTZ, Stuart. *Escravos, roceiros e rebeldes*. Bauru: EDUSC, 2001.

25 SLENES, *Na senzala... op. cit.*, p. 114-15.

Quando falha o controle   31

casos analisados e, portanto, sobre os diversos aspectos da vida social, material e afetiva daqueles indivíduos.

A focalização do presente estudo num tema e recorte tão específicos somente é possível à medida que se fundamenta em pesquisas anteriores, que foram pioneiras na transformação da abordagem da história da escravidão no Brasil. Como apontou Silvia H. Lara, estas pesquisas

> têm constatado que o escravo, enquanto escravo e apesar da escravidão, não deixou de ser um sujeito histórico como outro qualquer, definido e definindo-se no bojo das relações sociais. Apesar do incômodo que esta simples constatação possa ter causado a alguns intelectuais, ela parece ser, cada vez mais, o ponto de partida (e não o de chegada) para vários pesquisadores hoje em dia.[26]

Assim iluminado, este trabalho mergulha fundo em algumas propriedades escravistas campineiras buscando contribuir para o conhecimento de relações sociais cruciais durante o período do Império. Analisados conjuntamente, processos e inventários demonstram de maneira peremptória as ambiguidades e contradições do sistema escravista brasileiro. Impedidos de iniciar ações civis ou criminais sem a intervenção de um curador, os escravos podiam ser réus das mesmas ações e, por vezes, eram figuras centrais no desvendamento de crimes.[27] Nos tribunais, lhes era vetado o juramento dos costumes, mas as informações prestadas enquanto testemunhas-informantes, por vezes únicas provas de culpa dos indiciados, foram cruciais nas condenações dos réus. Avaliados como propriedade a ser partilhada nos inventários, "nas circunstâncias criminosas, a Justiça teve de reconhecer a capacidade de ação dos escravos, colher seus depoimentos e interrogá-los, julgá-los e puni-los por seus atos e iniciativas", como colocou Maria Cristina Wissenbach.[28]

Em *Visões da Liberdade*, Sidney Chalhoub se utilizou de processos criminais relativos à Corte, para analisar o "processo histórico de abolição da escravidão".[29] O autor aborda as possibilidades encontradas por escravos para obter e manter

---

26 LARA, Sílvia Hunold. "Escravidão, cidadania e história do trabalho no Brasil". In: *Projeto História: Revista do Programa de Estudos Pós-Graduados em História da Pontifícia Universidade Católica de São Paulo*, no. 16. São Paulo: EDUC, 1998, p. 33.

27 MACHADO, *Crime e escravidão... op. cit.*, p. 74-75.

28 WISSENBACH, *Sonhos africanos... op. cit.*, p. 39.

29 CHALHOUB, *Visões da Liberdade... op. cit.*, p. 18.

suas margens de autonomia, através de tentativas de impedir a própria venda para regiões de escravidão particularmente cruel ou da implementação na justiça de ações de liberdade, por parte de escravos e seus curadores. Este desejo por autonomia emergia de maneira curiosa, colocando em evidência "o limite de dicotomias do tipo 'estratégias de sobrevivência' *versus* 'introjeção de valores senhoriais', ou 'resistência' *versus* 'acomodação'". Combatendo a ideia do "escravo-coisa", o autor defende que "o escravo 'seduzido' pelos valores senhoriais se afirma e contesta o domínio de senhores específicos em nome do dito princípio geral da inviolabilidade da vontade senhorial". Haveria, então, "uma espécie de 'economia moral' da escravaria que os senhores não ousavam ignorar sob pena de verem rolar as próprias têmporas".[30]

Evitando também o embate entre "resistência" e "acomodação", Walter Johnson sugeriu a discussão sobre a "agência" dos escravos americanos, em artigo de 2003.[31] Johnson aponta que conceitos diversos como agência, resistência e humanidade foram misturados pela história social, indicando todos simplesmente como não aceitação das condições da escravidão. Segundo Johnson, no entanto, havia muitas maneiras através das quais as pessoas escravizadas demonstravam ser humanas, as quais são difíceis de conciliar com a ideia de serem agentes necessariamente resistentes à escravidão.[32] Considerando que as vidas das pessoas escravizadas eram fortemente condicionadas por, embora não redutíveis a, sua escravidão, a agência pode ser entendida como meio de instrumentalizar o propósito alheio.

A humanidade dos escravos pode ser mais claramente distinta da resistência quando se pensa em formas de agência humana que dificilmente poderiam ser vistas como resistentes à escravidão, como as colaborações e traições. Um escravo que delatava um plano de rebelião ou assassinato era tão agente de sua própria história quanto aqueles que as planejavam, quando o historiador tem o cuidado de diferenciar agência e resistência. Mais importante, Johnson desloca a oposição resistência *versus* acomodação, por considerar ambas as atitudes fruto da agência inerente aos escravos.

---

30 CHALHOUB, *Visões da Liberdade... op. cit.*, p. 150-151.

31 JOHNSON, Walter. "On agency". In: *Journal of social history*, vol. 37, n° 1, 2003, p. 113-124.

32 "E, para mim, evocar a ideia da condição de humanidade dos escravizados significa tentar refletir, a um só tempo, sobre a própria existência dos escravos, os modos como sofreram e resistiram à escravidão, mas também os modos como floresceram nela, não no sentido de amarem sua escravização, mas no sentido de amarem a si mesmos e uns aos outros" (Tradução da autora). JOHNSON, "On agency", *op. cit.*, p. 115.

Retoma, portanto as colocações de Eugene Genovese que, conforme expõe Wissembach, eliminou "a polaridade dos conceitos de resistência e acomodação, dirigindo ambos a um sentido comum". Ainda segundo a autora, Genovese "transformou tais noções em 'duas formas de um mesmo processo pelo qual os escravos aceitavam o que não poderia ser evitado e simultaneamente lutavam, individualmente ou como grupo, pela sobrevivência tanto moral quanto física'".[33] Os estudos de caso feitos adiante remetem a essa discussão, porquanto é recorrente a formação de planos de morte do senhor nas roças, enquanto os escravos trabalhavam e eram castigados.

A questão para os cativos aqui focados não era a destruição da escravidão como instituição, mas a resolução dos problemas particulares de relação com seus superiores imediatos, fossem eles seus feitores ou proprietários. Por esse ângulo, não representavam uma ameaça explícita à instituição como um todo, mas acabavam por modelar aquelas relações com a ameaça, esta sim explícita, às formas cotidianas de funcionamento da escravidão. A mensagem passada pelos escravos que optavam por cometer crimes era que, se tratados de forma por eles considerada injusta, se seus direitos costumeiros fossem desrespeitados, os cativos poderiam encontrar formas bastante violentas de protestar contra essa injustiça. Como aponta Maria Helena Machado, a resistência escrava foi "fator constitutivo das relações sociais e da organização do trabalho nas grandes fazendas paulistas".[34]

Tratar estes escravos como agentes implica, em concordância com as colocações desses autores, que as ações dos sujeitos históricos poderiam ocorrer em diversos sentidos, na forma de resistência à escravidão ou colaborando com ela. Os crimes cometidos por esses escravos, se não constituíam formas cotidianas de burlar o sistema – comumente relacionadas à quebra de equipamentos ou diminuição do ritmo de trabalho – nem por isso se tornavam necessariamente revolucionárias. Apesar de excepcionais, estes atos estavam permeados por relações cotidianas de trabalho, pessoais e institucionais, as quais muitas vezes justificavam as decisões tomadas pelos escravos, registradas em seus interrogatórios.

Outro aspecto significativo quanto às motivações dos delitos é a possibilidade de interpretar tais ações como libertadoras do corpo cativo – não obstante a transitoriedade desta libertação – ou como uma mudança

---

33 WISSENBACH, *Sonhos africanos... op. cit.*, p. 26-27.

34 MACHADO, *Crime e escravidão... op. cit.*, p. 61.

decisiva em sua incorporação.[35] Novamente os crimes podem transparecer antes na forma de agência do que propriamente resistência, a "transitoriedade" da libertação de um jugo, seja ele má alimentação ou vergastadas, ou ainda violência sexual contra as escravas de sexo feminino, não significa sentido ou vontade revolucionária de transformação, mas resistir a uma maneira real e imediata de dominação imposta pelo sistema escravista.

Um dos casos que serão abordados adiante, ocorrido numa fazenda em Campinas em fevereiro de 1876, é sintomático da maneira como pequenas ações diárias poderiam levar a uma radicalização dos conflitos cotidianos, desembocando num crime extremo como o assassinato.[36] Numa segunda-feira, Francisco de Salles, um jovem senhor de família conhecida na região e influente politicamente nos anos seguintes à proclamação da república, foi assassinado por um grupo de escravos que ele feitorava no eito. Nos interrogatórios os réus afirmavam que não tendo concluído o trabalho em uma roça de feijão no sábado anterior, o senhor os obrigara a trabalhar num domingo, dia em que tradicionalmente os escravos ficavam livres para trabalhar em suas próprias roças, trabalhar por salário em lavoura do senhor ou alheia ou passar o tempo de alguma outra forma. No entanto, o trabalho também não foi concluído no domingo e, furioso, o senhor ordenou que, na manhã de segunda-feira, os escravos o esperassem no eito já sem camisa, pois iria castigá-los. Quando cumpria a ameaça, foi atacado pelos escravos e acabou morto. Como apontou Maria Helena Machado, a morte de Francisco de Salles foi produto de sua decisão de "endurecer as regras disciplinares", com o objetivo de "desincumbir-se a tempo das tarefas das quais dependia sua margem de lucro". A combinação de "um agudo senso crítico relativo à figura senhorial e as regras injustas por ele impostas com forte consciência grupal", fruto esta da convivência cotidiana dos cativos, resultou na morte do jovem senhor.[37]

A rigidez do tratamento imposto por Francisco de Salles a seus escravos passava também por outra questão, além dos castigos e direitos

---

35   HARTMAN, Saidyia V. "Seduction and the ruses of power". In: *Callalo*, vol. 19, no. 2, 1996. p. 119.

36   Arquivo do Estado de São Paulo (AESP), Autos Crimes do Interior (ACI), Microfilme 13.02.087. *Documento 8. Réu: Ana, Benedito, Martinho, João e Caetano, escravos de herança do finado Francisco de Salles, 1876.* Este caso será analisado adiante, p. 161 e seguintes.

37   Maria Helena Machado discute este e outros crimes presentes neste estudo em *Crime e escravidão...*, *op. cit.*, p. 94-5; 118.

costumeiros: o ritmo de trabalho. A obrigação de trabalharem num domingo sugere que este senhor estava quebrando, talvez de maneira repentina, o ritmo costumeiro do trabalho.[38] Esta intensificação provavelmente implicava na impossibilidade de os cativos resistirem à disciplina senhorial e imporem "um compasso mais moderado ao sistema".[39] Se os escravos eram obrigados a obedecer a seus senhores e feitores sob pena de represálias, isto não significa que eles obedecessem pontualmente a todas as exigências que lhes eram impostas. Stanley Stein, referindo-se à cidade de Vassouras, no Rio de Janeiro, apontou formas sutis encontradas pelos escravos para diminuir as expectativas senhoriais quanto ao ritmo de trabalho. Essas pequenas rebeldias cotidianas incluíam a "aquiescência meramente verbal às ordens do senhor e a diminuição do ritmo de trabalho nos momentos em que o capatazes relaxavam a fiscalização sobre os cativos e se afastavam".[40]

No caso da morte de Francisco de Salles, é crível que estas pequenas margens de autonomia estivessem sendo cerceadas pelo senhor. Então, as diversas formas de resistência anteriormente apontadas se entrecruzaram, demonstrando a ligação entre atos individuais e coletivos de resistência. É possível imaginar que a plantação de feijão não fora finalizada exatamente porque os escravos fizeram cera no serviço,[41] resistindo à imposição do ritmo muito acelerado conveniente ao senhor e, em outro momento, quando métodos sutis não se mostraram eficientes o suficiente para prover o bem estar dos trabalhadores, em reação a um castigo físico iminente, os escravos se revoltaram e cometeram o homicídio. Não podendo ser classificada simplesmente como cotidiana nem exatamente como revolucionária, esta ação impetrada pelos cativos demonstrava, sim, uma ameaça ao sistema escravista.

Como veremos, é bastante provável que o impacto destas ações escravas na sociedade de época fosse maior do que o pretendido por seus sujeitos. Embora houvesse outras movimentações de cativos que tivessem propostas mais abrangentes,[42] os crimes aqui comentados revelam tensões específicas

---

38   MACHADO, *Crime e escravidão... op. cit.*, p. 66.

39   MACHADO, *Crime e escravidão... op. cit.*, p. 80.

40   STEIN, *Grandeza e decadência... op. cit.*, p. 168; 196.

41   MACHADO, *Crime e escravidão..., op. cit.*, p. 78.

42   Refiro-me aqui à Revolta dos Malês, ocorrida em Salvador (BA) em janeiro de 1835. Ver REIS, João José. *Rebelião escrava no Brasil. A história do levante dos Malês, 1835*. São Paulo:

36 Maíra Chinelatto Alves

ao sistema escravista que adquiriam conotações extremamente pessoais. O alvo dos réus não era a escravidão em si ou a existência de castigos físicos ou o tipo de trabalho por eles desempenhado, mas a deterioração das relações entre senhor e escravo que alcançava um estado insuportável.

Ainda assim, o crime limite poderia ser altamente ameaçador à ordem escravocrata vigente. Evidência disso foi a aprovação algo apressada de uma lei especial em 1835. Segundo João Luiz Ribeiro, depois de uma chocante revolta escrava acontecida em Carrancas, Minas Gerais, em 13 de maio de 1833, a Regência apresentou quatro propostas à Câmara dos Deputados, em 10 de junho do mesmo ano. Todas relacionavam-se à segurança nacional; uma, em particular, referia-se a crimes cometidos por escravos contra seus superiores.[43] O projeto "não modificava unicamente as penas de certos crimes escravos – aumentando significativamente o número de delitos passíveis de punição com a pena de morte –, mas criava novos procedimentos para a sua punição", modificando assim "o Código Criminal e o Código do Processo Criminal, aprovados respectivamente em dezembro de 1830 e novembro de 1832".[44]

Em janeiro de 1835, nova e violenta rebelião escrava estourou na Bahia.[45] Segundo Ribeiro, "ao que parece, dos dezoito ou dezesseis condenados à morte, somente cinco, talvez por falta de zelo de seus curadores, não protestaram ou apelaram". Como resultado somente quatro dos revoltosos foram fuzilados em 13 de maio do mesmo ano, dos quais apenas um "poderia ser considerado líder".[46] Pouco menos de dois meses depois foi aprovada a lei de 10 de junho de 1835, que condenava à pena de morte escravos que matassem "ou fizessem qualquer outra grave ofensa física a seu senhor, sua mulher, a descendentes ou ascendentes, que em sua com-

---

Companhia das Letras, 2003.

43 RIBEIRO, João Luiz. *No meio das galinhas as baratas não têm razão: a Lei de 10 de junho de 1835. Os escravos e a pena de morte no império do Brasil.* Rio de Janeiro: Renovar, 2005, p. 52-3.

44 PIROLA, Ricardo Figueiredo. "O governo e o desgoverno dos escravos: a pena de morte escrava e a lei de 10 de junho de 1835". In: *Anais do 4º encontro "Escravidão e Liberdade no Brasil Meridional"*, Curitiba, 13 a 15 de maio de 2009. Segundo Ribeiro, este último, com sua "garantia [de] amplos recursos, a homens livres e escravos, em caso de sentenças de morte" seria apontado como risco à vida de muitos proprietários. Ribeiro, *No meio das galinhas... op. cit.*, p. 53.

45 Ver REIS, *Rebelião escrava... op. cit.*

46 RIBEIRO, *No meio das galinhas... op. cit.*, p. 64-5.

panhia morarem, ao administrador, feitor e às mulheres que com eles viverem". O julgamento dos crimes aconteceria nos tribunais do júri do termo, e caso este condenasse o réu por dois terços dos votos, "se a sentença for condenatória, se executará sem recurso algum".[47]

A questão central da lei, para Ribeiro, era resolver um "impasse: como julgar, segundo as regras dos Códigos feitos para homens livres, os escravos que matarem seus senhores?" Não se tratava de lei de exceção, visto que o projeto tramitou por dois anos antes de ser aprovado. E, considerando o peso das insurreições ocorridas nos primeiros anos da regência, depois de vasto estudo sobre a lei e suas aplicações, o autor conclui que "para o combate às insurreições, pouca foi a utilidade da lei de 10 de junho de 1835. Serviu, sobretudo, para punir os homicídios de senhores e feitores".[48]

A partir de 1854, D. Pedro II faria passar por ele os pedidos de recurso de graça relativos à pena capital. Sem ser revogada a lei de 1835, "a última execução de uma sentença capital imposta pela Justiça" aconteceu em abril de 1876,[49] mas bem antes disso é possível observar a prática sendo minada nos tribunais de Campinas. Todos os réus adiante estudados julgados na década de 1870 tiveram suas penas comutadas em açoites e uso de ferros pelos próprios juízes de direito, sem recorrer à clemência do Imperador. Nesses processos, a acusação usava de subterfúgios, como mascarar a condição de senhores das vítimas ou requerer a condenação dos réus segundo outros artigos do Código Criminal do Império, que não a lei de 10 de junho de 1835.

Essas mesmas legislações que reconheciam os escravos como autores de crimes muitas vezes lhes negavam o outro lado da moeda: a possibilidade de recorrer à Justiça na posição de vítimas. Saidyia Hartman, ao discutir a posição legal dos escravos nos Estados Unidos, enfocando a violência sexual praticada contra mulheres escravizadas, argumenta que este crime não

---

47 Lei de 10 de junho de 1835, *apud* RIBEIRO, *No meio das galinhas... op. cit.*, p. 66-7.

48 RIBEIRO, *No meio das galinhas... op. cit.*, p. 66, nota 44. Ricardo Pirola entende que "é preciso examinar a relação entre as ameaças, alardeadas pelo governo, do perigo da restauração e os crimes escravos." As propostas envidas à Câmara "estavam ligadas à intensificação das forças repressivas e ao maior controle da propaganda restauradora (...) As evidências encontradas, até o momento, mostram que os membros do governo acusavam os adversários políticos de agitarem a população escrava e liberta para atingirem seus intentos políticos." PIROLA, "O governo e o desgoverno dos escravos...", *op. cit.*

49 RIBEIRO, *No meio das galinhas... op. cit.*, p. 298.

era reconhecido pela lei exatamente pela natureza da escravidão: a negação ou reconhecimento restrito de consentimento e vontade por parte dos escravos impedia que se avaliasse o consentimento ou não, em atos sexuais, por parte da vítima.[50] O significado da vontade ia além do lugar comum do poder de controlar e determinar ações, indicando um sujeito ativo e independente, mas, mais do que a simples capacidade de agir e fazer, a vontade distingue o agente autônomo do escravizado, sobrecarregado e coagido.[51]

Num ambiente em que o corpo negro era considerado patologicamente, como lugar de excesso sexual, torpeza e preguiça e a violência sexual tida como simples reação à lascívia natural das mulheres negras, Hartman rebate a crítica de confundir estupro/dominação sexual com sedução, afirmando que a questão para ela é a negação/reconhecimento restrito da vontade ou submissão por causa da construção legal da subjetividade negra e a consequente negação da existência de crime: "Eu partilho o 'razoável' desconforto em relação à justaposição de estupro e sedução porque isso muda o foco da violência para a culpabilidade ou cumplicidade da mulher; no entanto, exatamente isto é o que está em jogo nesta exploração: os modos através dos quais a cativa é responsabilizada pela sua ruína/desgraça e o corpo negro feito o lócus original de sua violação".[52]

A justificativa do estupro e as implicações da posição legal do escravo, sentida cotidianamente em suas relações sociais e de trabalho e esporadicamente quando ele era levado ao poder judiciário, traduziam a falta de reconhecimento naquela sociedade da legitimidade e autonomia daqueles indivíduos. O historiador tenta resgatá-los, empunhando o refrão criticado por Johnson, "deem de volta aos escravos sua agência",[53] porque o sistema de dominação vigente nas sociedades escravistas não reconhecia a possibilidade do exercício de poder ou agência por parte dos escravos.

Hartman afirma que, apesar do bem público ser um ideal constantemente acionado para mediar as relações entre senhores e escravos, ele paradoxalmente era alcançado através do uso da violência. Ao passo que o bem

---

50 Genovese também chamou atenção para o fato de o estupro, no Sul dos Estados Unidos, significar "por definição, estupro de mulheres brancas, pois o direito não cogitava de tratar criminalmente o estupro de negras". In GENOVESE, *A terra prometida... op. cit.*, p. 57.

51 HARTMAN, "Seduction...", *op. cit.*, p. 113.

52 HARTMAN, "Seduction..." *op. cit.*, p. 138, nota 6.

53 JOHNSON, "On agency..." *op. cit.*, p. 119-120

público demandava absoluta submissão por parte dos escravos, também requeria algumas proteções – as quais podem ser consideradas paternalistas – para os escravizados, como abrigo, vestimentas, alimentação e suporte a escravos idosos ou doentes. No entanto, segundo Hartman, esta preocupação com o bem-estar dos escravos não deveria ser confundida com direitos.[54]

Manuela Carneiro Cunha discute tema semelhante ao apontar para a contraposição entre "lei costumeira e lei positiva nas alforrias de escravos". A autora discutiu o caso do pecúlio, protegido legalmente pela lei de 1871, mas que já existia como prática antes disso, retratando a transição da prerrogativa senhorial em alforriar seus escravos numa intervenção direta do Estado sob a forma de lei, solapando assim as possibilidades de domínio senhorial.[55]

Hebe Mattos aponta para as transformações ocorridas no que diz respeito a esse tema durante o século XIX. Discutindo o famoso caso de 1789 do Engenho de Santana, na Bahia, em que escravos levantados propuseram um tratado a seu senhor, a autora aponta que aqueles cativos reivindicavam privilégios, mais do que direitos. Assim eram entendidas as concessões senhoriais, pois com "direitos não há escravos e... não apenas os senhores, mas também os que se encontravam sob o jugo do cativeiro, sabiam disto". Segundo Mattos, até a extinção do tráfico atlântico em 1850, os escravos "de maiores recursos comunitários" "leram as 'concessões senhoriais' e as práticas costumeiramente sancionadas como 'direitos pessoais' que os faziam, entretanto, do seu ponto de vista, um pouco menos escravos do que os outros".[56]

As décadas finais da instituição, no entanto, trouxeram uma novidade ao discurso dos escravos, que propuseram "de forma até então inusitada um código geral de direitos dos cativos". As leis de melhoramento da escravidão, implementadas a partir de meados do século, tenderam a "transformar em 'direitos universais dos escravos' determinadas prerrogativas antes comuns às comunidades mais estruturadas de cativos nas grandes fazendas". Essa legislação, conforme coloca Mattos, desarticulava a "economia

---

54 HARTMAN, "Seduction..." *op. cit.*, p. 129.

55 CUNHA, Manuela Carneiro da. "Sobre os Silêncios da Lei: lei costumeira e positiva nas alforrias de escravos no Brasil do século XIX". In: *Antropologia do Brasil: mito, história e etnicidade*. São Paulo: Brasiliense, 1987.

56 MATTOS, *Das cores...* *op. cit.*, p. 159. Ver também GRINBERG, Keila. *Liberata, a lei da ambiguidade: as ações de liberdade da corte do Rio de Janeiro no século XIX*. Rio de Janeiro: Relume Dumará, 1994.

moral" das grandes fazendas, uma vez que "os privilégios (ou direitos pessoais) se tornavam universalmente direitos dos cativos" e a restrição legal da violência golpeavam os fundamentos da "ascendência moral dos senhores sobre seus cativos, que combinava a pedagogia da violência e a capacidade de concessão de privilégios, associados à figura senhorial".[57]

A escravidão assume, dessa forma, aspectos de um sistema de trabalho com características contratuais, não legalmente reconhecidas nem entre pessoas com igual poder, mas em que senhores e escravos tinham obrigações mútuas que, quando não cumpridas, trariam reações, talvez muito sérias, partindo de ambos os lados. Nesse sentido, além do crime, era possível que escravos que entendiam estar trabalhando demais justificassem assim desvios das colheitas. A interpretação politizada do cotidiano permite entender estas relações como contratuais; a legislação vigente era a explanação da defesa de um dos envolvidos na barganha, o mais poderoso, sim, mas na qual os outros envolvidos poderiam não se reconhecer.

Os senhores normalmente se colocavam nestas barganhas a partir de uma posição paternalista. Vale ressaltar que o conceito é utilizado neste trabalho com o cuidado de não implicar a anulação de conflitos entre as partes envolvidas, muito pelo contrário. Como coloca Thompson, referindo-se à relação entre *gentry* e "povo" na Inglaterra do século XVIII: "na prática, o paternalismo era não só responsabilidade efetiva como teatro e gestos, e que, longe de uma relação calorosa, familiar, face a face, podemos observar uma ensaiada técnica de domínio".[58] Na relação entre senhores e escravos do Brasil no século XIX, também é possível perceber uma política paternalista por parte dos mais poderosos. Estes reconheciam a importância de manter suas imagens de senhores bondosos, para cooptar assim a obediência e disciplina de seus subordinados.[59] O conflito, portanto, transparece na insistência por parte dos escravos em reconhecer os próprios papéis como agentes importantes das mesmas

---

57 MATTOS, *Das cores... op. cit.*, p. 162-163.

58 THOMPSON, E. P. "Patrícios e Plebeus". In: *Costumes em Comum – Estudos sobre a cultura popular tradicional*. São Paulo: Companhia das Letras, 1998, p. 62.

59 Ver, por exemplo, as recomendações do PATI DO ALFERES, Francisco Peixoto de Lacerda Werneck, Barão de. *Memória sobre a fundação de uma fazenda na província do Rio de Janeiro*. Rio de Janeiro/Brasília: Fundação Casa de Rui Barbosa/Senado Federal, 1985.

relações, subvertendo as concessões paternalistas ao considerá-las direitos escravos – mesmo que estes não fossem legalmente reconhecidos.

Deste modo, o que os escravos podiam considerar direito, como o fornecimento de alimentação e vestuário adequados e dias livres, eram, do ponto de vista senhorial, concessões.[60] Maria Helena Machado chamou a atenção para a tensão entre "direitos" escravos e "concessões" senhoriais e definiu o paternalismo como

> postura capaz de harmonizar essas tendências opostas [ideais cristãos e desejo de lucro] e mesmo transformá-las em políticas específicas de tratamento da mão-de-obra. Ainda sob o ponto de vista dos escravos, comportamento humanitário e sede de lucros foram respondidos, reciprocamente, como acomodação e resistência.[61]

No Sul dos Estados Unidos, Anthony Kaye observou política semelhante em diversas ocasiões: no pagamento em dinheiro pela compra das produções independentes dos escravos, na substituição de feitores ou administradores que ultrapassassem os limites aceitos de violência para com os escravos, no arranjo ou permissão de pastores para pregar aos cativos.[62]

O paternalismo estava presente na concessão de permissão, por parte dos senhores, para que seus escravos se casassem, inclusive promovendo-lhes festas e banquetes no dia da cerimônia. Kaye cita um caso ainda mais flagrante: um senhor deu permissão para o casamento de dois de seus escravos, mas manteve a mulher dormindo na sua casa, com a justificativa de cuidar de seus filhos. Em determinado momento, ele decidiu mandar o esposo para outra propriedade sua, separando-o de seus familiares, sob

---

60 Isto também acontecia nas políticas de manumissão senhoriais e na obtenção e manutenção de pecúlio por parte dos escravos. Ver CUNHA, "Sobre os silêncios da lei...", *op. cit.*; CHALHOUB, *Visões da Liberdade... op. cit.* Sobre a agência de escravos concernente a ações de liberdade, ver GRINBERG, *Liberata... op. cit.* Maria Helena Machado aponta para a manipulação, por parte dos escravos, das dubiedades do paternalismo, a qual levava à reinterpretação das "vicissitudes atravessadas pelo regime a seu favor". Assim, na segunda metade do século XIX, os escravos "passaram a reivindicar, com insistência crescente, o cumprimento, por parte de seus senhores, de certas obrigações, tais como elas haviam sido tradicionalmente formuladas e reafirmadas na época". MACHADO, *Crime e escravidão... op. cit.*, p. 114; 120-123

61 MACHADO, *Crime e escravidão... op. cit.*, p. 60.

62 KAYE, Anthony E. *Joining Places: Slave neighborhoods in the Old South.* Chapel Hill: The University of North Carolina Press, 2007, p. 108;139.

o pretexto de protegê-los da violência do marido. O fato de ele, senhor, manter relações sexuais com a escrava não fez parte da explicação para a separação, tornando patente a manipulação por parte do proprietário das próprias atitudes e justificativas, as quais ele atribuía à preocupação com o bem-estar dos escravos, deixando fora do debate seus próprios interesses.[63]

Hartman remete à defesa, por parte da ideologia pró-escravidão americana, de que a própria vulnerabilidade dos escravos, como a descrita acima, tocaria os corações dos senhores caridosos, impedindo-os de exercer a completa dominação a que tinham direito. Desta maneira, os escravos tornar-se-iam mais poderosos do que seus proprietários: a chamada força da fraqueza, também exercida por crianças e mulheres brancas.[64] A lei garantia aos senhores direitos virtualmente absolutos, mas militava contra os abusos desta autoridade, garantindo proteção limitada aos escravos contra assassinatos a sangue-frio e tortura. No entanto, não permitia que negros – escravos ou livres – testemunhassem contra brancos, o que tornava impossível garantir a proteção dos escravos.[65] Dessa forma, criou-se uma teoria do poder em que a afeição dos proprietários e a influência dos escravos compensariam as falhas e omissões da legislação.[66] No Brasil, os escravos depunham em processos criminais enquanto "testemunhas-informantes". Como veremos muitas vezes, as informações prestadas pelos cativos constituíam as únicas provas existentes da culpabilidade dos réus e levavam à condenação, apesar de em teoria o peso de suas afirmações ser menor do que o das "testemunhas" propriamente ditas.

Sem esquecer o desequilíbrio de forças que caracterizava as sociedades escravistas, e levando em conta o exagero retórico concedido ao "poder da fraqueza", mesmo este conceito revela as ambiguidades da instituição, através das quais os escravizados podiam exercer sua agência. Significa que, ainda que menos poderosos que seus proprietários – que certamente não eram os verdadeiros escravos – aquelas pessoas tinham poder de barganha dentro de um sistema social que se definia como absolutamente controlado por um grupo.

---

63 KAYE, *Joining Places... op. cit.*, p. 79-80.

64 "Se... o maior escravo é o senhor de propriedades e os escravizados governam através da 'força da fraqueza', então na verdade a escrava se torna senhora da própria sujeição" (Tradução da autora). HARTMAN, "Seduction..." *op. cit.*, p. 124.

65 Tal também era o caso no Brasil.

66 HARTMAN, "Seduction..." *op. cit.*, p. 126.

CAPÍTULO 2

Escravos africanos contestam o castigo:
as relações escravistas na década de 1840

Os crimes que serão adiante analisados, ocorridos na década de 1840, deram-se no momento da história da região de Campinas em que o cultivo da cana-de-açúcar passava a perder importância e dar lugar às plantações de café, que dominariam a paisagem campineira algumas décadas mais tarde. No entanto, na época aqui estudada, ambas as culturas ainda conviviam de maneira relativamente uniforme entre si, enquanto permitiam a existência de outros tipos de produção agrícola. Tal característica se faz presente através da diversificação de atividades econômicas praticadas pelos senhores que foram mortos por seus escravos, observáveis em seus respectivos inventários.

Outro movimento ocorrido nesta época foi o crescimento no número de escravos africanos, principalmente homens, que foram introduzidos na província e se concentraram nas regiões produtoras de açúcar e café até 1850, quando o tráfico atlântico foi proibido. Em 1800, havia 1050 escravos em Campinas, 29% da população total; em 1817, 2461 escravos perfaziam 41% da população. Em 1829, a proporção de escravos superou a de livres, consistindo aqueles em 65% dos habitantes do município.[1] Naquele ano, apenas 21% dos fogos[2] registrados pelo censo continham escravos e o número médio de escravo por fogo era de 4,1.[3] Nos anos 1830 e 1840, haveria uma transmutação da tradicional

---

1 MARTINS, Valter. *Nem senhores, nem escravos: os pequenos agricultores em Campinas (1800-1850)*. Campinas: CMU/Editora da Unicamp, 1996, p. 32.

2 O termo "fogo" era utilizado em levantamentos populacionais durante a Colônia e Império para referir à casa, ou parte dela, onde habitava uma pessoa ou família, inclusive os eventuais escravos que a ela pertencessem. Não se referia especificamente a uma propriedade, pois um edifício poderia ter mais de um fogo, mas se ligava à ideia de núcleos familiares com economias independentes.

3 MARTINS, *Nem senhores... op. cit.*, p. 40.

lavoura de subsistência para a exportadora, levando à concentração de terras e escravos principalmente no cultivo de açúcar e café.

Segundo Slenes, a população escrava em Campinas passou de 4800 em 1829, para 8149 em 1854, sendo que talvez a última cifra represente uma subestimação. A proporção de africanos entre os escravos acima de 15 anos deve ter se mantido próxima de 70% até o fim do tráfico.[4] Depois do fechamento do comércio atlântico, a lavoura cafeeira alcançou grande sucesso. Com o aumento da produção e preços favoráveis, os agricultores de Campinas poderiam arcar com os altos preços dos escravos comercializados pelo tráfico interno, ocorrendo então uma crescente concentração do trabalho compulsório nas atividades agrícolas exportadoras.[5] A propensão para o aumento do valor dos cativos é perceptível até mesmo neste trabalho, voltado para estudos de caso e não para tendências gerais do mercado de escravos, quando comparamos as heranças avaliadas e divididas antes e depois de 1850.

Foi neste ambiente de mudança e crescente concentração de recursos que os crimes analisados adiante tiveram lugar. Ambientados em lavouras de cana e café, os dois primeiros, ocorreram em propriedades que se encaixam nos perfis econômicos até aqui discutidos. O terceiro foge à tipificação, por ter acontecido numa plantação de chá, produto que não tinha grande alcance no mercado naquele momento.

---

4 SLENES, Robert W. *Na senzala, uma flor: esperanças e recordações na formação da família escrava, Brasil, Sudeste, século XIX*. Rio de Janeiro: Nova Fronteira, 1999, p. 70-71. Para uma reflexão crítica sobre a demografia histórica no Brasil ver BACELLAR, Carlos de Almeida Prado; SCOTT, Ana Silvia Volpi; BASSANEZI, Maria Silvia Casagrande Beozzo. "Quarenta anos de demografia histórica". In: *Revista Brasileira de Estudos Populacionais*, vol. 22, n. 2. Ricardo Salles, a partir dos inventários *post-mortem* de senhores de escravos de Vassouras, de 1820 a 1880, registrou naquela cidade elevado índice de africanidade: por volta de 70% nas primeiras décadas da série, até atingir o pico de 74% em 1840. Depois disso, com o fim do tráfico transatlântico, esta proporção caiu continuamente até a situação se inverter, na década de 1870, quando os crioulos eram maioria de 68%. SALLES, Ricardo, *E o Vale era o escravo. Vassouras, século XIX. Senhores e escravos no coração do Império*. Rio de Janeiro: Civilização Brasileira, 2008, p. 182-3, gráfico 10. Vale salientar que na região do Vale do Paraíba o ápice da cafeicultura se deu mais cedo do que no Oeste Paulista. Salles o localiza entre os anos de 1836 e 1865, mas sua grandeza se estendeu até a década de 1880, quando "não obstante a inexistência de matas virgens que propiciassem a plantação de novos pés de café e do lento declínio da produtividade dos cafezais envelhecidos, as fazendas ainda eram um bom negócio", p. 150-1.

5 O número de cativos registrados em Campinas na matrícula geral de 1872 era de 14000, "maior população escrava de todos os municípios paulistas. Era, agora, uma população predominantemente 'crioula'". SLENES, *Na senzala... op. cit.*, p. 71.

Quando falha o controle   47

O contexto socioeconômico de Campinas da década de 1840 merece consideração neste trabalho menos como explicação para os crimes então ocorridos do que como fator crucial na compreensão das formas de vida dos envolvidos. Como se verá, a maioria dos delitos analisados adiante teve lugar nas roças, palco privilegiado das interações – e conflitos – entre senhores e escravos. Para os senhores, era da lavoura que proviria seu sustento e de sua família, seja pelo cultivo de produtos de subsistência, seja pela comercialização de itens de exportação. A necessidade de se manter a par das transformações econômicas que então aconteciam poderia levar os proprietários a exigir de seus cativos um ritmo mais acelerado no serviço. Para boa parte dos escravos, a roça era a paisagem cotidiana onde se desenvolviam grande parte de suas atividades e relações, verticais ou horizontais. O eito era o espaço primordial em que se concretizava a dominação senhorial, inclusive através do castigo.

Como já foi apontado, os crimes de morte de senhor tinham conotações absolutamente pessoais. A comunhão de diversas circunstâncias específicas ocasionava os assassinatos analisados adiante. O modo encontrado pelo senhor para dominar seus subordinados, somado ao sentimento de inadequação ocasionado por esses métodos nos cativos, os quais poderiam ter índole mais dócil ou mais impaciente, poderiam num determinado momento resultar no assassinato do senhor. Nesta conta, em que pesem as personalidades envolvidas, a natureza do sistema escravista e as especificidades de cada relação, contava também a situação financeira do proprietário, a qual poderia ter grande influência em suas ações.

Em 1845, Pedro Antônio de Oliveira foi morto por seu escravo João de Nação perto do canavial de sua propriedade. Tratava-se, provavelmente, de um pequeno produtor de aguardente, que tinha um engenho de moer com bois sediado em uma pequena casinha, além de se desenvolverem ali outras atividades, como uma pequena produção de café e fabricação de telhas.

Na verdade, a cana-de-açúcar foi o que impulsionou a povoação da região de Campinas, a partir de 1770. A região originalmente se dedicara à produção de subsistência para uso próprio ou exportação para as regiões das minas, mas a partir de finais do século XVIII e início do XIX começou a se destacar ali a produção de açúcar e aguardente, frutos da lavoura canavieira. Essa se manteve como principal ocupação de seus moradores até meados do século XIX, quando começou a perder espaço para o café.[6]

---

6   PETRONE, Maria Teresa Schorer. *A lavoura canavieira em São Paulo: expansão e declínio (1765-1851)*. São Paulo: Difusão Europeia do Livro, 1968, p. 45-6.

Segundo Maria Teresa Petrone, a facilidade do cultivo do açúcar nos planaltos do interior de São Paulo compensava os altos custos de transporte para o litoral, de onde o produto era comercializado para fora da província. O açúcar da região era conhecido pela má qualidade, já que se deteriorava facilmente durante o percurso por estradas de péssima qualidade, mas apesar disso a atividade se apresentava bastante lucrativa e ultrapassou a produção marinha no começo do século XIX.[7]

O açúcar representaria a maior parte das exportações da província como um todo até 1850, quando seria ultrapassada pelo café. Em Campinas, no entanto, a mudança ocorreu em ritmo um pouco mais acelerado, pois já em 1852 as 68 fazendas de café aí existentes eram mais numerosas do que seus 52 engenhos de açúcar.[8]

Em 1847, João Lopes de Camargo também foi assassinado na roça por dois de seus escravos, conforme interpretação do júri que os condenou. Desta vez tratava-se já de uma plantação de café. Aqui também se observa a variedade de ocupações existentes na propriedade, sendo que o cultivo de café era provavelmente uma atividade bastante recente e realizada num sítio recém-comprado. O próprio fato de Lopes de Camargo se dedicar havia pouco tempo a esta cultura pode ser explicado pelo contexto de expansão da fronteira agrícola na região, com o ingresso de novos lavradores na economia cafeeira.

O café contou com diversas condições favoráveis à sua expansão: alcançava altos preços no mercado – enquanto os do açúcar começavam a cair – e sua produção e beneficiamento eram mais baratos. Por ser menos perecível, era mais fácil manter sua boa qualidade enquanto era transportado em lombo de mulas até os portos litorâneos.

Por outro lado, conforme afirmam Luna & Klein, o capital investido no beneficiamento da cana-de-açúcar teria retardado o ingresso dos proprietários de engenho no cultivo do café, pois a mudança implicaria na inutilização do caro maquinário necessário ao processamento do açúcar. Assim, somente na segunda metade do século XIX "terras canavieiras passariam a ser usadas na produção de café".[9] Do ponto de vista de pelo menos alguns escravos, a mudança na vocação econômica da região também poderia significar perda

---

7   PETRONE, *A lavoura canavieira... op. cit.*, p. 37-38.

8   PETRONE, *A lavoura canavieira... op. cit.*, p. 47.

9   LUNA, Francisco Vidal; KLEIN, Herbert S. *Evolução da Sociedade e Economia Escravista de São Paulo, de 1750 a 1850.* São Paulo: Edusp, 2005, p. 83.

de capital investido, não financeiramente, mas na forma de dedicação para a obtenção de ofícios especializados. Um dos réus acusados da morte de Lopes de Camargo tinha a qualificação de "caldeireiro", função esta que deixava de existir quando o senhor optava pela substituição da cultura do açúcar pela do café – um fator a mais a caracterizar a tensa relação entre senhores e escravos que, por vezes, resultou em homicídio.

Os dois gêneros se beneficiavam das férteis terras vermelhas da região, mas apresentavam diferentes características em sua produção, para além dos preços alcançados nos mercados externos.[10] Os gastos da instalação de um engenho de açúcar eram bastante altos, limitando o ingresso de proprietários mais modestos na empreitada, enquanto o café, cujos custos de beneficiamento eram bem mais baixos, permitia nas primeiras fases de sua exploração a formação de uma camada proprietária mais democrática.

Segundo Valter Martins, em 1829, 317 ou 33% dos fogos agrícolas pertenciam a pequenos proprietários – considerados pelo autor aqueles que, com ou sem escravos, cultivavam alimentos, mas não eram senhores de engenho nem partidistas. Em anos anteriores, esta percentagem chegara a 69% em 1800 e 54%, em 1817. Em números absolutos estas propriedades eram 314 em 1800, 375 em 1817 e 317 em 1829. A variação indica o rápido crescimento no número de fogos agrícolas no município, que passou de 453 no início da série para 952 em seu final.[11]

A especificidade da plantação, que demorava alguns anos para começar a produzir, permitia e estimulava seus lavradores a continuarem investindo em outras culturas, inclusive na de subsistência que era característica da região, dando-lhes sustento enquanto os pés de café se desenvolviam. Com o passar do tempo, ocorreria nas regiões produtoras uma maior concentração da propriedade cafeeira em menos mãos, que se tornariam cada vez mais baseadas no trabalho escravo, em contraste com o cultivo familiar da fase inicial.[12]

Referindo-se aos anos 1830, Luna e Klein defendem que "mesmo as regiões açucareiras e cafeeiras mais importantes não foram monocultoras"; produziam também tabaco, algodão, milho, arroz e farinha de mandioca. Segundo

---

10 Como apontam Luna & Klein, o uso dos termos "mercado externo" e "exportação" não se referem necessariamente ao comércio para fora do Brasil, mas para regiões além daquelas em que se cultivavam tais produtos. LUNA & KLEIN, *Evolução... op. cit.*, nota 8, p. 58.

11 MARTINS, *Nem senhores... op. cit.*, p. 24; 37.

12 LUNA & KLEIN, *Evolução... op. cit.*, p. 82-3.

50 Maíra Chinelatto Alves

estes autores, a cultura do chá – importante no presente estudo por ser o ambiente de um dos crimes analisados – teria se concentrado totalmente na região do Caminho do Sul.[13] Em 1836, a província teria produzido mais de 7.000 toneladas de erva-mate e 780 libras de chá, em comparação com 8.600 toneladas de café, 8.200 de açúcar, aos quais se somavam 46.000 canadas de aguardente e 46.000 unidades de rapadura. O destaque das culturas de subsistência no entanto é bastante grande, visto que a produção de milho alcançou mais de 93.000 toneladas e a farinha de mandioca, 89.000 alqueires.[14] Dez anos depois, a situação seria bem diferente; o Oeste ascenderia como grande produtor de café ultrapassando o Vale do Paraíba e a propriedade escravista se concentraria cada vez mais no cultivo deste produto, em detrimento da produção de gêneros.

O terceiro crime analisado, da morte de Antônio José Pinto da Silva, ocorrida em 1849, foge a algumas características dos outros dois por ocorrer numa plantação de chá. Vê-se, então, uma propriedade dedicada não à grande cultura de exportação, mas a um mercado menos significativo, embora naquele momento houvesse grandes esperanças em seu desenvolvimento. Tal era a crença do Barão do Pati do Alferes registrada em seu Manual publicado em 1847, no qual afirmava que

> o chá principia com melhores auspícios do que o café, e é de esperar que os agricultores se atirem a ele como único meio de salvação, vista a próxima ruína com que se acha ameaçada a cultura do café pela escassez das matas virgens, e de dar senão em terras novas, quando o chá vegeta muito bem nos terrenos safados e de menor força.[15]

O chá parece ter chegado em 1812 ao Brasil, onde foi "efetivamente implantado pela primeira vez fora da China e do Japão". Warren Dean destacou a pouca importância alcançada pelo chá na província de São Paulo, talvez derivada da não aceitação do produto no mercado externo, apesar de não haver, nesse caso, "concorrência com fazendeiros dentro dos impérios europeus".[16]

---

13 LUNA & KLEIN, *Evolução... op. cit.*, p. 109.

14 LUNA & KLEIN, *Evolução... op. cit.*, tabela 4.1, p. 112.

15 PATI DO ALFERES, Francisco Peixoto de Lacerda Werneck, Barão de. *Memória sobre a fundação de uma fazenda na província do Rio de Janeiro*. Rio de Janeiro/Brasília: Fundação Casa de Rui Barbosa/Senado Federal, 1985, p. 70.

16 DEAN, Warren. "A botânica e a política imperial: a introdução e a domesticação de plantas no Brasil". In: *Estudos Históricos*. Rio de Janeiro, vol. 4, n. 8, 1991, p. 216-228.

Quando falha o controle 51

No trecho citado acima, o Barão se referia à região do Vale do Paraíba, em que a exploração do café destruía matas indiscriminadamente e empobrecia cada vez mais o solo, do que resultaria o enfraquecimento da cafeicultura dessa região algumas décadas mais tarde.[17] Daí a fala de Werneck, que acreditava poder ser o chá um substituto à altura visto ser um produto menos exigente quanto ao solo em que podia ser cultivado.

Segundo Wissembach, o cultivo de chá também se mostrava apropriado às zonas rurais próximas aos centros urbanos, como São Paulo. Entre as propriedades voltadas aos gêneros de subsistência, havia, em 1854, próximo à cidade, "fazendas de gado e de cultura de milho, açúcar e chá".[18] Considerando "as limitações físicas e de mão-de-obra disponível na região", Wissembach traz outro depoimento sobre as virtudes do produto:

> Esta lavoura é menos dispendiosa: ela não depende de braços robustos, e nem de tantos como o açúcar e o café: rapazes e raparigas dão um bom jornal na colheita, na escolha, e mesmo na esfregação e enrolamento, desde que chegam à puberdade; dispensam grandes terrenos; é a mais própria as chácaras perto de cidades.[19]

Apesar da situação em Campinas ser bastante diferente nos anos 1840 é possível que aí houvesse também proprietários de terras dispostos a investir na plantação de chá, pois este é exatamente o período em que lavradores de Campinas estavam buscando produções alternativas às de exportação. É fato, entretanto, que este produto não se mostrava tão atraente quanto o açúcar e o café, que constituíam isolados a maior parte da produção da província. Apesar disso, a existência de cerca de vinte escravos pertencentes à família de Pinto da Silva não permite que aquela propriedade seja considerada como pequena. Mesmo sem se dedicar à lavoura de exportação, nela se empenhavam grande número de trabalhadores.

---

17 Ver SALLES, *E o Vale era o escravo... op. cit.*, p. 151-4. SLENES, "Grandeza ou decadência? O mercado de escravos e a economia cafeeira da província do Rio de Janeiro, 1850-1888". In: COSTA, Iraci del Nero da. *História econômica e demográfica*. São Paulo: IPE/USP, 1986.

18 WISSEMBACH, Maria Cristina Cortez. *Sonhos africanos, vivências ladinas: escravos e forros em São Paulo (1850-1880)*. São Paulo: HUCITEC, 1998, p. 92-93.

19 "Pequena memória da plantação e cultura do chá", por José Arouche de Toledo Rendon, Tenente-General e Diretor do Curso Jurídico de São Paulo, em primeiro de janeiro de 1833. In *Coleção das três principais memórias sobre a plantação, cultura e fabrico do chá*. São Paulo: Typographia Liberal, 1851 *apud* WISSENBACH, *Sonhos africanos... op. cit.*, p. 93.

O interesse da família de Pinto da Silva em se empenhar na lavoura de chá talvez possa ser explicado ainda como alternativa à cana, mais do que ao café. Como já foi apontado, o açúcar exigia a aplicação de grandes recursos em seu beneficiamento; a montagem de um engenho de açúcar era bastante cara e mesmo a produção de aguardente exigia maquinaria específica.[20] Ora, talvez esta família, impedida de se tornar dona de engenho, investisse no chá como produção alternativa, num momento em que o café ainda não tinha atingido a importância que alcançaria a partir da década de seguinte.[21]

Estas eram algumas das características da região de Campinas – e da província de São Paulo, em geral – quando aconteceram os crimes que serão analisados a seguir. Elas ajudam a entender algumas das escolhas feitas, por senhores e escravos, que contribuíram para a ocorrência de delitos tão sérios como são os assassinatos. Como se notará, os crimes acontecidos na década de 1840 foram bem mais diversificados entre si do que aqueles do período posterior. Aconteceram em lavouras diferentes, refletindo as tendências econômicas da época. Seus pivôs foram escravos africanos, o que seria de se esperar, visto serem estes maioria antes do fechamento definitivo do tráfico atlântico, em 1850. Como não poderia deixar de ser, porém, eles revelam a violência intrínseca às relações escravistas, violência esta que, pelo menos nestes casos, aconteceu sempre nas duas mãos: por parte de senhores e de escravos. Nos discursos dos réus transparecem suas concepções sobre o que era aceitável – e principalmente o que não era – em seus respectivos cativeiros, revelando, como coloca Emília Viotti da Costa, "o mundo que desejavam criar dentro dos limites que lhes eram impostos pelos senhores". Referindo-se às queixas feitas por escravos de Demerara junto a fiscais incumbidos de protegê-los, nas primeiras décadas do século XIX, a autora aponta como aquelas reclamações envolviam negociações com senhores e autoridades públicas, buscando "uma espécie de solução conciliatória. Os queixosos invocavam normas que imaginavam pudessem ser

---

20 Petrone descreve alguns engenhos, inclusive na região de Campinas, informando o valor empregado na sua construção, mas referentes a períodos bastante anteriores ao aqui estudado. Em 1815, um engenho d'água custaria 900$000; em Guaratinguetá, em 1825, estariam entre 50$000 e 300$000. Aqueles movidos por animais seriam muito mais baratos que os hidráulicos. PETRONE, *A lavoura canavieira... op. cit.*, p. 97.

21 Como será discutido adiante, a geração seguinte a Antônio José Pinto da Silva, representada por seu enteado, já investiria majoritariamente no café, como se observa em um dos inventários analisados.

Quando falha o controle 53

consideradas aceitáveis por brancos em posição de autoridade".[22] Tal como veremos que aconteceu no Brasil, as possibilidades desse discurso escravo aceitável pela sociedade transformaram-se ao longo do tempo. Na década de 1840, anterior àquelas leis de melhoramento da escravidão aprovadas a partir de meados do século, tais possibilidades eram mais limitadas do que seriam trinta anos mais tarde. Talvez, então, não fosse interessante aos réus interrogados expressar-se de maneira tão aberta sobre seus direitos e sua concepção de cativeiro justo, apesar de tais noções poderem ser inferidas de seus discursos. Costa faz uma bela explanação dos diferentes sentidos associados ao discurso dos escravos de Demerara. Às autoridades, eles revelavam um transcrito público, em que exigiam como direitos

> receber uma cota de alimentos e roupas conforme o costume, de ter o tempo necessário para fazer suas refeições, de ter acesso à terra e tempo 'livre' para cultivar suas hortas e áreas para provisões, de ir à feira e à capela e de visitar parentes e amigos,

entre outros.[23] No entanto, menos visível, mas igualmente vigoroso, era o compromisso deles com os "direitos" que não eram proclamados publicamente mas permaneciam inscritos num "transcrito oculto", agravos que não chegavam aos ouvidos dos fiscais mas que ainda assim alimentavam a ira, geravam formas de comportamento que os senhores consideravam impróprias e que acabaram por dar início à rebelião. Entre esses estava o direito à liberdade, que incluía o direito ao fruto do seu trabalho, o direito de constituir e manter uma família conforme seus próprios critérios, o direito de nunca se separar da família contra a vontade, o direito de se movimentar sem constrangimentos, de celebrar rituais, tocar tambores – em resumo, o direito de viver conforme suas próprias regras de decência e respeito. O "transcrito oculto" só pode ser percebido no comportamento dos escravos. Quando fugiam, quando executavam os rituais em segredo no meio da noite, mas, sobretudo, quando se rebelavam, eles estavam afirmando os direitos que não ousavam afirmar publicamente.[24]

---

22 COSTA, Emília Viotti da. *Coroas de glória, lágrimas de sangue. A rebelião dos escravos de Demerara em 1823*. São Paulo: Companhia das Letras, 1998, p. 99.

23 COSTA. *Coroas de glória... op. cit.*, p. 99. Ver também SCOTT, James. *Domination and the Arts of Resistance: Hidden Transcripts*. New Haven: Yale University Press, 1990.

24 COSTA. *Coroas de glória... op. cit.*, p. 100.

54   Maíra Chinelatto Alves

Talvez os réus da década de 1840 não abordassem diretamente o discurso de direitos, aparente ocasionalmente em Demerara nos anos 1820 e 1830 ou em Campinas, na década de 1870, mas suas ações e falas adiante analisadas revelam concepções semelhantes.

João de Nação e Pedro Antônio de Oliveira, 1845

Em 25 de setembro de 1845, os peritos Policarpo José de Souza e Ricardo Gumbleton Daunt foram notificados para realizar exame de corpo de delito no cadáver do tenente Pedro Antônio Oliveira, supostamente de mais de oitenta anos de idade, casado e morador em seu sítio no Baixo da Boa Esperança, termo da cidade de Campinas, morto no dia anterior.[25] No momento em que se procedia ao exame, os filhos do falecido, Antônio Manoel de Oliveira e Rodrigo José Teles informaram supor que o agressor fora um escravo de seu pai, de nome João de Nação.

Cinco dias depois, após ser preso na cidade próxima de Piracicaba,[26] João afirmava não ter conhecido seus pais "porque veio de sua terra muito pequeno", tinha de vinte e tantos a trinta anos, era solteiro e camarada de tropa mas também se empregava na agricultura.[27] Ele era um dos quinze escravos pertencentes àquele senhor.[28] João não fez parte do inventário, pois foi condenado à pena de morte antes que se fizesse a avaliação dos bens deixados por Oliveira.[29] Podemos conhecê-lo melhor, contudo, através dos autos de qualificação e perguntas, constantes do processo criminal, no qual foi o único escravo a ter a ocupação discriminada.

Em interrogatório realizado em 30 de setembro, o suspeito afirmou

---

25   Arquivo do Estado de São Paulo (AESP), Autos Crimes do Interior (ACI), Microfilme 13.01.037. *Juízo de Direito, processo crime, 1845-1846, no. de ordem CO4055, Documento 2*. f. 2-3. Em todos os trechos de documentos citados, a ortografia foi atualizada, mas a pontuação preservada. Os números das folhas dos autos criminais referem-se à numeração atribuída pelo Arquivo do Estado de São Paulo, que não segue a numeração original dos documentos.

26   AESP, ACI, 13.01.037, *doc. 2*. "1ª Testemunha – João dos Reis de Santana", f. 10.

27   AESP, ACI, 13.01.037, *doc. 2*. "Auto de Qualificação", f. 7.

28   Centro de Memória da Unicamp (CMU), Tribunal de Justiça de Campinas (TJC). 1º ofício, auto 2543. *Inventário de Pedro Antônio de Oliveira. Inventariante Antônio Manoel de Oliveira, 1845*. f. 19v-20.

29   A sentença foi dada em 28 de outubro de 1845, enquanto o termo de avaliação dos bens de Pedro Antônio de Oliveira data de 9 de novembro de 1845. CMU, TJC, 1º ofício, auto 2543, f. 14v; AESP, ACI 13.01.037, *doc. 2*, f. 174.

chamar-se João, natural... da Costa da África, e que esta[va] residente em Campinas a (sic) vinte e tantos anos, que sempre foi agricultor, e arrieiro de tropa, que fugindo de seu Senhor por este o querer castigar, meteu-se ao mato, e vindo de dia procurar seus companheiros escravos no serviço para pedir-lhes que lhe dessem alguma cobertura para ele se [retirar], foi quando encontrou em um bananal a seu Senhor Pedro Antônio de Oliveira, que lhe deu uma [bordoada] com um pau, o qual feriu a ele respondente do lado esquerdo acima da orelha, e que sendo agarrado pelo falecido ficou fora de si, e porque trazia uma foice na mão dela usou e feriu ao finado Pedro Antônio, e que não houve outra razão por que isso ele respondente foi criado desde pequeno pelo falecido; mas que o flagrante fez com que o respondente lhe perdesse o respeito e que quando voltou a si já o delito estava feito.[30]

Logo após este depoimento, ao serem arroladas seis testemunhas para dizerem o que sabiam do caso, João Africano passou a negar sua declaração anterior, alegando não saber bem o que acontecera. A maior parte das declarações das testemunhas tinha como fonte afirmações feitas pelo próprio suspeito, quando de sua prisão. Aparentemente, João contara versões ligeiramente diferentes do ocorrido a cada pessoa que lhe perguntara.

Disse a Francisco Galhardo Moreira que o crime acontecera num canavial, onde ele acusado ficara esperando seu senhor;[31] enquanto, segundo Camilo José de Godói, a cena se passara "por umas bananeiras".[32] A João Theodoro de Oliveira Godói, amigo do falecido, João dissera "que tomou algumas pingas, andava ainda quente delas, por isso foi que fez a morte de seu Senhor".[33] Afinal, o réu afirmou que "andava fugido e que quando ele apareceu lhe disseram que ele matou seu senhor e que ele não sab[ia] de nada".[34] João dos Reis Santana lhe atribuiu as seguintes palavras em desabafo: "que não estava mais para aturar, e que já tinha tido muita paciência, e que ou ele Réu, ou o seu Senhor havia de morrer".[35] As razões que moti-

---

30 AESP, ACI, 13.01.037, *doc. 2*, "Interrogatório", f. 8.

31 AESP, ACI, 13.01.037, *doc. 2*, "2ª Testemunha – Francisco Galhardo Moreira", f. 12.

32 AESP, ACI, 13.01.037, *doc. 2*, "3ª Testemunha – Camilo José de Godói", f. 13.

33 AESP, ACI, 13.01.037, *doc. 2*, "5ª Testemunha – João Theodoro de Oliveira Godói", f. 15.

34 AESP, ACI, 13.01.037, *doc. 2*, "6ª Testemunha – Manoel Rodrigues de Góis", f. 16-17.

35 AESP, ACI, 13.01.037, *doc. 2*, "1ª Testemunha – João dos Reis de Santana", f. 11.

varam esta mudança de estratégia por parte do acusado não transparecem do processo, nem se pode afirmar que lhe foram sugeridas pelo curador nomeado para defendê-lo, já que até aquele momento ninguém fora indicado para exercer tal função.

Em seguida às testemunhas, foi interrogada a testemunha-informante Maria, escrava também do finado Pedro Antônio de Oliveira. Ela ratificou o que já se sabia: João andava fugido, apareceu no dia do assassinato no serviço e disse aos outros escravos que fossem ver seu senhor que estava morto, fato que foi por eles verificado. Mais interessante e controversa é sua afirmação de "que quando o Réu João falou no Serviço onde ela informante estava, falou do mato, e não apareceu, por isso ela não viu se ele levava consigo foice ou outro instrumento". Em resposta à fala da escrava,

> João disse que estava fugido, e que seus parceiros lhe davam de comer no mato, onde um dia lhe levaram uma foice, e lhe pediram que com ela fizesse o assassínio para ficarem livres sem Senhor, que era muito bravo, e que ele Réu seguiu o que lhe aconselhavam.

Maria, por sua vez, declarou que "não deram ferramenta nenhuma, tanto que a ferramenta com que com que trabalhavam era enxada, e a morte foi feita com foice".

Este debate demonstra que mesmo fugido João não se afastara da propriedade à qual pertencia e, mais importante, não cortara os laços que o ligavam a seus companheiros. Pode ser verdade que os outros escravos não tenham pedido a João que ele matasse o senhor e que Maria nem mesmo o tenha visto quando ele anunciou a morte, mas também é plausível que os parceiros de fato o ajudassem depois da fuga e que não delatassem suas visitas ao senhor.

Um dos filhos do falecido, Antônio Manoel de Oliveira, estava presente no interrogatório e tentou esclarecer qual fora a arma usada no crime. Declarou que seu pai,

> apenas desapareceu fugido o Réu João, deu uma busca na ferramenta de sua casa e não achou falta de nenhuma; pôs então toda debaixo de segurança em um quarto fechado; e por isso ele Informante supõe que a foice com que fez o delito foi furtada da casa de um vizinho, que nesse tempo queixou-se desse ponto.

João, finalmente, respondeu "que a foice com que fez o delito foi mesmo da casa do falecido seu Senhor e não foi furtada".[36]

A análise do inventário dos bens deixados em herança por Pedro Antônio de Oliveira, aberto em 5 de outubro de 1845, pode esclarecer, além do ambiente em que o crime teve lugar, circunstâncias diretamente ligadas a ele, como o tipo de produção que ali havia e os instrumentos utilizados ordinariamente no trabalho dos escravos.

Entre as ferramentas listadas havia onze enxadas, das quais nove muito velhas e duas em bom uso; seis foices, três velhas e três em bom uso; duas cavadeiras velhas; quatro machados, um usado e três muito velhos, além de serras, enxadão e enxó.[37] Note-se a precariedade dos utensílios e a proverbial ausência de arado, que indica que todo o trabalho de preparo da terra para plantação era realizado manualmente. Valter Martins citou esta lista mesma de utensílios e concluiu que "ferramentas velhas eram bastante comuns naqueles tempos, não apenas entre os agricultores mais pobres. Ao que tudo indica, as ferramentas eram usadas enquanto fosse possível, o que certamente acabava por comprometer sua eficiência". Apesar disso, continua, a produção agrícola em São Paulo crescia e era suficiente tanto para seu consumo interno quanto para a exportação de excedentes.[38] Este autor discute os métodos de cultivos e a inexistência de arados, que poderia ser explicada, para além do conservadorismo dos agricultores, pelas características do solo tropical, cujos nutrientes se encontravam muito à superfície e que poderiam ser prejudicados pelo revolvimento mais profundo da terra. Em 1848, um arado em bom estado podia valer entre 8$00 e 16$000. Como coloca o autor, esta última quantia era suficiente para a compra de um boi.[39]

A preparação do terreno, com a derrubada e queimada de suas matas era, portanto, feita de maneira tradicional e por braços escravos. Os que realizavam este trabalho na propriedade de Oliveira estão apresentados na tabela 3, a seguir.

Duas escravas de nome Maria poderiam ser a informante do processo criminal. A partir das informações constantes nos dois documentos, não se pode desvendar qual das duas apresentou o depoimento

---

36 AESP, ACI, 13.01.037, *doc. 2*, "Termo de informação dada pela preta Maria", f. 18-19.

37 CMU, TJC, 1º ofício, auto 2543, f. 17v.

38 MARTINS, *Nem senhores... op. cit.*, p. 161.

39 MARTINS, *Nem senhores... op. cit.*, p. 147-150, em que o autor discute os métodos de cultivos e a ausência de arado.

mencionado.[40] Uma delas, Maria Gorda, de 50 anos, foi avaliada em 450$000. A outra, Maria Angola, de 40 anos, valia 550$000.

TABELA 3 – Escravos de Pedro Antônio de Oliveira, 1845

Nome	Cor e/ou naturalidade	Idade (anos)	Observações	Preço de avaliação
Manoel	Nação	40		550$000
Thomaz	Crioulo	25		600$000
Antônio	Crioulo	11		580$000
Maria Angola		40		550$000
Teresa	Crioula	15	Filha de Maria Angola	500$000
Joana	Crioula	10 a 11		470$000
André	Crioulo	7		350$000
Gonçalo	Crioulo	6	Filho de Maria Angola	300$000
Benta	Crioula	1,5	Filha de Maria Angola [morreu segundo declaração de f. 65]	120$000
Maria Gorda		50		450$000
Jacinta	Crioula	25	Filha de Maria Gorda	650$000
Luiza	Crioula	8	Filha de Maria Gorda	400$000
Andreza	Crioula	7	Filha de Maria Gorda	400$000
Jerônimo	Crioulo	3	Filho de Maria Gorda	300$000
Margarida	Crioula	2	Filha de Jacinta	120$000
Francisco	Nação ou crioulo	50	Velho e aleijado	2$400; 80$000; 156$000

Fonte: CMU – TJC – 1º ofício, auto 2543. *Inventário de Pedro Antônio de Oliveira. Inventariante Antônio Manoel de Oliveira. 1845*, f. 19v-20. Sobre Francisco, f. 24; 31.

Havia na propriedade quatro mulheres entre 15 e 50 anos, sendo Maria Gorda a mais velha dentre todos os cativos. Ela tinha ao menos três

---

40 As descrições dos escravos no inventário em que se baseia a discussão a seguir encontra-se em CMU, TJC, 1º ofício, auto 2543, f. 19v-20.

filhos consigo, Luiza, Andreza e Jerônimo, de 8, 7 e 3 anos, respectivamente, avaliados em 400$000 cada uma das meninas e em 300$000, o menino.[41] Além disso, é possível que a escrava de maior valor da lista de avaliação, valendo 650$000, Jacinta de 25 anos, fosse também filha de Maria Gorda, aumentando ainda mais a família já que a moça tinha, por sua vez, uma filha de nome Margarida de 2 anos, avaliada em 120$000.

Já Maria Angola com certeza também tinha três filhos: Teresa, Gonçalo e Benta, de 15, 6 e 1,5 anos, cujos preços eram 500$000, 300$000 e 120$000, respectivamente. As informações no inventário não são claras, mas permitem especular que também os crioulos Joana e André, de 10 e 7 anos, fossem seus filhos. Com a adição de seus valores de 470$000 e 350$000, este núcleo familiar exclusivamente feminino e infantil alcançaria a considerável soma de 2:290$000. A outra família, encabeçada pela outra Maria, valia ao todo 2:320$000.

Como contraponto, havia somente dois homens adultos na herança: Manoel de Nação, 40 anos, cujo valor era apreciado em 550$000, e Thomaz, crioulo de 25 anos, em 600$000. Também fora dos grupos já descritos estava o crioulo Antônio, de 11 anos, cujo valor alcançava 580$000. Se minhas suposições sobre a constituição das duas famílias estiverem corretas, somente esses três escravos de sexo masculino, além do réu João Africano, que não é listado como bem a ser partilhado entre os herdeiros, não estariam oficialmente ligados aos extensos grupos de parentesco daquela senzala.

Fica, porém, a questão sobre a paternidade de tantas crianças crioulas: nove dos cativos listados tinham menos de doze anos; duas das moças, de 15 e 25 anos, poderiam também ter pais vivos, o que significa que mesmo que o crioulinho Antônio, de 11 anos, tivesse sido comprado separadamente de sua família, ainda dez pessoas tinham as mães presentes. Levanta-se a possibilidade de que os pais de pelo menos algumas delas fossem homens pertencentes à propriedade. A composição da escravaria, com três mulheres adultas (e com filhos) e três homens adultos – incluindo o réu – com idades razoavelmente próximas, permite conjecturar que todos os escravos da propriedade pertencessem aos núcleos familiares conhecidos.

Vale notar que, neste momento, as informações registradas sobre os escravos nos inventários *post-mortem* eram bastante escassas; não eram indicados estado civil, filiação ou profissão dos cativos arrolados, situação

---

41 Todos os escravos constantes do inventário estão discriminados na tabela 3.

bastante diferente da que seria encontrada depois da matrícula de 1872, quando tais dados seriam recolhidos sistematicamente.

A procedência dos escravos, porém, é indicada. A grande maioria era de crioulos, descrição de negros nascidos no Brasil. Contando o réu João, três dos escravos mais velhos da propriedade eram africanos, mas a única cuja procedência é mais exatamente conhecida é Maria Angola – o réu João afirmou apenas ter nascido "na costa da África". Sobre a outra Maria, Gorda, não se sabe se era crioula ou de nação, sendo bastante provável que ela também fosse africana. A alta incidência de crioulos é facilmente explicada pela própria composição da senzala, formada de jovens e crianças filhos das mulheres mais velhas.

É interessante perceber a predominância de mulheres e crianças na posse de Oliveira, indicando a existência de crescimento vegetativo da escravaria, mesmo antes do fim do tráfico atlântico. Nenhum dos escravos foi registrado como casado, o que não implica na inexistência de uniões consensuais estáveis, mesmo que não reconhecidas oficialmente. Conforme aponta Robert Slenes, na região de Campinas poderia ser observado, principalmente através dos dados recolhidos das listas de matrícula de 1872, "o impacto nocivo do escravismo sobre a continuidade das relações familiares no grupo cativo", mesmo "reconhecendo que as ínfimas taxas de casamento formal nas pequenas posses provavelmente escondem uma significativa presença de matrimônios consensuais, sobretudo entre escravos de senhores diferentes". Apesar de o autor tratar de período bastante posterior, é de se crer que tais uniões estáveis já ocorressem na década de 1840. Os dados recolhidos nas propriedades médias (nas quais se incluiria a de Oliveira) e grandes permitem inferir a valorização dada pelos escravos à estabilidade familiar, superando sempre que possível as limitações demográficas aos matrimônios.[42]

Ainda uma última informação sobre a escravaria do falecido: ela sugere a importância que João Africano teria na propriedade. Era um escravo jovem, africano ladino que, segundo seu depoimento, fora criado pelo senhor e ainda tinha a qualificação de ser tropeiro. Não se tratava de um africano desenraizado, mas de um escravo que empreendeu com sucesso uma empreitada de aproximação com o próprio senhor, o que provavelmente envolveu uma correspondência às expectativas senhoriais durante muitos

---

42 SLENES, *Na senzala... op. cit.*, p. 108-109. Este autor considera propriedades com 1 a 9 escravos pequenas; com 10 a 49, médias; e acima de 50, grandes.

anos. Mesmo assim, a aproximação entre réu e vítima – e entre o réu e a liberdade, por conseguinte[43] – não era garantia de nada.

Não deixa de ser estranho o fato de a escrava mais valorizada do inventário ser justamente uma mulher, apesar de haver pelo menos um homem da mesma idade que ela não envolvido no crime. A historiografia sobre o assunto ressalta a predominância e valorização de homens nas propriedades rurais.[44] Não acredito que o presente caso vá contra o que se tem pesquisado a esse respeito; é possível que Jacinta tivesse alguma qualificação que nos é desconhecida, fosse cozinheira, costureira ou ama, ocupações que explicariam sua valorização. Talvez ainda Thomaz tivesse algum problema de saúde ou fosse indisciplinado. Valter Martins cita um claríssimo exemplo de como as condições de saúde podiam afetar a avaliação do valor de um escravo. Em um inventário iniciado em 1859, o mesmo Dr. Daunt que fez o exame de corpo de delito em Pedro Antônio sugeriu a redução no preço do escravo Antônio, de 22 anos, de 1:700$000 para 1:000$000, quando o diagnosticou como portador do "vírus sifilítico". A expectativa de "protelada dieta" e o "longo e difícil" curativo explicavam a depreciação, que poderia ocorrer com muitos outros escravos jovens e aparentemente saudáveis quando da avaliação.[45]

A situação desta propriedade é toda bastante ímpar: um senhor de escravos idoso, já estabelecido, que não possuía um grande plantel, cuja maioria era formada pelo crescimento vegetativo. Ao longo do tempo, se as crianças sobrevivessem e se reproduzissem da mesma forma que suas mães, Pedro Antônio de Oliveira poderia ter sua propriedade muito valorizada, tanto pelo aumento do número de escravos quanto por sua valorização na iminência do fechamento do tráfico atlântico.

---

43   Hebe Mattos entende, como já foi discutido anteriormente, que a experiência e expectativa de alcançar a liberdade seria a mais importante para os escravos no desenvolvimento de suas diversas relações. MATTOS, Hebe Maria. *Das cores do silêncio: os significados da liberdade no Sudeste escravista, Brasil Século XIX*. Rio de Janeiro: Nova Fronteira, 1998, p. 135 e seguintes.

44   A razão de masculinidade (número de homens para cada 100 mulheres) entre a população maior de 15 anos tendia a crescer nas propriedades maiores. Em 1829, era de 170 em fogos com até 9 cativos e, em média, de 309 nas com mais de 10. Nas propriedades com 15 a 19 cativos, como a de Oliveira, a razão era de 265. Depois do fim do tráfico atlântico, os números tornar-se-iam mais favoráveis. Em 1872, nas propriedades com até 10 escravos a razão de masculinidade seria invertida, para 94, enquanto nas maiores diminuiria para 194. SLENES, *Na senzala... op. cit.*, p. 264-5, Tabelas A-2 e A-3.

45   MARTINS, *Nem senhores... op. cit.*, p. 66.

O inventário mostra pelo menos mais um prejuízo à herança, além da perda de um ente querido aos cativos: durante o correr do processo, em 1846, a menininha Benta faleceu.[46] À mesma época, foram acrescidos aos bens mais dois crioulos, nascidos depois da avaliação inicial, Augusto, que tinha três meses, e Bernardo, com um mês.[47]

Se o inventário *post-mortem* traz numerosas informações não só sobre as posses do senhor morto, mas também sobre as vidas dos escravos que lhe pertenciam, também é verdade que ele não registrou muitas das relações experienciadas por aqueles indivíduos. Este é o caso da segunda testemunha-informante a depor no processo criminal: Januário, "de menor idade, que terá doze anos mais ou menos, liberto". Ele não trouxe novos dados acerca do delito, ratificando apenas que Pedro Antônio de Oliveira checou e recolheu todas as ferramentas da casa no dia da fuga de João, o qual lhe dissera quando da prisão que cometera o crime embriagado. O garoto foi depois acusado pelo réu de ter lhe dado a foice com que fez o delito, acusação negada pelo menino – a insistência do réu em acusar as testemunhas-informantes de lhe terem fornecido a arma do crime chega quase a ser anedótica.

Apenas uma das falas do informante dá um indício, ainda que leve, da posição que ocupava na propriedade: "Declarou mais que estando no Serviço no dia do delito, ouviu os gritos do Réu João que ia pelo mato dizendo 'vão ver aquele diabo, que já está espichado, e eu também vou morrer no mato'".[48] As relações entre o escravo fugido e seus parceiros de cativeiro foram diversas vezes salientadas ao longo do processo criminal, mas é interessante notar que um desses companheiros era um garoto liberto que trabalhava no eito juntamente com os escravos. Da mesma forma que acontece com o menino Antônio, de 11 anos, não é possível inserir Januário nas redes familiares que ligavam outras crianças da propriedade. Pode ser que o escravo, como já foi dito, tivesse sido comprado separadamente de sua família, como também o liberto poderia ser contratado para prestar serviços para Oliveira, mas também pode-se imaginar que eles estivessem, de alguma forma, inseridos naquelas relações. A pouca idade de ambos está longe de significar que fossem crianças poupadas do trabalho pesado, muito pelo contrário. O menino liberto estava "no serviço" quando aconteceu o crime; enquanto Antônio,

---

46 CMU, TJC, 1º ofício, auto 2543, f. 65.

47 CMU, TJC, 1º ofício, auto 2543, f. 62.

48 AESP, ACI, 13.01.037, *doc. 2*, "Termo de informação dada por Januario", f. 20.

aparentemente pouco mais novo que Januário, era o terceiro escravo de maior valor na avaliação dos bens da herança, sendo superado apenas por Jacinta, cuja situação já foi abordada, e o crioulo Thomaz, de 25 anos. As duas mulheres mais velhas, Maria Gorda e Maria Angola, e o africano Manoel, de 40 anos, já viam seus valores ultrapassados pelo do menino.[49]

Não pretendo dizer com esta discussão que os escravos atribuíssem a si mesmos ou se definissem através do valor monetário que lhes era conferido por senhores e avaliadores, mas entendo que esse valor era significativo e revelador das condições de cada cativo, em termos de saúde, de aptidão para o trabalho, qualificação e disciplina. Por outro lado, a alta valorização poderia ser extremamente nociva aos planos e projetos futuros dos cativos, pois tornaria proporcionalmente mais difícil que eles acumulassem pecúlio suficiente para comprar a própria alforria.

De qualquer forma, além do provável reconhecimento e importância de seu trabalho, o inventário de Oliveira não traz nenhum esclarecimento em relação ao garoto liberto. Aquele senhor morreu sem deixar testamento e não deixou nada a nenhum escravo, nem alforria nem nenhum outro tipo de bem. Poderia se esperar que algum pagamento fosse feito a Januário, talvez pelo trabalho que ele desenvolvia na propriedade, mas isso não foi citado no documento.[50] Na verdade, ele apareceu novamente no processo criminal, quando de sua fase final, sendo requisitado para comparecer ao julgamento. De fato, D. Joaquina Maria de Souza, a viúva do morto, é quem foi notificada para apresentar na Sessão do Júri a escrava informante Maria e o liberto Januário, o que só vem confirmar que o garoto vivia sob forte influência da família Oliveira.[51] Observa-se, portanto, as diversas possibilidades de liberdade existentes no século XIX, em que ser liberto não significava necessariamente escapar às redes de poder paternalista de famílias senhoriais.

Aos quinze escravos listados no auto de avaliação e ao menino liberto que também ali vivia, o inventário ajuntou outro cativo, que fora de início

---

49   CMU, TJC, 1º ofício, auto 2543, f. 19v-20

50   Em outro caso, que não será analisado no presente trabalho, durante as disputas entre os herdeiros de um senhor falecido, há pedidos de pagamento de salário à herança pelo trabalho de escravos alienados da propriedade inventariada para trabalhar particularmente para um dos herdeiros. ALVES, Maíra Chinelatto. "O Falecido Senhor: disputas e conflitos na partilha de uma propriedade em Campinas nos anos 1860". In: *Anais do XIX Encontro Regional de História organizado pela ANPUH* – SP. São Paulo, 2008.

51   AESP, ACI, 13.01.037, *doc. 2*, f. 49.

desconsiderado, "não só por ser velho, como por ser aleijado".[52] Posteriormente, também ele se tornou alvo de disputa entre os herdeiros. Primeiramente, ofereceu-se por ele a insignificante quantia de 2$400, a qual foi elevada para 80$000, enquanto se afirmava que ele era denominado "crioulo", até que finalmente ele fosse mandado avaliar, juntamente com outros bens que ficaram de fora do primeiro levantamento. Assim, num curto período de dois meses, Francisco, de nação, idade de cinquenta anos mais ou menos, passou a valer surpreendentes 156$000.[53] Mesmo se tratando de um valor pequeno, era já bem maior do que a avaliação inicial, o que demonstra claramente como as avaliações dos preços dos escravos não eram feitas de maneira isenta aos interesses dos herdeiros.

O processo criminal indica duas possibilidades quanto ao local em que aconteceu o delito: um canavial e um bananal. Apesar de não se tratar de um crime ocorrido enquanto se desenvolviam relações de trabalho, o ambiente em que este se desenrolava transparece tanto dos autos judiciais, quanto do inventário *post-mortem*. Este último, em que não há referência a plantações de banana na propriedade, indica um proprietário que acompanhava o processo de mudança na produção que ocorria em Campinas, naquele período. Provavelmente, o cultivo de cana-de-açúcar era ainda sua maior ocupação; contava com uma "porção de canas, que regula dois quartéis avaliados a quarenta mil réis, somando oitenta mil réis que se sai, 80$000".[54] Havia ainda entre os bens um "tacho bastante grande em bom uso de 3,5 arrobas, 67$200; alambique em bom uso de 40 libras a 24$000",[55] e, além da casa velha e mal construída, "outra casinha... com engenho de moer com bois, [cuja] casa é muito velha e mal construída, com os pertences da fábrica".[56]

Tal relação condiz com a descrição feita por Teresa Petrone de pequenos proprietários que investiam na produção de aguardente, mais simples e barata que o processo de refinação do açúcar. Segundo a autora, áreas menos avançadas economicamente costumavam produzir apenas aguardente. Tal foi o caso de parte do litoral paulista, onde em 1830 existiria apenas

---

52   CMU, TJC, 1º ofício, auto 2543, f. 24.

53   CMU, TJC, 1º ofício, auto 2543, f. 31.

54   CMU, TJC, 1º ofício, auto 2543, f. 20.

55   CMU, TJC, 1º ofício, auto 2543, f. 17.

56   CMU, TJC, 1º ofício, auto 2543, f. 20.

um engenho de açúcar, enquanto no final do século XVIII já existiam 18 engenhos de aguardente.[57]

A produção da bebida era bastante rudimentar, se comparada às especificações técnicas necessárias ao refino do açúcar. Petrone descreveu o processo como de simples destilação, sendo possível afirmar que "a moenda de cana era de construção rude e primitiva".[58] A autora salienta a dificuldade de se calcular o rendimento médio dos engenhos paulistas, pois a produção do açúcar não era correspondente diretamente nem ao tamanho da propriedade nem ao número de escravos e variava conforme época, lugar e situação do mercado. Quanto à aguardente, afirma ela que "as médias tornam-se ainda menos representativas, principalmente, porque não existem dados satisfatórios. Isso, talvez, possa ser explicado pelo fato de grande parte da aguardente ser destinada ao consumo local e raramente à exportação".[59]

É interessante, no entanto, notar que havia também duzentos pés de café plantados, quantia pequena, mas que aponta para uma possível modernização da propriedade através do investimento na nova cultura que ganhava cada vez mais espaço e na próxima década superaria a produção de cana e alcançaria prosperidade ímpar na região.[60] Como já foi apontado anteriormente, a cafeicultura poderia demorar alguns anos para começar a dar frutos, devido ao tempo de crescimento das plantas, o que era outro estimulante para que, principalmente em seu início, seus lavradores prosseguissem em suas atividades anteriores ou investissem na produção de gêneros de subsistência.

A existência de um milheiro de telhas novas, avaliadas em 12$800 e equipamento para fazê-las denota ainda maior diversificação na produção da fazenda. Significativa também é a existência de diversos animais de

---

57 PETRONE, *A lavoura canavieira... op. cit.*, p. 26. Para outras localidades, como Xiririca e Iguape, a autora registrou que havia um total de 19 fazendas, produtoras exclusivas de aguardente.

58 PETRONE, *A lavoura canavieira... op. cit.*, p. 106. A citação é de Daniel P. Kidder.

59 PETRONE, *A lavoura canavieira... op. cit.*, p. 109. Tratando de época e lugar diferentes, Costa apontou a discrepância entre as duas produções quanto ao número médio de escravos nos engenhos. Assim, no Rio de Janeiro, em 1788, os engenhos de açúcar e aguardente tinham cerca de 36 escravos, enquanto as engenhocas de aguardente, 10,8. COSTA, Iraci del Nero. "Notas sobre a posse de escravos nos engenhos e engenhocas fluminenses". In: *Revista do IEB*. São Paulo: IEB-USP, (28), 1988, p. 111-113.

60 A proporção de pés de café por cativo alcançava então reles 12,5.

66   Maíra Chinelatto Alves

trabalho, somando 13 bois, entre adultos e garrotes e três animais de carga, sendo um também de sela, cada um valendo 25$600, e diversas cangalhas. Um carro de boi em bom estado foi avaliado em 22$000.[61] Ao todo, os bens de Pedro Antônio de Oliveira somavam 10:311$040, sendo 6:480$000 relativos a escravos. Descontando as dívidas, restava um partível de 9:418$580, valor bastante expressivo para a época.[62]

Oliveira, diferentemente de outros senhores cujas posses serão dissecadas adiante, não estava endividado quando aconteceu o crime. De fato, o réu João não explicou o crime como sendo um protesto ou resistência ao aumento do ritmo de trabalho forçado pelo senhor. A situação financeira da herança não dá a entender que Oliveira se sentisse pressionado por dívidas, o que o poderia tornar mais exigente quanto ao trabalho de seus escravos. Vale considerar, todavia, que poderiam existir diversos outros incentivos à acumulação senhorial afora o pagamento de dívidas, como o aumento de seu patrimônio ou a expansão dos negócios. Mesmo assim, o estopim do confronto entre senhor e escravo neste caso referiu-se à tentativa de Oliveira de impor sua autoridade perante o cativo, através da utilização do castigo físico.

O inventário, portanto, revela dois tipos de informações. Por um lado, vê-se as opções de investimento e o cabedal reunido pelo senhor em sua longa vida – no auto de corpo de delito, calculou-se que ele tinha oitenta anos e de fato todos os seus onze filhos eram casados. Por outro, fornece indícios do tipo de atividade que os escravos desenvolviam na propriedade. Certamente, boa parte do trabalho se concentrava na roça, de cana ou café, mas havia também o transporte de carga, assinalado pela profissão do réu João e confirmado pela presença de animais de carga, bois e carro. É possível também que alguém se empregasse na produção de telhas, já que havia boa quantidade delas entre os bens, assim como uma grade para fazê--las, e entre os bens havia ainda ferramentas de carapina. Isso significaria mais de uma oportunidade de qualificação para aqueles cativos, afastando--os do cansativo trabalho na roça. Ainda assim, como o próprio auto de

---

61   CMU, TJC, 1º ofício, auto 2543, f. 17v-19.

62   CMU, TJC, 1º ofício, auto 2543, f. 71v. Por vezes, como no presente caso, há pequenas discrepâncias entre o valor total de alguns itens anotado no inventário e a soma individual dos mesmos. Assim, adicionando-se os valores de cada escravo, inclusive de Francisco, o total alcançado é de 6:496$000.

qualificação de João denuncia, mesmo um trabalhador qualificado estava sujeito a, em determinadas épocas, também se empregar na agricultura.

Esta mudança de uma ocupação bastante autônoma para outra mais controlada e exigente fisicamente pode ser esclarecedora dos motivos que o levaram a cometer o crime. O processo não revela claramente o porquê de sua fuga; apesar de afirmar que o senhor o queria castigar, João não conta a razão do castigo. A leitura dos autos demonstra, no entanto, a tentativa algo desesperada do senhor de reavê-lo. Ao prejuízo econômico causado pela perda do valioso cativo, provavelmente se somava o temor de que outros escravos debandassem igualmente da propriedade. Certamente, João reconhecia sua importância naquele plantel e talvez se fiasse nela ao arriscar-se tão abertamente a procurar a ajuda de seus companheiros. O motivo que justificaria o fato dele carregar consigo uma foice quando vinha pedir ajuda aos companheiros também não fica claro e pode significar que houvera realmente intenção de cometer o crime. A atitude de Pedro Antônio de tentar sozinho capturar o escravo, entretanto, é expressiva da confiança que sentia em seu papel de senhor. Afinal, tratava-se de um senhor idoso tentando subjugar um homem bem mais jovem e forte, contando mais com sua posição de autoridade do que com força física. Neste caso em específico, porém, a autoridade senhorial falhou e custou a vida daquele que tentava impô-la.

Matheus, Venâncio e João Lopes de Camargo, 1847

Entre o final de 1847 e 1849, os interesses e declarações de dois escravos se antagonizavam num auto criminal. Sem demonstrar grandes inimizades, Matheus e Venâncio trocavam acusações pelo assassinato de seu senhor, João Lopes de Camargo, ocorrido em 22 de dezembro de 1847. Como no primeiro caso analisado, a morte teve lugar no eito e instrumentos de trabalho serviram como arma, mas, de maneira diversa, ocorreu enquanto os escravos trabalhavam.[63]

---

63 AESP, ACI, Microfilme 13.01.41. *Documento 6. Réus: Matheus e Venâncio, escravos de João Lopes de Camargo, 1849.* A causa da demora na instauração e julgamento do processo é desconhecida. O intervalo de mais de um ano entre o crime e as peças do auto se torna mais gritante quando comparado com a rapidez do andamento do processo anterior, em que a sentença foi dada apenas dois meses após o crime.

68 Maíra Chinelatto Alves

O processo criminal apresenta dois escravos africanos muito diferentes entre si; um bastante adaptado à propriedade da qual fazia parte havia muito tempo e outro cujas conquistas entre a escravaria eram bem mais modestas. Estas diferenças não eram suficientes para coibir a formação de laços ou interesses comuns entre os dois, já que ambos foram acusados conjuntamente pelo crime. Enquanto Venâncio confessava abertamente sua participação na morte do senhor, conjuntamente com o parceiro, Matheus negava ter qualquer envolvimento no crime. Quando da investigação policial, portanto, eles tomaram atitudes diferentes, as quais talvez possam ser explicadas exatamente pelas diferenças existentes entre os dois quanto às posições por eles ocupadas na senzala.

Venâncio não sabia sua idade, mas aparentava ter cerca de vinte anos. Não conhecera "seus pais por ter vindo da Costa muito pequeno", era solteiro de Nação Moçambique e não tinha ofício, só sabendo trabalhar na enxada.[64] Ao ser interrogado em março de 1849, dizia ter sido preso havia muito tempo no sítio de José Francisco de Andrade, que distava do de João Lopes légua e meia, por ordem daquele, para onde fugira por "ser criminoso pela morte feita ao dito seu senhor".[65]

Na versão de Venâncio, no dia do delito estavam presentes além dos dois réus um casal de escravos que trabalhava alugado na propriedade, de nomes Antônio e Bernardina. Matheus teria oferecido a Antônio cinco mil réis e uma porca com cria para matar seu senhor, "dizendo que não podia aturá-lo", mas "não tinha coragem" de cometer o crime. Maximiana, a outra testemunha do delito, chegou à roça depois da suposta negociação e da recusa de Antônio. Neste momento, chegou o senhor, o qual não trabalhava diretamente na lavoura, apenas feitorizava o serviço. Não o achando de acordo com o esperado, começou a ralhar "dizendo 'Matheus, então que serviço você tem feito, você chegou aqui na roça a (sic) quanto tempo?' e como Matheus nada respondia" o senhor então se zangou. Afinal, Matheus recebeu calado algumas chicotadas de João Lopes.

O cerceamento das pequenas margens de autonomia dos escravos por um senhor preocupado em aumentar ao máximo o ritmo de trabalho em

---

64 AESP, ACI, 13.01.41, *doc. 6*, "Qualificação do escravo Venâncio", f. 20.

65 AESP, ACI, 13.01.41, *doc. 6*, Interrogatório ao Réu Venâncio, f. 22. A distancia entre as propriedades é dada a conhecer pelo depoimento de uma testemunha, Antônio Barbosa de Andrade, que estava no sítio de José Francisco quando soube da notícia do assassinato, e se dirigiu imediatamente para o local do delito. AESP, ACI, 13.01.41, *doc. 6*, f. 41.

sua propriedade é perceptível através do depoimento de Venâncio. Ao mesmo tempo, o controle senhorial das atividades dos escravos mostrava um aspecto frágil já que ele não os supervisionava o tempo todo, nem sabia ao certo quando Matheus chegara à roça. Esta atitude podia ser decisiva na transformação de formas cotidianas de resistência, como desmazelo no serviço, em reações mais violentas como o crime.

Quando o senhor voltou as costas,

> Matheus largou da enxada, pegou no senhor e o derrubou no chão, em cujo ato o Antônio correu pra o mato ficando aí ele interrogado e as duas pretas Bernardina e Maximiana, as quais ficaram caladas sem pedir que acudissem ao senhor, e o Matheus segurando o seu senhor gritou muitas vezes 'chega Venâncio, dá com a enxada, eu não posso aguentar mais a você – dirigindo-se para o senhor – seu pai sim, eu aguentei' e ele interrogado incitado pelo Matheus, deu duas pancadas com o olho da enxada nas costas de seu senhor, o qual estava de bruços, e o Matheus segurando as mãos também abaixado, e depois que deu, correu para o mato, e então o Matheus acabou de matar seu senhor dando-lhe na cabeça com um toco de pau, o que ele interrogado viu já no mato aonde se escondeu que ficava perto.

Matheus teria dado diversas bordoadas na cabeça do senhor até ele morrer. E apesar de ter oferecido a Antônio pagamento para cometer o crime, a promessa não se estendera a Venâncio, nem este recebera coisa alguma de Matheus. Não obstante,

> conversou com ele [Matheus] na noite do dia da morte de seu senhor em que ele interrogado saiu do mato e procurou [o] Matheus em casa dizendo-lhe que ele Matheus tinha matado seu senhor, entretanto era ele interrogado que andava se escondendo, do que o Matheus dizia a ele interrogado que não aparecesse, que ele mesmo lhe levaria [o que comer] no mato, aonde ele interrogado passou uma semana comendo laranjas, e depois é que veio para o sítio de José Franco.[66]

Muito diferente é a versão de Matheus para o ocorrido. Ele, que também não sabia "o nome de seus pais, por ter vindo da Costa ainda

---

66 AESP, ACI, 13.01.41, *doc. 6*, Interrogatório ao Réu Venâncio, f. 22-25.

pequeno", não sabia sua idade, mas mostrava ter cerca de quarenta anos, era casado e caldeireiro de Nação Congo.[67] Fora preso pelo "seu senhor Andradinho, irmão de sua senhora, cujo nome não pode dizer porque a língua não lhe ajuda". A prisão ocorrera "em casa, no dia seguinte ao da morte de seu senhor", porque "seu parceiro Venâncio contou que ele interrogado tinha mandado matar seu senhor". Afirmava não ter tido

> motivo algum de raiva contra seu senhor, com quem estava muito bem, e que o mesmo nem ralhou nem lhe deu pancadas, e somente [xingou], digo, somente teve antecedências, com o parceiro Venâncio, a quem castigou e teve em ferros, por lhe ter fugido soltando-o dois dias antes de ser morto no serviço, a pedido de Ignácio Barbosa, já falecido.

No dia do crime, Matheus "estava no serviço capinando um cafezal junto com seus parceiros os quais feitorizava enquanto não chegou seu senhor, mas logo que este veio, foi por ordem dele fazer algumas replantas no café perto do lugar onde capinavam". Deixou na capina Venâncio, "o Antônio e a mulher, ambos os quais estavam alugados, e a Maximiana sua parceira, mas que não é casada com ele, nem com seu parceiro, pois que sua mulher chama Teresa, e é cozinheira". Depois de ter se afastado, ele acorreu

> aos gritos das negras mencionadas, chamando-o para acudir a seu senhor, que seu parceiro estava matando, correu para o lugar da capina e viu o Venâncio seguindo as negras, com a enxada e querendo dar nelas, [o] qual assim... que o viu, largou da enxada e correu para o mato que logo alcançou por estar perto, e já seu senhor estava morto.

Nessa ocasião "passou Antônio correndo para banda de casa, tendo deixado a enxada no serviço". Matheus ainda ajudou a carregar o corpo para casa, porquanto negasse qualquer envolvimento no crime. Dizia não ter prometido pagamento a Antônio, nem ter derrubado o senhor para que Venâncio o golpeasse, "antes pelo contrário nunca teve ânimo de lhe faltar o respeito desde ele pequenino, pois que já era escravo da casa e era

---

67 AESP, ACI, 13.01.41, *doc. 6*, "Auto de Qualificação do réu Matheus", f. 20.

criado junto com seu senhor como irmãos".[68] Afinal, disse que estava sendo acusado por sua senhora, apesar de inocente, "porque os seus parceiros o comprometem de raiva dele por feitorá-los no serviço" e Venâncio o incriminava por ser mentiroso.[69]

É interessante observar que não há registros de outros homens mediando as relações entre o senhor e seus escravos, além de um dos últimos tornado feitor. Lopes de Camargo delegava a Matheus a função de feitorar seus parceiros enquanto não chegava. Segundo Maria Helena P. T. Machado, o trato direto entre proprietários e cativos poderia ocorrer por dois motivos: ou quando as propriedades eram mais modestas e os senhores eram obrigados a inspecionar pessoalmente o "andamento dos trabalhos" ou porque eles, apesar de bem sucedidos, tomavam "para si as funções disciplinarizadoras, monopolizadas, normalmente, pelos feitores" com o intuito de intensificar o ritmo de trabalho.[70]

A utilização de intermediários, no entanto, poderia funcionar como válvula de escape para as tensões entre senhores e escravos. Delegando o poder a outrem, o proprietário poderia mais facilmente manter uma imagem paternalista de senhor bom, "justo e magnânimo", a quem os cativos podiam recorrer caso o feitor se excedesse em castigos ou exigências no trabalho. Assim, era comum que as insatisfações dos escravos, quando não resolvidas por outros meios, se voltassem contra esses mediadores, ficando o senhor a salvo.[71]

Quando esta função era exercida por um dos escravos da propriedade as tensões passavam a se acirrar entre a própria escravaria. Por um lado, o feitor-escravo podia defender os interesses e vidas dos companheiros, castigando-os mais brandamente e impondo um ritmo de trabalho que satisfizesse tanto proprietário como cativos. Por outro, era ele o responsável pela disciplina, um preposto do senhor em quem era difícil confiar já que seus interesses

---

68   Em outro caso, analisado no próximo capítulo, o mesmo tipo de afirmação, de ser criado como irmão do senhor, é feito por um escravo, acusado da morte daquele.

69   AESP, ACI, 13.01.41, *doc. 6*, Interrogatório ao réu Matheus, f. 26-29.

70   MACHADO, Maria Helena P. T. *Crime e escravidão. Lavradores pobres na crise do trabalho escravo. 1830-1888.* São Paulo: Brasiliense, 1987, p. 89-90.

71   Anthony Kaye discute o caso da substituição de um administrador numa propriedade no Mississipi, devido a grandes abusos e maus-tratos de escravos, por ele cometidos. Depois de muita pressão por parte dos cativos, que inclusive recorreram ao apoio de vizinhos, o senhor absenteísta cedeu às instâncias da escravaria. KAYE, Anthony E. *Joining Places: Slave neighborhoods in the Old South.* Chapel Hill: The University of North Carolina Press, 2007, p. 119 e seguintes.

estavam divididos. Neste contexto, desconfiando "que o antigo companheiro tivesse se deixado cooptar totalmente, passando para o lado do senhor, os escravos iniciavam por desprezá-lo, podendo acabar por matá-lo".[72]

A investigação das tensões entre escravos e feitores e dos momentos em que elas fugiam ao controle, resultando na agressão do feitor-escravo, é dificultada pelo grande desinteresse dos senhores em levar o caso à justiça. A intervenção pública poderia somar a perda do feitor, morto ou ferido, à do agressor que, sob a autoridade judicial, era passível de condenação à morte sob a lei de 10 de junho de 1835.

Para defender os criminosos, era inclusive possível que "os senhores [fossem] levados a acusar o feitor de castigos imoderados". Esta atitude relacionava-se a duas motivações concomitantes: a preservação do "valor econômico do escravo em situações nas quais o próprio senhor se viu impedido de zelar por sua propriedade e [a] necessidade de preservar a imagem de senhor moderado e benigno com os seus escravos, transferindo a pecha de *violento e bárbaro* para o feitor".[73]

No presente caso, como nos outros adiante analisados, a violência não explodiu contra estes intermediários cativos, mas contra senhores que feitorizavam pessoalmente os trabalhos nas roças. Mesmo assim transparecem nos interrogatórios dos réus o incômodo causado por estas figuras que, se não estavam envolvidas diretamente no crime, contribuíam com sua natureza ambígua para aumentar as tensões dos relacionamentos dentro das propriedades escravistas.

Somente considerando os dois interrogatórios citados, pode-se depreender muitas informações referentes ao modo de vida e às relações estabelecidas pelos escravos de propriedade de João Lopes de Camargo. Os depoimentos dos réus apresentam notável riqueza de detalhes, esclarecendo muito mais do que apenas o crime ocorrido.

Neste documento vemos dois escravos africanos, ambos traficados para o Brasil ainda pequenos, inseridos numa fazenda em que se substituía a cana pelo café. As posições ocupadas por cada um podem ser significativas do tempo de permanência na propriedade: Matheus, mais velho, teve tempo e oportunidade para aprender um ofício (bastante) qualificado, além de se identificar como feitor; casou-se com Teresa, cozinheira, que também possuía uma

---

72 MACHADO, *Crime e escravidão... op. cit.*, p. 69.

73 MACHADO, *Crime e escravidão... op. cit.*, p. 71. Grifo no original.

ocupação qualificada. Era ainda verossímil que ele juntasse a quantia de cinco mil réis mais uma porca com cria para pagar pela morte de seu senhor. Segundo o processo, ele fora adquirido pela vítima por herança materna, ratificando a informação prestada pelo réu de que era "escravo da casa". Mesmo assim, ele não conseguia pronunciar o nome de seu senhor Andradinho, "porque a língua não lhe ajuda[va]". Uma testemunha importante no processo é Antônio Barbosa de Andrade, lavrador de café de idade de vinte e oito anos, cunhado da vítima, cujo depoimento será discutido adiante. Embora fosse possível que Matheus tivesse algum distúrbio na fala, também é muito provável que a dificuldade proviesse da não familiarização com a língua portuguesa. Isto significaria que, embora sem dominar totalmente o idioma de seus proprietários, foi possível a este escravo ascender na hierarquia da senzala alcançando diversos benefícios: ter uma criação, uma família e uma profissão.

Por outro lado, Venâncio não alcançara as mesmas vantagens: mais jovem, sabia apenas trabalhar de enxada e continuava solteiro. Enquanto Matheus afirmava ter crescido junto de seu senhor "como irmãos", sabemos pelo depoimento de Manoel Francisco de Moraes que Venâncio fora comprado recentemente. Este lavrador, vizinho do sítio onde foi morto Lopes de Camargo, afirmava que

> quando o finado comprou nesta cidade o Venâncio, quando passaram no porto do rio Jaguari, cuja passagem foi dada por ele depoente, nessa ocasião ele depoente ouviu os mesmos réus Matheus e Venâncio dizer que o finado Lopes não havia de durar muito tempo, isto porque ele depoente perguntou aos mesmos Réus se seu senhor era bom, e com efeito não levou muito tempo a ser o dito Lopes assassinado.[74]

Ainda que a construção do depoimento dê margem a dúvidas, ele deixa claro que Venâncio fazia parte daquela propriedade havia pouco tempo. Afinal, esta passagem pelo rio Jaguari ocorreu imediatamente após a compra, ou Venâncio já tivera algum tempo para conhecer a índole do senhor? No último caso, é possível que este conhecimento tivesse se dado na cidade, antes de o escravo se dirigir para o sítio.

De qualquer modo, transparece do depoimento de Venâncio a existência de certo companheirismo entre os dois réus. Ele afirmou ter

---

74 AESP, ACI, 13.01.41, *doc. 6*, "Testemunha 1ª – Manoel Franco de Moraes", f. 39.

respondido ao apelo do outro e dado golpes no senhor por ele imobilizado. Posteriormente, ele teria acreditado poder contar com a ajuda do companheiro enquanto ficava escondido no mato.[75] A própria afirmação de ter ficado uma semana comendo laranjas é indicativa da situação enfrentada por escravos fugidos, que permaneciam por perto de suas propriedades de origem, mas eram obrigados a se sustentar de qualquer maneira que conseguissem. Também não fica claro nessa passagem se as tais laranjas foram fornecidas por Matheus conforme o combinado ou se Venâncio se virara sozinho para obtê-las. Ainda assim, é evidente que a ligação entre um escravo que ficava e um que fugia não se interrompia automaticamente quando da fuga, mas podia se prolongar por algum tempo.

Esta evidência é enriquecida por outra afirmação de Venâncio, a de que Antônio "depois [andou comprando] por ele interrogado".[76] Difícil de ser compreendida, a frase talvez signifique que o escravo alugado Antônio ajudasse o fugitivo ao fazer compras, provavelmente de mantimentos, para ele. De qualquer modo, trata-se de outro indício da manutenção de laços entre Venâncio e os escravos que permaneceram na propriedade.

A questão da motivação do crime não apareceu nos autos em momento algum. Apesar de, no processo anterior, referente à morte de Pedro Antônio de Oliveira, a interrogação não ser formulada diretamente, o próprio depoimento do réu João africano parecia mais esclarecedor, já que houve um confronto direto entre as partes. João estava fugido e quando o senhor tentou capturá-lo, eles se atracaram, do que resultou a morte.

Aqui, embora pareça ter havido um conflito, ele foi mais indireto, ou seja, se Lopes de Camargo realmente estivera castigando algum dos escravos, isso daria ensejo a que ele reagisse. Aparentemente, as autoridades aceitaram

---

75 O conceito de "campo negro", de Flávio dos Santos Gomes, abarca a interação existente entre os escravos que fugiam e aqueles que permaneciam nas propriedades a que pertenciam. O autor trata majoritariamente da simbiose entre quilombolas e outros setores da população do Rio de Janeiro, como pequenos comerciantes, taberneiros, escravos e outros trabalhadores que intermediavam os negócios do quilombo com a Corte. Demonstra, porém, a proximidades mantida pelos escravos fugidos (quilombolas ou não) com o mundo da escravidão, através do contato direto e, muitas vezes, do abrigo fornecido pelos escravos que se conservavam nas senzalas. GOMES, Flavio dos Santos. "Quilombos no Rio de Janeiro no século XIX". In: REIS, João José; GOMES, Flávio dos Santos. *Liberdade por um fio: história dos quilombos no Brasil.* São Paulo: Companhia das Letras, 1996, p. 263-290.

76 AESP, ACI, 13.01.41, *doc. 6*, Interrogatório ao Réu Venâncio, f. 23.

Quando falha o controle 75

a culpa de Matheus, inclusive com o agravante de ter sido premeditada, mas não perguntaram o porquê de tal planejamento. Este réu, diferente de Venâncio, nem tentou indicar uma motivação para o delito, disse simplesmente que se afastou do grupo e quando voltou encontrou o senhor já morto; mesmo assim foi condenado. Essa circunstância é bastante reveladora dos filtros existentes nos interrogatórios, conduzidos pelas autoridades judiciais e policiais de acordo com seus próprios pressupostos e interesses. A motivação de Matheus, certamente existente caso ele fosse deveras culpado, perdeu-se pela distância entre as perguntas do inquérito e as possíveis respostas articuladas pelo réu. Pode ser que, diante daquela plateia, o escravo não se animasse a se estender sobre o assunto por vontade própria, revelando apenas as informações cruciais requeridas pelos interrogadores.[77]

As informações prestadas pelo casal de escravos pertencente a Antônio Rodrigues Barbosa e que estava alugado para Camargo, de nomes Antônio e Bernardina, trazem indícios a este respeito. É de notar que o casal fora alugado junto. Posteriormente, é dito no processo que Antônio trabalhava como camarada, o que torna possível que ele se alugasse sozinho como ganhador, apenas pagando jornal ao proprietário que não interviria na sua contratação. À época do julgamento, Antônio havia fugido e sua mulher estava doente, o que os impediu de depor perante o júri.

Em seu depoimento no inquérito, Antônio se limitou a dizer que Matheus agarrou o senhor, enquanto Venâncio lhe dava com a enxada na cabeça, depois do que este fugiu para o mato enquanto o primeiro acabava de matá-lo. A mulher ratificou esta versão dos fatos, acrescentando que Matheus dissera a Venâncio que corresse e foi puxando Lopes para a banda da casa, em cujo

> caminho o dito Lopes pedia a Matheus que pelo amor de deus não lhe matasse, pois que lhe daria a liberdade, e Matheus lhe

---

77 Diferente dos casos analisados por Emília Viotti da Costa em Demerara, Matheus não poderia buscar o apoio de fiscais destinados a prover o bem-estar dos cativos. Naquela região, como em outras, os escravos insistiam em recorrer àquela autoridade, mesmo quando a proteção garantida por ela era bastante tênue. Ver COSTA. *Coroas de Glória... op. cit.*, p. 97-101. Rebeca Scott, tratando de Cuba, discute as possibilidades limitadas, mas bastante utilizadas, dos escravos e libertandos recorrerem às autoridades com o objetivo de preservar seus interesses. SCOTT, Rebeca J. *Emancipação escrava em Cuba: a transição para o trabalho livre; 1860-1899*. Rio de Janeiro/Campinas: Paz e Terra/ Ed. Unicamp, 1991, p. 88-90.

respondia essas palavras "quando você está surrando minha mulher não se lembra de carta de liberdade e por isso não só hei de matar a você, como a mulher e os filhos".[78]

Ora, a se acreditar nestas informações, os motivos de Matheus para agredir o senhor incluiriam tanto os castigos aplicados a si, como aqueles infligidos a sua esposa, Teresa. É interessante notar como Matheus aparentemente não buscou o apoio das autoridades ou tentou comovê-las, alegando ter cometido o crime para proteger sua esposa.

A preocupação em proteger a família dos maus-tratos de um senhor cruel podia ser motivadora de atitudes excepcionais. Neste caso, um dos meios senhoriais de tentar controlar seus escravos teria se mostrado inútil, até perigoso. Segundo Robert Slenes, a existência de laços familiares

> transformava o cativo e seus parentes em "reféns". Deixava-os mais vulneráveis às medidas disciplinares do senhor (por exemplo, à venda como punição) e elevava-lhes o custo da fuga, que afastava o fugitivo de seus entes queridos e levantava para estes o espectro de possíveis represálias senhoriais.

No entanto, ressalta o mesmo autor, a

> "família" *é* importante para a transmissão e reinterpretação da cultura e da experiência entre as gerações. O grupo subalterno que tem instituições familiares arraigadas no tempo e redes de parentesco real e fictício não está desprovido de "formas de união e de solidariedade", muito menos de uma memória histórica própria; portanto, suas interpretações da experiência imediata nunca serão idênticas às do grupo dominante, nem poderão ser previstas a partir de um raciocínio *funcionalista*.[79]

O equilíbrio entre as duas forças poderia se desfazer em momentos de extrema tensão, como o que parece ter acontecido com Matheus.

A escrava alugada Bernardina disse ainda ter presenciado toda a cena do crime, inclusive o momento em que o acusado correu para a casa onde estava D. Guilhermina e disse a esta que fosse ver o marido que fora morto

---

78 AESP, ACI, 13.01.41, *doc. 6*, "Testemunha-informante Bernardina", f. 45.

79 SLENES, *Na senzala... op. cit.,* p. 114-5. Grifos no original.

por Venâncio. A escrava ainda afirmou que o objetivo do réu era assassinar também a senhora. Para evitar a segunda morte, Bernardina só pôde mandar que um outro escravo, de nome José, fosse chamar vizinhos para ajudar, evitando desta maneira uma agressão a D. Guilhermina.[80] Uma das testemunhas, Domingos Leite Penteado, lavrador de café, ouviu de Ignácio Barbosa dos Santos – o mesmo que interviera para soltura de Venâncio, segundo o depoimento de Matheus – versão muito semelhante, embora ainda mais dramática:

> tornando o mesmo finado em seus sentidos, pedia ao Matheus que o não matasse que daria sua Carta de liberdade, e que o Réu Matheus lhe dissera; que ele se apanhava servido e que o havia lograr e que a Carta de liberdade era a morte, aí fez levantar o mesmo, e foi encostando até o lugar perto de uma porteirinha que tinha no cafezal, e aí pegando uma enxada e acabou de matar, e que depois correu para a casa com intento de matar a Senhora...[81]

Esta ação foi impedida pelos vizinhos que aí chegavam, chamados por Bernardina. Ignácio Barbosa, quando soube do ocorrido, rendeu logo Matheus, "porque dizia... que na véspera da morte do dito Lopes, os Réus apareceram em casa dele e lá disseram que assassinavam a seu senhor, então ele Barboza veio avisar ao dito Lopes".[82]

A tentativa de barganha de Lopes de Camargo, negociando com o escravo com quem fora criado "como irmão", é sintomática da percepção de mundo que tinha aquele senhor. Ainda em seus momentos finais, ele parece ter acreditado em sua posição paternalista de proprietário como meio de controlar seu cativo enfurecido. Esta mesma política também pode ter sido abalada naquele momento se for verdade que Venâncio estivera em ferros até dois dias antes do crime, sendo liberado a pedido de um vizinho.

A prática do apadrinhamento, bastante comum durante o período da escravidão, consistia na intervenção junto ao senhor de uma pessoa influente em favor de um escravo que a requisitasse. Como aponta Mary Karasch, através dele, um cativo "cansado de viver como fugitivo, mas temeroso da chibata" podia voltar para seu dono com alguma garantia de não

---

80 AESP, ACI, 13.01.41, *doc. 6*, "Testemunha-informante – Bernardina", f. 45.

81 AESP, ACI, 13.01.41, *doc. 6*, "Testemunha 2ª – Domingos Leite Penteado", f. 51.

82 AESP, ACI, 13.01.41, *doc. 6*, "Testemunha 2ª – Domingos Leite Penteado", f. 50-52,

ser castigado, pois "ignorar a intervenção do padrinho e punir o escravo era considerado um insulto".[83] O motivo por que Venâncio trazia ferros até poucos dias antes do crime é revelado por Matheus, que dissera ter o companheiro fugido e sido por isso castigado. O uso de ferros seria aplicado nas últimas décadas da escravidão como parte da punição por assassinato, mas aqueles usados no pescoço, chamados gargalheira, era "a marca do fugitivo".[84] Venâncio conseguiu escapar à punição através do apadrinhamento de um vizinho, apenas dois dias antes do homicídio. O fato de ele, quase imediatamente, envolver-se na morte de Camargo demonstra a fragilidade da política de domínio partilhada pelos senhores da época. A proteção oferecida por terceiros, tal como as práticas de controle aplicadas individualmente pelo senhor, não foram suficientes nesse caso para garantir a segurança dos proprietários.

Se o processo criminal permanece envolto em mistérios, exatamente pela opacidade dos depoimentos colhidos, o inventário *post-mortem* dos bens de Lopes de Camargo também se mostra repleto de lacunas.[85] A principal delas consiste no fato de a viúva ter vendido o sítio de sua propriedade, sem que ele fosse nem avaliado, nem descrito no documento. Segundo o processo criminal, o casal o havia comprado em Amparo, "para onde pretendiam mudar-se deste Município, antes que se verificasse a mudança, aconteceu" o delito.[86] Talvez eles nem houvessem ali se estabelecido, mas como não há outra propriedade rural na herança, é de se imaginar que aquele fosse o cenário do crime. O valor de venda relativamente alto, 7:000$000, indica uma propriedade considerável.[87] Sabe-se, no entanto, por declarações constantes no processo criminal, que ali se plantava café, sendo este o meio de vida de diversas das testemunhas arroladas.

É possível que outros bens, além das terras e plantações, estivessem incluídos na transação, que talvez abarcasse outros escravos que ali trabalhassem.

---

83 KARASCH, Mary C. A *vida dos escravos no Rio de Janeiro, 1808-1850*. São Paulo: Companhia das Letras, 2000, p. 413-4.

84 KARASCH, *A vida dos escravos... op. cit.*, p. 415.

85 CMU, TJC. 1º ofício, auto 6771. *Inventário de João Lopes de Camargo, Inventariante Guilhermina Barbosa de Andrade, 1848.*

86 AESP, ACI, 13.01.41, *doc. 6*, f. 2.

87 CMU, TJC. 1º ofício, auto 6771, f. 26v.

Uma comparação entre os cativos citados no processo e avaliados no inventário, no entanto, não aponta para a posse de outros escravos.

Na verdade, a propriedade de Lopes de Camargo era bastante modesta em termos de quantidade de escravos. Seus herdeiros perderam, além de sua figura chave, os únicos cativos adultos de sexo masculino existentes.[88] Afora eles, as únicas mulheres adultas eram Teresa, mulher de Matheus, de vinte e tantos anos, e Maximiana, de dezoito, ambas de nação, ambas avaliadas em 600$000. Novamente, apesar dos réus não serem avaliados, é de se imaginar que a herança perdia para a forca seus escravos mais valiosos.

TABELA 4 – Escravos de João Lopes de Camargo, 1849

Nome	Cor e/ou naturalidade	Idade (anos)	Observações	Preço de avaliação
José	Nação	14		550$
Paulo	Crioulo	8-10		400$
Maximiana	Nação	18		600$
Teresa	Nação	20 e tantos		600$
Antônio	Mulatinho	3-4	Filho de Teresa	150$
Catharina	Crioulinha	11 meses	Filha de Teresa	100$

Fonte: CMU – TJC – 1º ofício, auto 6771. *Inventário de João Lopes de Camargo, Inventariante Guilhermina Barbosa de Andrade, 1848*, f. 10.

Além dos dois homens condenados e das duas mulheres acima referidas, Lopes de Camargo deixou para seus herdeiros apenas três crianças – Paulo, crioulo de oito ou dez anos; Antônio, "mulatinho" de três a quatro; e a "crioulinha" Catharina, de apenas onze meses – e José, de Nação, com catorze anos de idade. O último apresenta o segundo maior valor entre os escravos, 550$000, superado apenas pelo das mulheres. Vale ressaltar que todos os escravos adultos eram de nação. Os preços atribuídos às crianças eram de 400$000, 150$000 e 100$000, respectivamente.

Antes de acontecer o crime, Lopes de Camargo se encaixava entre os pequenos proprietários de Campinas, mas aproximava-se do limite superior do grupo, sendo bem possível que, com o tempo, ele fosse promovido de categoria. Possuía quatro escravos maiores de 15 anos, além de outro que chegaria a essa idade em breve, e mais três crianças, duas bastante

---

88 Todos os escravos da herança estão descritos em CMU, TJC. 1º ofício, auto 6771, f. 10.

80 Maíra Chinelatto Alves

pequenas, mas um menino, Paulo, que dentro em pouco poderia assumir tarefas mais pesadas na propriedade.

Matheus e Teresa, casados, tinham pelo menos dois filhos. Uma outra criança, Paulo, de 8 a 10 anos, foi indicado como crioulo, sendo possível que fosse filho de Teresa, apesar de o inventário não dar nenhuma indicação clara a respeito. O restante dos cativos, José, Maximiana e a própria Teresa, eram todos de Nação, novamente sem constar indicação nem ao menos do porto de onde foram embarcados para o Brasil. Os réus tiveram suas procedências determinadas pelo processo criminal: Matheus era Congo e Venâncio, Moçambique.

Aparentemente, em 1848, quando foi feita a avaliação dos bens da herança, as famílias senhoriais ainda sentiam-se seguras em declarar a propriedade de escravos adquiridos durante a época do tráfico ilegal. José era descrito como tendo cerca de 14 anos, o que alocaria sua data de nascimento em 1834, portanto depois da primeira lei de proibição da importação de escravos africanos.

O desequilíbrio entre os bens de raiz e os escravos fica muito patente: se no caso de Pedro Antônio de Oliveira, analisado anteriormente, a maior parte da riqueza existente era constituída por cativos, no presente inventário o que se observa é que esses tinham importância muito menor. Somavam 2:400$000, enquanto o monte mor alcançava 9:674$320. No entanto, este montante era um tanto ilusório, pois a herança se viu devedora de grande parte desse valor: dos 7:000$000 obtidos com a venda do sítio, 5:742$145 foram usados na quitação de dívidas, e o partível alcançou apenas 3:867$175.[89]

O sítio em Amparo fora recentemente adquirido, mas as contas do inventário sugerem que sua compra não foi feita à vista, tendo o senhor empenhado grande parte da sua fortuna na obtenção de crédito para a aquisição. Ou ele desviara para essa transação dinheiro que poderia ter usado no pagamento de dívidas. Algumas destas eram de valor bastante elevado, chegando a 1:900$000 e 3:100$000, mas não se especificou a que eram elas relativas.[90]

Também é reveladora a opção da inventariante de se desfazer da propriedade rural, mas manter os cativos, já que nenhum deles foi vendido para saldar dívidas. Na partilha, todos ficaram com a viúva à exceção dos dois menores, que couberam aos filhos do casal, então também crianças. Como Oliveira deixou herdeiros órfãos, estes deveriam ter seus bens

89 CMU, TJC. 1º ofício, auto 6771, f. 39v.
90 CMU, TJC. 1º ofício, auto 6771, f. 26v.

geridos por um tutor, o qual era obrigado a, periodicamente, prestar contas dos bens que administrava. Por esse motivo, foi possível acompanhar ainda que de longe os destinos das crianças escravas que faziam parte da herança. Verifica-se, assim, que até 1855 Antônio e Catharina ainda viviam em companhia da mãe dos herdeiros.[91] Isso significa que, embora a família de Teresa e Matheus tenha sido duplamente desfeita – com a condenação do pai e a separação jurídica das crianças da mãe – na prática este último rompimento não aconteceu, já que os novos proprietários dos filhos de Teresa eram também muito jovens e todos permaneceram junto a D. Guilhermina. Já em 1862, numa das últimas contas prestadas, o tutor dos órfãos, Joaquim Xavier de Oliveira, declarou que "dos bens dos mesmos só há a alteração de haver falecido a escrava Catharina achando-se em bom estado o escravo Antônio".[92] Estas são as últimas informações fornecidas pelo documento acerca dos destinos dos cativos da propriedade. Seria extremamente interessante saber que tipo de relação poderia existir entre os jovens atingidos pela tragédia até aqui relatada: de um lado, senhores que perderam o pai ainda muito novos; de outro, os filhos, também órfãos, do escravo que matara o senhor e foi por isso condenado. Infelizmente não há informações a esse respeito nos documentos analisados.

Entretanto, o inventário ainda pode esclarecer os modos de vida desses indivíduos antes da morte do senhor. O processo criminal revela que o casal Matheus e Teresa era qualificado – ele caldeireiro, ela cozinheira – apesar do homem, no momento do crime, estar trabalhando na plantação de café. Como já foi dito, não constou do auto de inventário a descrição do que se produzia no sítio, mas há ali uma série de outros objetos de interesse para a análise. A observação das ferramentas constantes do inventário pode ajudar a esclarecer a dinâmica da propriedade, pois elas indicam os tipos de atividades que eram ali desenvolvidas.

Entre as ferragens, há apenas seis foices sendo quatro muito velhas, havendo também enxó e craveira, nove martelos mas nenhuma enxada. A pequena quantidade de instrumentos de trabalho é outra evidência do pequeno número de trabalhadores e da modesta produção agrícola existente no sítio. Um compasso, uma colher de rebocar, um torno de ferro, não uma, mas quatro bigornas, dois fornos e quatro formas de fazer balas

---

91   CMU, TJC. 1º ofício, auto 6771, f. 110-111.

92   CMU, TJC. 1º ofício, auto 6771, f. 187.

também são itens da herança.[93] Aparece na descrição uma grande quantidade de metais: quarenta e duas libras de chumbo, mesma quantia de cobre "velho", sete de estanho, três de prata, três de aço e uma arroba de ferro, sugerindo que ali se desenvolvia algum trabalho de ferreiro.

Ainda outros elementos indicam grande diversidade de atividades, embora nem todas tivessem natureza comercial, nem fossem desenvolvidas apenas para a manutenção interna de propriedade, como a enxó e a craveira, os tachos, balanças e almofariz, que poderiam ser utilizados com diversos fins. Além de escumadeira, há um "aventitador" (sic),[94] sugerindo que ali houvera produção de açúcar.[95] Nesse sentido, há também o fato de Matheus ser caldeireiro. O início do cultivo de café naquela fazenda teria um impacto enorme na vida deste escravo, cuja profissão altamente especializada seria deixada de lado caso a produção açucareira fosse superada pelo novo produto. Pode ser que essa destituição tivesse influência no descontentamento do escravo para com seu senhor – mesmo ele não confessando em momento algum ter tomado parte em sua morte.

De qualquer modo, estes objetos surgem como vestígios dos variados ofícios que poderiam estar ali sendo exercidos, tais como trabalho de ferreiro e carpinteiro, além da lavoura de café. Este último, se não pôde ser encontrado como plantação no sítio, aparece claramente no inventário como produto a ser comercializado na forma de sete arrobas e meia, avaliadas a 1$600, somando 12$000.[96] A título de comparação, vale dizer que os metais componentes da herança ultrapassam em muito esse valor, alcançando um total de 24$840, sem contar a prata.[97]

Finalmente, os nomes dos réus aparecem em dois momentos no inventário. Em primeiro lugar, quando a viúva afirmava que "não foram avaliados os escravos Matheus e Venâncio, que assassinaram ao Inventariado, porque tendo sido entregues à justiça, que os tem presos na cadeia desta cidade, ela

---

93 O inventário não esclarece que tipo de balas eram essas; em princípio supõe-se que sejam doces, mas não é possível afirmar com certeza.

94 Aventador (ô) [De *aventar* + *-dor.*]: Substantivo masculino. 1. Bras. N. E. Plataforma de madeira sobre a qual se retiram das fôrmas os pães de açúcar. *Novo Dicionário Eletrônico Aurélio*, CD-ROM, 2004.

95 CMU, TJC. 1º ofício, auto 6771, f. 31-32.

96 CMU, TJC. 1º ofício, auto 6771, f. 32.

97 Esta, avaliada em $160 a oitava, valia ao todo 61$440.

Inventariante entende que já não devem fazer parte desta herança".[98] Em segundo lugar, vêm ajuntados diversos recibos relativos ao processo criminal, que foi conduzido pela viúva e seus procuradores.[99] Estes gastos foram bastante aumentados pela peculiaridade de ela ter insistido em ser a parte acusadora do processo criminal, papel normalmente desempenhado pelo promotor de justiça.

Talvez a viúva tenha agido assim com o intuito de punir os assassinos do marido de maneira pessoal; talvez ela não confiasse ou tivesse desavenças com o promotor que seria designado para tratar do caso; ou ainda ela poderia tentar manipular o julgamento, no sentido de não perder os escravos com a condenação à pena capital. Esta última suposição encontra respaldo no requerimento feito pelo curador dos réus, Bernardino José de Campos, de que Venâncio fosse considerado como cúmplice e não autor do delito, talvez na tentativa de livrar o escravo da pena de morte. O Juiz, no entanto, indeferiu o requerimento e o júri condenou-o igualmente nos quesitos apresentados, sem considerar qualquer atenuante.[100]

Contra este raciocínio está o fato de no libelo crime acusatório, que passava o caso do inquérito policial para o julgamento, a autora D. Guilhermina afirmar categoricamente que os dois escravos haviam sido os autores do crime.[101] Ora, seria de se esperar, caso ela planejasse salvar um deles, que neste momento já ocorressem tentativas de diferenciar as ações de cada um, recaindo maior parte da culpa sobre Matheus. Também é possível que, considerando os interrogatórios feitos até aquele momento, fosse impossível que ela como autora não indicasse a culpa de Venâncio, já que ele confessara abertamente sua participação no ocorrido, enquanto Matheus a negou o tempo todo. Deste modo, no último interrogatório feito durante a sessão do júri, Venâncio viria a negar suas declarações anteriores, afirmando que Matheus fora o autor do crime, auxiliado por Antônio e Bernardina, os quais, se condenados, não acarretariam prejuízo à herança.[102] Logo em seguida, o curador apresentou o requerimento referido,

---

98   CMU, TJC. 1º ofício, auto 6771, f. 26v.

99   Contas anexas ao final do inventário, com numeração própria. CMU, TJC. 1º ofício, auto 6771, f. 17-19.

100 AESP, ACI, 13.01.41, *doc. 6*, f. 111-112.

101 AESP, ACI, 13.01.41, *doc. 6*, "Libelo Crime Acusatório", f. 74.

102 AESP, ACI, 13.01.41, *doc. 6*, Interrogatório ao Réu Venâncio, f. 109.

numa demonstração clara de que instruíra o réu a responder desta forma, baseando nisto seu pedido de abrandamento da pena.

Não se pode afirmar com certeza o que levou D. Guilhermina a agir daquela maneira, mas o inventário revela os custos desta decisão: Joaquim Xavier de Oliveira, que exerceu a função de procurador da viúva durante o processo, recebeu como gratificação de 60$000. Por seu turno, pela acusação no júri, Antônio Joaquim Sampaio Peixoto recebeu 50$000. Nestes valores não se incluem as custas do processo, que chegaram a 59$310 e foram pagas pela herança.

O que se conclui dessa análise é que os diferentes posicionamentos ocupados pelos dois escravos na propriedade não tornou inverossímil a compatibilidade de seus supostos interesses, do que resultou serem ambos condenados pela morte do senhor. É possível que Matheus tivesse realmente participado da agressão, mas em reflexão posterior se deu conta do que perderia se fosse condenado no tribunal, passando então a negá-la.

Como foi acima apontado, a existência do núcleo familiar torna verossímil duas hipóteses diametralmente opostas. Por um lado, Matheus poderia optar por não se envolver num delito tão grave para evitar ser separado de seus parentes. Por outro, a própria existência desses laços o levaria a correr o risco da separação, tendo como objetivo proteger sua família de um senhor cruel, talvez acreditando que, a longo prazo, valesse a pena.[103]

Novamente vimos os escravos mais valiosos da propriedade envolvidos no crime. A pretensa intimidade do senhor com Matheus – ambos conviviam juntos desde crianças – não impediu a agressão. Mesmo que este escravo não tenha tomado parte no crime, também não o evitou. Já Venâncio, bem mais jovem e recém-adquirido, não teve tempo de se acomodar na propriedade, o que podia tornar-lhe mais fácil arriscar-se a cometer o crime – lembrando que Matheus afirmara textualmente que Venâncio não era

---

103 Machado defende que a recorrência ao crime contra o feitor, embora "acarretasse ao conjunto dos escravos, um alto custo, resultando, preliminarmente, em castigos e mesmo na pena de morte para alguns, era questão, sem dúvida, pressentida por todos como perdas de curto prazo necessárias para o avanço em direção ao estabelecimento de maiores direitos, revertendo, a médio prazo, no crescimento do poder de barganha de todo o plantel". In: MACHADO, *Crime e escravidão... op. cit.*, p. 70. Embora trate-se aqui de crime contra o próprio senhor, é possível imaginar que o mesmo cálculo fosse feito, com vantagem para o delito, principalmente quando lembrado que, no momento do crime, Matheus se referiu a castigos infligidos a sua esposa, Teresa.

casado com Maximiana. Afinal, ele não tinha nada a perder, além da própria vida.[104] O interessante aqui é que mesmo Venâncio podendo ser considerado como relativamente estrangeiro àquela comunidade, conseguiu estabelecer uma ligação forte o suficiente, ao menos com Matheus, para lhe ser possível afirmar que os dois agiram em comunhão. Se Venâncio vestia o estereótipo do escravo deslocado e pouco privilegiado, Matheus era o exato oposto desta imagem, e ambos foram condenados pelo crime.

O custo das decisões destes cativos foi alto para todos os envolvidos: réus e vítima perderam as vidas, seus parentes perderam entes queridos e a propriedade, por sua vez, teve grande prejuízo econômico. De maneira mais ampla, as decisões tomadas tanto pelo senhor quanto pelos cativos apontam as incongruências e fragilidades da escravidão. A submissão esperada por Lopes de Camargo não correspondia às atitudes e desejos de seus escravos, que demonstraram seu descontentamento de maneira violenta. É muito provável que João Lopes se portasse de maneira muito distinta de seu pai, a quem Matheus conseguira aguentar; talvez ele exigisse um ritmo de trabalho mais intenso e fosse mais cruel nas punições, mas certamente ele falhou ao não perceber, até seus momentos finais, quando já era tarde demais, a necessidade crucial de negociar com aqueles homens a obediência que ele acreditava lhe ser devida.

Antônio de Nação e Antônio José Pinto da Silva, 1849

A morte de Antônio José Pinto da Silva é talvez a mais intrigante dentre todas as analisadas neste trabalho. Grandes divergências entre os depoimentos de testemunhas, informantes e réu, somadas inclusive ao indiciamento da viúva do falecido, tornam este caso bastante peculiar.

Antônio José Pinto da Silva foi morto a enxadadas em 21 de março de 1849, enquanto trabalhava numa plantação de chá, junto a diversos escravos.[105] Logo de início, todos os que testemunharam sobre o ocorrido

---

104 Referência à discussão de Eric Foner sobre escravos que não ganharam, com a abolição da escravidão nos Estados Unidos, "nada além da liberdade". FONER, Eric. *Nada além da liberdade: a emancipação e seu legado*. Rio de Janeiro: Paz e Terra, 1988.

105 AESP, ACI. Microfilme 13.02.41. *Documento 10. Réu: Antônio, escravo de Antônio José Pinto da Silva, 1849*. Este crime foi discutido por Maria Helena P. T. Machado em *Crime e escravidão... op. cit.*, p. 90. Os depoimentos dos "pretos" Jacinto e Theodoro atestavam a bondade do senhor, que era estimado de todos, menos de Antônio, único que já recebera castigos corporais. Estas observações denotam a intimidade dos laços existentes

86 Maíra Chinelatto Alves

foram unânimes em dizer que o autor do crime fora o escravo Antônio, de Nação, tido como preto "rebelado",[106] "ranzinza"[107] e "argonauta",[108] que não se dava com a maioria de seus companheiros. Em sua qualificação, ele é descrito como aparentando ter trinta e quatro anos, não saber os nomes dos pais, não ter ofício, ocupando-se em serviço de roça, e ser natural da África, de Nação Nhambana.[109] Segundo Mary Karasch, o tráfico de escravos partindo da África Oriental "aumentou rapidamente depois de 1815, quando os ingleses intensificaram seus esforços para acabar com o tráfico de escravos na África Ocidental". Então, os traficantes do Rio de Janeiro intensificaram a comercialização com a região de Moçambique, "a fim de evitar a captura de suas cargas".[110] Mesmo assim, os escravos provenientes desta área perfaziam cerca de 18% dos escravos da cidade do Rio de Janeiro, enquanto aqueles provenientes do Centro-Oeste africano eram vasta maioria, alcançando quase 80% da população cativa.[111]

De acordo com Robert Slenes a predominância dentre a escravaria do sudeste brasileiro de africanos e, dentre estes, de centro-ocidentais[112] levaria a uma certa homogeneidade cultural e linguística bantu dentro das senzalas. Além disso, a grande maioria dos crioulos adultos dessas plantações eram filhos desses Africanos Centro-Ocidentais – diferente do caso de Salvador do começo do século XIX, em que aparentemente a maioria dos crioulos não eram filhos nem descendentes dos grupos etno-linguísticos africanos mais representativos.[113]

---

entre senhores e cativos, cujo relacionamento era mais próximo à medida em que as propriedades eram menores.

106 AESP, ACI, 13.02.041, *doc. 10*, "Interrogatório ao preto Jacinto", f. 13.

107 AESP, ACI, 13.02.041, *doc. 10*, "Interrogatório ao preto Sebastião", f. 19.

108 AESP, ACI, 13.02.041, *doc. 10*, "Interrogatório ao preto Vicente", f. 25.

109 AESP, ACI, 13.02.041, *doc. 10*, "Auto de Qualificação ao réu Antônio", f. 143.

110 KARASCH, *A vida dos escravos... op. cit.*, p. 58-9.

111 KARASCH, *A vida dos escravos... op. cit.*, p. 52.

112 SLENES, Robert W. "'Malungo, Ngoma vem!': África coberta e descoberta no Brasil". In: *Revista* USP, 12, 1991/92. p. 214.

113 SLENES, Robert W. "L'arbre nsanda replanté: cultes d'affliction kongo et identité des esclaves de plantation dans le Brésil du sud-est (1810-1888)". *Cahiers du Brésil Contemporain*, Paris, EHESS, v. 67/68, 2007, p. 217-313. Versão revista e ampliada de "A Árvore de Nsanda Transplantada: Cultos Kongo de Aflição e Identidade Escrava no Sudeste Brasileiro (Século

Sabendo que Antônio não tinha bom relacionamento com seus companheiros, pode-se levantar a hipótese da influência nesta distância do fato de ser ele proveniente de uma região diferente da África daquela de onde supostamente a maioria de seus parceiros – ou os pais destes – viera. Em 1850, havia somente mais dois escravos de nação naquela propriedade, Theodoro e Poliana, mas não sabemos mais detalhes sobre sua procedência. Até seis anos antes, em 1844, estavam presentes dois outros escravos, homens de 55 e 60 anos, João Mina e Antônio Benguela.[114]

Venâncio, acusado da morte de Pedro Antônio de Oliveira, era também proveniente da África Oriental e, como Antônio, aparentemente não conseguira alcançar uma posição bem estabelecida entre seus companheiros quando aconteceu o crime. Porém, ele era novo na propriedade e, mesmo sem ser casado nem ter outra qualificação que não o trabalho de roça, não era visto de maneira tão negativa quanto Antônio. De fato, Venâncio parece ter sido bem sucedido em formar alguns laços com seus companheiros, suficientes para que fosse julgado e condenado junto de Matheus pelo homicídio do senhor. Com essa comparação, quero dizer que o lugar de origem não era o fator determinante na transformação dos escravos em criminosos, apesar de talvez influenciar, junto de outras circunstâncias, as possibilidades de relacionamento deles dentro das senzalas.

A falta de sociabilidade de Antônio era unanimemente reconhecida, constando a informação de que ele somente conversava com dois escravos: um dos quais pertencia à mesma propriedade, chamado Venâncio, de quem era compadre. O outro, a quem tratava como parente, se chamava Felipe e pertencia a um filho da viúva.[115] Tanto era o isolamento de Antônio que ele "fez sua senzala em lugar separado e fora do alinhamento das senzalas dos outros";[116] o que revela também, inadvertidamente, a forma de habitação dos escravos na propriedade. Eles moravam em senzalas, aparentemente

---

XIX)". In: LIBBY, Douglas Cole & FURTADO, Júnia Furtado (orgs.). *Trabalho Livre, Trabalho Escravo: Brasil e Europa, Séculos XVIII e XIX*. São Paulo: Annablume, 2006, p. 273-314."

114 Ver tabela 5 e sua discussão adiante.

115 Em seu depoimento, o preto Jacinto dizia que não sabia se Felipe dava coito a Antônio "porque ele veio com os Congueiros para esta cidade antes de ontem, e ontem voltando em casa [cedo] indagou, e procurou pelo Antônio de ordem de sua senhora, e nenhuma notícia teve dele, nem desconfia que ele viesse em casa porque se tem feito rondas de noite." AESP, ACI, 13.02.041, *doc. 10*, f. 15.

116 AESP, ACI, 13.02.041, *doc. 10*, "Interrogatório ao preto Sebastião", f. 19.

não do tipo barracão, construídas por eles mesmos, em geral alinhadas, mas a cuja organização era possível – ou pelo menos o foi ao réu – escapar.

Mesmo com estas informações, pelo menos um dos adjetivos utilizados para descrever Antônio é de difícil interpretação. Até ser ele "ranzinza" e "rebelado" é compreensível, mas "argonauta" é termo deveras intrigante. A expressão toda utilizada por Vicente para descrevê-lo foi "ser negro argonauta que não conversava com seus parceiros". O sentido geral de isolamento é entendido e provavelmente indicava sua diferença em relação aos companheiros, talvez mesmo implique que ele tenha vindo de um lugar diferente ou estranho. Talvez o termo tenha sido mal compreendido pelo escrivão, querendo Vicente dizer alguma outra coisa, mas, de qualquer forma, permanece o mistério quanto ao sentido das palavras do depoente.

Diversamente do ocorrido em outras investigações na década de 1840, aqui fica muito patente a preocupação das autoridades em desvendar os motivos do crime. Teriam presenciado a cena 11 escravos: Jacinto, Vicente, Sebastião, Bernardino, Américo, Poliana, Theodoro, Vicência, Mariana, Generosa e Escolástica, os quais afirmaram não ter visto o momento em que seu parceiro Antônio cometera o crime por estarem abaixados trabalhando. Quando se levantaram viram já o senhor caído e Antônio correndo. Diversos deles, que prestaram informações no processo crime instaurado, remeteram-se a um desentendimento ocorrido na madrugada do dia em que ocorreu o crime envolvendo o senhor e o escravo. Ratificando o afirmado por seus parceiros, Theodoro, que exercia além do trabalho na roça as funções de feitor e serviço de carrear, disse o seguinte:

> que no dia do falecimento de seu senhor depois da reza ainda antes de amanhecer seu senhor mandou por ele pegar Antônio para surrá-lo em consequência de dizer o Antônio que não podia comer angu que lhe faria mal a barriga o que lhe disse com modo arrogante, conforme o seu costume, mas que seu senhor não chegou a surrá-lo, e apenas lhe deu uma, ou duas pancadas com o cabo do bacalhau e uns bofetões porque o Antônio se humilhou, e lembra-se que seu senhor ainda lhe disse que bem sabia que ele ia com o coração sujo, e deu ordem para nenhum andar de faca e mandou aos que estavam com elas que as fossem guardar dizendo a ele informante que podia andar com a sua somente quando carreasse.[117]

---

117 AESP, ACI, 13.02.041, *doc. 10*, "Informação que dá o escravo Theodoro", f. 59.

Pinto da Silva teria ficado alterado ao ouvir o escravo pedir à cozinheira Francisca que lhe levasse na roça como almoço um pouco de farinha dum embornal. Esta atitude teria causado a fúria do senhor que dizia não querer que fosse farinha à roça. O motivo da exaltação era a requisição, por parte do escravo, de uma refeição diferente inclusive da dele, senhor. Como Antônio não respondesse de maneira submissa e obediente, Pinto da Silva ordenou que o escravo Theodoro o apanhasse para dar-lhe umas bordoadas.[118] Em seu depoimento, Theodoro admitiu já ter tido uma briga com o réu por este tê-lo na conta de capanga de seu senhor, alcunha esta provavelmente recebida em situação semelhante, em que o feitor foi aliciado para castigar seus parceiros.[119]

Mais uma vez, transparecem as tensões causadas pela existência de um feitor-escravo na propriedade. Como aconteceu com Matheus, cujo caso foi discutido anteriormente, a função exercida por Theodoro levara a que Antônio o acusasse de voltar toda sua lealdade ao senhor e não ao parceiro. As situações dos dois escravos, porém, eram significativamente diferentes. Matheus dizia ser acusado de cumplicidade no crime por vingança dos outros escravos. Já Theodoro ganhara a malquerença de Antônio, mas aparentemente esta não era difundida entre a escravaria. Assim, as observações de Antônio eram atribuídas mais à ruindade do réu que a um descontentamento generalizado da escravaria com relação ao feitor acusado de traição.

A fala de Theodoro revela outra de suas prerrogativas. Pinto da Silva mostrou-se desconfiado com relação a Antônio; como se imaginasse que o "coração sujo" daquele escravo poderia resultar em violência, ordenou que os escravos guardassem suas facas. A ordem de guardá-las significa que lhes era permitido, ordinariamente, carregá-las, mas em momentos de tensão tal privilégio era imediatamente revogado. A Theodoro, porém, devido a sua ocupação diferenciada seria permitido trazer consigo a arma enquanto carreava, provavelmente devido aos riscos inerentes a esta atividade. Certamente este tipo de circunstância acirrava os desentendimentos porventura existentes entre feitores e outros escravos. Igualmente, demonstra tanto a confiança depositada em Theodoro, quanto os limites dessa mesma confiança: o feitor somente poderia manter sua faca enquanto desempenhava funções específicas por ordem do senhor.

---

118 AESP, ACI, 13.02.041, *doc. 10*. "Interrogatório ao preto Jacinto", f. 13; "Interrogatório ao preto Américo", f. 22; "Testemunha 2ª – Policarpo Ferraz de Lima", f. 40; "Informação que dá Francisca", f. 67.

119 AESP, ACI, 13.02.041, *doc. 10*, "Informação que dá o escravo Theodoro", f. 61.

Outro dado interessante é a proibição de todos os outros escravos levarem suas armas. Pode-se interpretá-lo de acordo com as informações até aqui conhecidas, ou seja, que Pinto da Silva temia que o réu se apoderasse delas de alguma maneira e pudesse, dessa forma, cometer algum ato violento. Por outro lado, pode significar que o isolamento de Antônio não era tão grande como imaginamos ou que as ameaças pressentidas pelo senhor viessem de diversos lados e não somente do réu. O impacto da ordem também poderia ter diferentes sentidos. Se seu alvo majoritário fosse realmente Antônio, os outros escravos poderiam ressentir-se por serem privados de uma prerrogativa por causa dele. O contrário era igualmente possível; se Antônio fosse o único a ser impedido de carregar faca isso poderia torná-lo mais violento, levando-o a voltar-se contra o restante da escravaria. Essas teias de significados dificilmente serão desvendadas, mas dão uma ideia da complexidade de elementos a serem considerados no trato com os escravos, dado o evidente potencial violento de todos esses relacionamentos.

Depois do incidente, Antônio teria seguido para a roça em silêncio, sem comentar o ocorrido com ninguém. Alguns interrogados afirmaram que ele não se alimentou na hora do almoço. Depois da refeição, aproveitando que o senhor se encontrava abaixado, deu-lhe os golpes de enxada que constam do corpo de delito realizado no cadáver. De nada adiantava o cuidado do senhor em mandar que os escravos guardassem suas facas quando eles utilizavam cotidianamente ferramentas de trabalho ainda mais letais.

À parte a suposta maldade ou rebeldia de Antônio, não deixa de ser interessante a circunstância em que ocorreu o crime. Um escravo afirmava que determinado alimento lhe fazia mal. Ele arranjava então outro tipo de comida, mas era impedido de desfrutar da alternativa – que talvez lhe tenha sido custosa ou fruto de trabalho realizado nas horas vagas do serviço na fazenda – pela vontade suprema do senhor. É sabido que as condições de provimento na propriedade escravista estavam longe do ideal, mas normalmente se atribui a deficiência da alimentação dos escravos ao desinteresse do senhor em comprar mantimentos em maior quantidade ou de mais qualidade ou à concentração do cultivo na própria propriedade de produtos voltados para o mercado externo.[120]

---

120 Como foi discutido anteriormente, as fazendas voltadas à lavoura de exportação não deixavam de se dedicar, ao menos em parte, à produção de gêneros de subsistência. Apesar disso, conforme as culturas comerciais se mostravam mais lucrativas, os esforços

O presente caso, no entanto, revela a pretensão à autoridade absoluta de um senhor que julgava estar em seu poder controlar todos os aspectos da vida de seus escravos, inclusive sua alimentação. Como já foi apontado, esta era uma interpretação possível do relacionamento entre senhores e escravos, partindo do ponto de vista senhorial.[121] Sua fragilidade fica demonstrada pelo embate com o entendimento que os escravos podiam ter das mesmas relações, de que seus proprietários deviam-lhes algumas obrigações as quais, tal como as margens de autonomia que lhes fosse possível alcançar, deveriam ser respeitadas. Dentre as obrigações de um bom senhor, estavam o castigo justo e o fornecimento de provisões suficientes para garantir o bem-estar mínimo dos escravos.

A atitude de Pinto da Silva, que impediu Antônio de comer a farinha, pode ser interpretada como uma infração a esta regra. Cerceava a pouca liberdade desfrutada pelo cativo de complementar sua alimentação como mais lhe agradasse, ainda mais porque provavelmente a farinha fora obtida por ele próprio e não distribuída pelo senhor.

Permeando o estudo sobre a importância do casamento entre escravos como forma de obterem maior autonomia, Robert Slenes examinou também o impacto causado pelo matrimônio na vida material dos cativos. Segundo o autor, que estudou as formações de famílias escravas na região de Campinas no século XIX, os casais normalmente usufruíam de moradia separada dos solteiros e podiam também receber rações diferenciadas. Tudo isso implicava em maior autonomia dos cativos, que podiam distanciar-se do olhar dos senhores durante suas atividades mais propriamente domésticas. Um mérito adicional desta situação era a possibilidade de controlarem o preparo da comida, propiciando inclusive a substituição de certos ingredientes por outros mais agradáveis.[122] Principalmente em se tratando de africanos escravizados,

---

passavam a ser mais concentrados nelas, em detrimento do cultivo de alimentos. Ver LUNA & KLEIN, *Evolução... op. cit.*, tabela 4.1, p. 112.

121 Como coloca Anthony Kaye, referindo-se ao Sul dos Estados Unidos: "Através do direito de propriedade, os senhores atribuíam a si mesmos extensos poderes: o de manter famílias unidas ou separá-las; o de configurar os parâmetros para produções de culturas auxiliares; o de definir e punir o que considerassem como comportamento transgressor. Os escravos se deparavam com o poder dos senhores nas linhas que dividiam propriedades, nos altares, nas casas-grandes, nos campos, nos troncos, em atos de indulgência, de crueldade e de violência" (Tradução da autora). KAYE, *Joining places... op. cit.*, p. 136.

122 SLENES, *Na senzala... op. cit.*, p. 185 e seguintes. Grifo no original.

> o controle sobre o preparo de uma parte da comida diária teria trazido ganhos materiais e simbólicos para os escravos que não devem ser subestimados... [Para] os escravos brasileiros, o controle familiar sobre o preparo do jantar (ou de outra comida, fora do horário estabelecido pelo senhor) não teria significado apenas a possibilidade de escapar da comida do curro, provavelmente feita sem capricho e variedade; teria representado, sobretudo, a oportunidade de conferir um sentido cultural próprio a *uma* das refeições do dia, alimentando dessa forma a alma.[123]

Mesmo não se tratando da culinária familiar apontada por Slenes, é lícito imaginar as teias de significados que se entrecruzavam no momento do embate entre Antônio e seu senhor. A impossibilidade desta relativa autonomia se estender à complementação da alimentação devia parecer bastante contraditória e agressiva a ponto de ser um dos fatores a motivar o crime.

Ora, já foi apontado que, nesta propriedade especificamente, os escravos viviam em senzalas separadas, sendo que o réu Antônio construíra a sua isolada dos companheiros mesmo sendo solteiro. Rafael Marquese, examinando as grandes propriedades cafeicultoras do Vale do Paraíba, entende que até a década de 1830 o tipo de moradia escrava que ali prevalecia eram cabanas como essas, construídas pelos próprios cativos. A partir da década seguinte, começariam a surgir senzalas em quadra, construções unificadas caracterizadas pela extrema vigilância efetuada pelos proprietários e administradores. O autor tem como foco as formas senhoriais de controle, que se tornariam mais rígidas com o aumento "do volume do tráfico negreiro transatlântico ilegal e acirramento das tensões internas e externas em torno da escravidão".[124] Slenes, por outro lado, se preocupa mais com a apropriação feita pelos cativos, principalmente africanos, destes espaços. Na verdade, segundo ele as construções que se tornaram típicas do Vale do Paraíba não tiveram a mesma importância na região de Campinas, o que significava que os escravos dessa região poderiam desfrutar de um pouco mais de autonomia do que seus companheiros do Vale.

---

123 SLENES, *Na senzala... op. cit.*, p. 192. Grifo no original.

124 MARQUESE, Rafael de Bivar. "Moradia escrava na era do tráfico ilegal: senzalas rurais no Brasil e em Cuba, c. 1830-1860". In: *Anais do Museu Paulista*. São Paulo: N. Sér. V. 13. n. 2, p. 168.

No caso de Pinto da Silva, é provável que as moradias dos escravos tivessem sido construídas ainda na década de 1830, quando o primeiro marido de D. Maria Joaquina ainda estava vivo. O fato de se tratar de um senhor que não se dedicava à grande lavoura exportadora ajuda a explicar a existência deste tipo de senzalas na propriedade, salientando-se a suposição de ela prover mais autonomia aos cativos.

Uma possível explicação para o comportamento de Pinto da Silva encontra-se na própria situação em que ele vivia: o inventário realizado após sua morte indica que ele quase não tinha propriedade alguma; inclusive o arrolamento de seus bens causa estranheza por não constar ali nenhum escravo.[125] Posteriormente, através dos embates registrados no documento e também de depoimentos coletados no processo criminal, tal condição é esclarecida: Antônio Jose Pinto da Silva casara-se em 1839 com a viúva de Antônio Rodrigues de Oliveira Góis, D. Maria Joaquina da Conceição, que tinha na época 56 anos e dois filhos do primeiro casamento.[126] Não sendo homem de posses, toda a riqueza do casal provinha da herança das primeiras núpcias da mulher, a que o novo casal teria direito apenas a um terço e usufruto do resto, visto ser a esposa quinquagenária quando do segundo matrimônio.

Embora o inventário do primeiro esposo de D. Maria Joaquina pudesse enriquecer muito a análise informando quais eram os escravos que já na época pertenciam à senhora, infelizmente o documento não foi localizado. No entanto, os interrogatórios dos informantes no processo criminal revelam que vários dos escravos citados haviam feito parte desta primeira herança, como Jacinto, que asseverava "que dentre os seus parceiros quase ninguém gostava do Antônio, muito menos ele interrogado que foi feitor dele, e outros no tempo de seu primeiro senhor, e como tal lhes passava o relho".[127] Declarações como essa ou as de Bernardino e Francisca quanto ao relacionamento dos senhores ao tempo do seu casamento, mostram que estes escravos já pertenciam à propriedade em 1839 e outros – inclusive o réu – desde antes disso, quando morreu seu primeiro senhor.[128]

---

125 CMU, TJC. 1° ofício, auto 2757. *Inventário de Antônio José Pinto da Silva, Inventariante D. Maria Joaquina da Conceição, 1849.*

126 AESP, ACI, 13.02.041, *doc. 10*, f. 39-41.

127 AESP, ACI, 13.02.041, *doc. 10*, "Interrogatório ao preto Jacinto", f. 15.

128 AESP, ACI, 13.02.041, *doc. 10*, "Interrogatório ao preto Bernardino", f. 28; "Informação que dá Francisca", f. 67-68.

Diversas vezes foi declarado no processo criminal que os cônjuges não se davam bem e viviam "rezingando". A desconfiança causada por esses desentendimentos levaria ao indiciamento da viúva como mandante do assassinato do marido.[129] Todo este contexto talvez explique a necessidade demonstrada pelo senhor de controlar rigidamente a escravaria. Segundo o preto Jacinto, "no princípio quando seu senhor se casou com sua senhora nenhum dos escravos gostava dele, e sua senhora que governava então a casa dizia aos escravos que não fizessem o que ele mandasse, e sim o que ela determinasse".

Apesar desta situação aparentemente estar superada em 1849, quando os escravos já "ficaram todos gostando dele pelo bem que os tratava",[130] talvez Antônio José sentisse ainda necessidade de reafirmar o tempo todo seu papel de senhor – papel esse que não admitia contestação por parte de um escravo e muito menos que este tivesse regalias não partilhadas pelo primeiro.

Uma das testemunhas juradas no processo, Policarpo Ferraz de Lima, carapina amigo do falecido, afirmou que conversou com ele no dia do crime, pela manhã, em seu moinho, e o ouvira dizer

> que aquele moinho havia de ser causa de haver desordem, e que naquele dia já estava principiando porque tinha dois negros Américo e Antônio que não queriam comer angu, como ele testemunha sabia por ter já presenciado a recusa deles em uma ocasião em que trabalhavam para ele testemunha, mas que ele havia de os fazer comer a (sic) força.

Acrescentara ele que, naquela mesma manhã, "já tinha havido dúvida por esse respeito" com Antônio.[131] Ora, então Antônio não era o único escravo a apresentar exigências quanto à alimentação, nem o único com potencial desordeiro entre a escravaria. Esta informação leva a supor que o senhor pudesse temer que os outros escravos passassem a demandar o mesmo privilégio, daí a rigidez no castigo. O pequeno trecho citado acima revela ainda que Antônio José alugou seus escravos a Policarpo Ferraz de Lima. Ele podia ter feito isso para ajudar seu amigo que precisava de mão de obra complementar ou, pelo contrário, por sua própria necessidade de complementação de renda, talvez aproveitando momentos de pouca exigência no trabalho da fazenda.

---

129 AESP, ACI, 13.02.041, *doc. 10*, f. 54.

130 AESP, ACI, 13.02.041, *doc. 10*, "Interrogatório ao preto Jacinto", f. 14.

131 AESP, ACI, 13.02.041, *doc. 10*, "Testemunha 2ª – Policarpo Ferraz de Lima", f. 40-41

Como Policarpo era carapina, levanta-se a questão de que tipo de serviços ele esperava que os cativos realizassem sob seu comando quando os alugara. É possível que por ser vizinho do sítio de Pinto da Silva, Policarpo Ferraz de Lima tivesse também alguma plantação de subsistência em que empregar os escravos ou ainda que estes fossem encarregados de trabalhos não qualificados como carregar madeiras. Mas também, pode-se supor que Antônio e Américo possuíssem habilidades como carpinteiros – possibilidade sugerida pelo valor alcançado pelos escravos na avaliação dos bens do inventário. Américo fez parte das duas relações dos bens de D. Maria Joaquina, registrados quando ela se casou pela segunda vez, ambas constantes no inventário e datadas provavelmente de 1839 e 1844.[132] Apesar de prestar informações no processo crime como escravo do falecido, seu nome não aparece numa última lista de avaliação, realizada em 1850, em que se registrou os bens que ainda pertenciam ao casal.[133] É de se estranhar esta ausência, ainda mais porque o réu consta dessa última avaliação anotado como criminoso e valendo a alta quantia de 600$000, só ultrapassada por Theodoro e Bernardino.

Uma outra hipótese levantada por autoridades e testemunhas para explicar o crime era a de ter sido este encomendado pela esposa de Antônio José, D. Maria Joaquina da Conceição. O primeiro depoimento recolhido, do escravo Jacinto, conhecido por "doutor" – casado com Poliana e pai de ao menos quatro outros escravos, Sebastião, Américo, Vicente e Bernardino – já trazia indícios de desentendimentos domésticos. Dizia o interrogado

> que uma vez na semana atrasada estando seu finado senhor na mesa jantando disse diante dele interrogado que tinha medo de tomar remédio em casa porque receava que lhe pusessem alguma coisa para lhe fazer mal, e que havia ir tomar em casa de Policarpo Ferraz de Lima, ao que sua senhora respondeu que se queria tomar tomasse, e se não queria que não tomasse...

A testemunha concluía que se Pinto da Silva desconfiava de alguém "decerto seria de sua senhora porque esta é quem fazia remédio para seu senhor". No entanto, quando perguntado se os senhores brigavam muito, respondeu ele que o casal vivia bem, "diferente de quando se casara".[134]

---

132 CMU, TJC, 1º ofício, auto 2757, f. 36; 36v., respectivamente.

133 CMU, TJC, 1º ofício, auto 2757, f. 52-53.

134 AESP, ACI, 13.02.041, *doc. 10*, "Interrogatório ao preto Jacinto", f. 16.

Toda essa situação é bastante curiosa. Primeiro, pela alcunha do depoente, "doutor". Como coloca Mary Karasch em relação à Corte, os líderes religiosos africanos exerciam também as funções de curandeiros e enfermeiros e assumiam maior importância porquanto fossem procurados por todos os setores da sociedade, que sofria com a ausência de médicos.[135] Esses "feiticeiros", além da habilidade de curar algumas doenças, "manipular o sobrenatural e neutralizar o mal", tinham também um impacto negativo sobre os senhores "em relação à habilidade dos feiticeiros com drogas e venenos".[136] Jacinto não foi qualificado no processo criminal, mas no inventário foi descrito como crioulo e, já em 1850, trazia a anotação de "velho" à qual seriam adicionados "rendido" e "dado a aguardente", em 1855, quando teria de 60 a 70 anos. Tratava-se de um escravo nascido no Brasil, mas que estava entre os mais velhos da propriedade – sua idade só foi ultrapassada pelos africanos João Mina e Antônio Benguela, que já não faziam parte da propriedade em 1850. De algum modo, ele alcançou o status de doutor o que, junto de sua idade avançada, provavelmente implicava numa posição de destaque entre a escravaria – e também entre brancos, já que foram as testemunhas que revelaram seu apelido.[137]

Ainda assim, o reconhecimento da existência de um "doutor" entre os escravos não levantou suspeitas de que ele estivesse envolvido no suposto medo de envenenamento do senhor. Ao contrário, quem preparava "remédios" para Pinto da Silva era sua esposa e ela foi indiciada – e depois absolvida – sob suspeita de ter participado na morte do marido. Como veremos, D. Maria Joaquina demonstrava usufruir de uma notável aproximação com o universo de seus escravos.

A conversa testemunhada por Jacinto ocorrera entre seu senhor e o carapina mencionado acima, Policarpo Ferraz de Lima, o qual, por sua vez, acrescentou ainda outras informações que lançavam suspeitas sobre a viúva. Primeiro, com relação a um ferimento que o morto apresentava na mão, e que a mulher dizia ser já antigo, embora Policarpo afirmasse que, tendo visto o falecido no mesmo dia pela manhã, este apresentava a mão sã. Muito mais comprometedoras seriam as conversas havidas com Antônio José que, ao contar o episódio envolvendo o escravo Antônio naquele mesmo dia, teria dito

---

135 KARASCH, *A vida dos escravos... op. cit.*, p. 279-280.

136 KARASCH, *A vida dos escravos... op. cit.*, p. 351.

137 AESP, ACI, 13.02.041, *doc. 10*, "Testemunha 2ª – Policarpo Ferraz de Lima", f. 36; "Testemunha 4ª – José Joaquim Pinheiro", f. 72.

que por causa destas ganjas ele vivia constantemente arriscado, e via-se em calças pardas por que não tinha ninguém em quem se fiasse vivendo no meio de inimigos, e até nessa mesma madrugada tendo ido ao serviço lá viu todos os negros de faca a [cinta], e ralhou com eles ficando por isso de ajustar a um sobrinho de Manoel da Cruz para seu feitor, e companheiro, ao que ele mesmo testemunha o aconselhou em vista do exposto, e de outras conversas que teve por vezes com o falecido, o qual lhe contou que a própria sua mulher era sua inimiga, e já o tinha mandado matar como foi contado pelo filho dela de nome José Rodrigues em presença de sua mãe, e dele falecido uma vez, e outra vez pelo mesmo José Rodrigues o qual relatou a ele falecido que sua mãe mandara trazer um osso de defunto por um preto que ele testemunha presume ser de José Rodrigues, cujo nome não sabe para dar a ele falecido, e matá-lo, e que o preto tendo ido enterrar a mulher de um Miguel Ferreira que havia falecido... em casa dele assassinado, trouxe quando voltou o osso que ele José Rodrigues tomou, e botou fora porque tendo visto sua mãe perguntar ao preto misteriosamente se tinha trazido o que ela lhe encomendou, foi ter depois com este, e soube que a encomenda era o tal osso para matar seu marido.[138]

Primeiro, o temor de envenenamento por parte da mulher que preparava remédios; depois, o envolvimento em atividades suspeitas que incluíam o uso de "osso de defunto" como meio de causar uma morte. Transparece assim a proximidade da viúva com práticas de feitiçaria que talvez não fossem condizentes com sua posição de senhora abastada. Não encontramos maiores informações sobre ela no processo criminal nem em seu inventário, datado de 1855. Nesse documento, todavia, há indícios de sua devoção religiosa, na forma de um

> Oratório com uma imagem pequena do Senhor Crucificado, uma imagem de Nossa Senhora do Carmo dourada em uma redoma, uma imagem de Nossa Senhora do Rosário dourada em uma redoma quebrada, uma pequena imagem de Santa Maria, e junta a esta outra imagem mais pequena, e uma pequena imagem de Santo Antônio bem velha [todos avaliados em] 1$000.[139]

---

138 AESP, ACI, 13.02.041, *doc. 10*, "Testemunha 2ª – Policarpo Ferraz de Lima", f. 42.

139 CMU, TJC, 3º ofício, auto 6849, Inventário de D. Maria Joaquina da Conceição, 1855, f. 20.

98   Maíra Chinelatto Alves

Duas outras testemunhas relataram que o próprio Antônio, em sua fuga, ao encontrar conhecidos na estrada, disse que ia embora "por ter feito a morte de seu senhor, pelo que se considerava morto, mas que se o fizera foi por ser mandado, sem declarar por quem".[140] O mesmo Manoel Cruz que era lavrador e tropeiro e cujo sobrinho Antônio José intencionava empregar como feitor reproduziu a última informação, acrescentando ainda que

> sabia por lhe contar o falecido algumas vezes que vivia desconfiado receoso em casa, porque já uma vez o seu enteado José Rodrigues com um escravo, não se recorda ele testemunha, se do mesmo José Rodrigues o tinham atropelado, e ameaçado de matar com uma garrucha, e que trazendo-o em casa puseram no terreiro suas canastras dizendo-lhe que se fosse embora mas que então sua mulher disse que iria com ele, e por isso desistiram da intenção de tocá-lo para fora.[141]

É difícil acompanhar as idas e vindas dos relacionamentos dentro da família senhorial. Em um momento, Pinto da Silva aparece brigando com a esposa e sendo defendido pelo enteado, quando ela tentava matá-lo com mandingas. Em outro, o enteado, com a ajuda de um escravo, era quem ameaçava matá-lo e depois, ao expulsá-lo da casa, era dissuadido de fazê-lo pela esposa da vítima. A certeza que tais informações deixam é de que as relações entre os senhores eram também extremamente conflituosas. E que os escravos participavam desta tensão, já que sempre havia um cativo ajudando o agressor. Mesmo supondo que eles buscassem ossos em cemitérios e tentassem atropelar o senhor simplesmente no cumprimento de ordens, a posição de Pinto da Silva era de uma fragilidade que não poderia ser ignorada por ninguém de seu convívio. Ele aparece reiteradamente consciente do perigo que corria, ao zangar-se porque os escravos carregavam facas, porque pediam alimentação diferenciada e ao admitir que precisava da ajuda de auxiliares para tocar a propriedade.

Quando foi afinal interrogado em janeiro de 1850 – lembro que ele fora preso em novembro de 1849 na vila de Castro – Antônio se juntou ao coro que afirmava que o crime fora encomendado. Apesar de posteriormente negar este depoimento, o réu naquela ocasião declarou que sua senhora lhe prometera alforria caso ele assassinasse o senhor,

---

140 AESP, ACI, 13.02.041, *doc. 10*, "Testemunha 3ª – Manoel da Cruz Oliveira", f. 50. Esta testemunha se refere a outras que também teriam visto o réu em fuga.

141 AESP, ACI, 13.02.041, *doc. 10*, "Testemunha 3ª – Manoel da Cruz Oliveira", f. 51.

> que ninguém soube disso, e somente ele, e que esta proposta lhe fora feita pela dita sua senhora há coisa de três anos, porém que ele interrogado sempre se esquivava de efetuar a morte de dito seu senhor, e que [depois de] muitas instâncias da mesma sua senhora se resolvera a morte digo se resolvera a fazer a morte, e a efetuara depois do almoço...

Depois disso, ele fugira em direção a Curitiba.[142]

No julgamento, em 19 de março de 1850, Antônio viria a declarar que mentira no interrogatório anterior ao dizer que sua senhora mandara matar o marido. Disse ele que

> a razão por que assim procedeu foi porque quando vinha vindo de Castro para esta cidade muitas pessoas, a exceção porém da escolta que o conduzia, lhe perguntavam porque ia preso, o que tinha feito, e se sua senhora tinha parte nisso? o que ouvindo ele interrogado julgou que por essa maneira se livraria, e então declarou no primeiro interrogatório que sofreu.[143]

Dessas acusações resultou o indiciamento de D. Maria Joaquina, que chegou a ter sua prisão efetivada, em 29 de março de 1849. Ela permaneceu presa até 11 de abril do mesmo ano, quando se julgou que os indícios contra ela eram vagos, indeterminados ou "de pouca monta"[144] e por isso ela foi absolvida. Nesse meio tempo, algumas informações interessantes foram levantadas nos testemunhos referidos. Primeiramente, diferente do ocorrido nos outros casos analisados neste estudo, aventou-se a possibilidade da causa do assassinato do senhor ser, até certo ponto, externa à própria condição deste de senhor, ou seja, que o réu escravo tivesse cometido o crime motivado por motivos alheios a seu interesse, a mando de terceiro.

De qualquer forma, considerando que fosse este o caso, a condição do criminoso de escravo permanecia em primeiro plano, seja por receber como pagamento pelo crime a promessa de alforria, seja por cometê-lo durante o trabalho no eito, ou ainda porque, sendo seduzido há três anos para assassinar o senhor, Antônio resolvera realizá-lo justamente no dia em que se dizia que sofrera castigos, os quais poderiam ser por ele considerados

---

142 AESP, ACI, 13.02.041, *doc. 10*, "Interrogatório ao réu", f. 145.

143 AESP, ACI, 13.02.041, *doc. 10*, "Interrogatório ao preto Antônio", f. 184.

144 AESP, ACI, 13.02.041, *doc. 10*, f. 117.

100 Maíra Chinelatto Alves

como injustos. O próprio Antônio, em seu primeiro interrogatório, disse que "no dia em que fez a morte, seu senhor o quisera castigar, porém não o castigara".[145] Talvez o objetivo do réu ao negar ter sofrido castigos fosse reiterar que a motivação do crime fora a promessa feita pela senhora e não um desentendimento pessoal entre criminoso e vítima. Mas ainda que ele não tivesse sido efetivamente castigado naquela madrugada, só a lembrança do escravo, quase um ano depois, da vontade de Pinto da Silva em fazê-lo já demonstra que houvera naquele momento um sério desentendimento entre senhor e escravo.

Marca indelével da escravidão, o castigo físico era uma das formas mais disseminadas de disciplinar a escravaria. Normalmente na forma de açoites, o castigo podia ser considerado justo quando aplicado moderadamente, como punição por algum comportamento inadequado do cativo. Stephen Crawford estudou a dinâmica do castigo no Sul dos Estados Unidos através de entrevistas com ex-escravos e observou como a prática poderia ser legitimada pelos próprios cativos, quando estes reconheciam ter cometido alguma falta. Por outro lado, o castigo injusto ou desproporcional ao erro perdia o sentido de educação e resultava na acusação de crueldade do senhor e possível rebeldia dos escravos.[146]

A necessidade de castigar fisicamente os escravos encontrava obstáculo na irracionalidade econômica do ato de prejudicar uma propriedade valiosa. Apesar disso, este artifício vinha carregado de funções de espetáculo, "aterrorizante e exemplar, que, marcando as consciências dos espectadores, os convencesse de suas iguais possibilidades, coibindo-lhes as expansões, constrangendo-lhes os horizontes, anulando-lhes as vontades".[147]

Considerando estes aspectos de necessidade e irracionalidade, esperava-se de um senhor hábil que conjugasse "castigos 'leves' e habituais" com incentivos positivos, como a concessão de pequenas margens de autonomia aos cativos.[148] Principalmente, o bom senhor era aquele

---

145 AESP, ACI, 13.02.041, *doc. 10*, "Interrogatório ao réu", f. 146.

146 CRAWFORD, Stephen C. "Punishments and Rewards". In: ENGELMAN, Stanley L.; FOGEL, Robert William. (orgs.) *Without consent or contract: the rise and fall of American slavery. conditions of slave life and the transition to freedom: technical papers, Volume II*. Nova York/Londres: W. W. Norton & Company, 1992, p. 536-550.

147 MACHADO, *Crime e escravidão... op. cit.*, p. 76.

148 MACHADO, *Crime e escravidão... op. cit.*, p. 78.

Quando falha o controle   101

que não castigava sem motivo e o fazia proporcionalmente ao delito, de preferência imediatamente.[149]

A obscuridade do motivo da punição ou a crença em sua injustiça podem ter se somado ao estrangulamento da autonomia do escravo Antônio, expressa no seu intuito de complementar sua alimentação. Naquele momento, o contrato desigual entre senhor e escravo estava prejudicado e, por vezes, as respostas dos cativos a este desequilíbrio eram violentas.

O interrogatório de Antônio demonstra também a verossimilhança da instrumentalização, por parte da senhora, da tensa relação entre senhor e escravo, de modo que lhe fosse possível manipular os anseios e descontentamento do cativo para atingir objetivos outros. Estudando um tema bastante diferente – o estupro de mulheres escravas nos EUA –, Saidiya Hartman abordou questões interessantes que podem ser levantadas no caso de Antônio. O argumento da autora é que relações sexuais entre senhores e escravas não poderiam ser consentidas, porque a condição de cativas das mulheres não lhes permitia negar-se ao contato. A própria relação desigual de poder existente entre as partes impossibilitava o consentimento delas. A ideia da sedução – no caso sexual – por parte dos senhores não passava de um subterfúgio para a exploração do corpo feminino.[150]

Claro que a situação do réu Antônio era muito diversa da das mulheres examinadas por Hartman. No entanto, as "manhas do poder" poderiam se desenvolver de forma similar em ocasiões variadas. A sedução sexual não era o objetivo de D. Maria Joaquina ao oferecer pagamento a Antônio pela morte do marido, mas isso não significa que, de sua posição de poder, ela não o seduzisse. O conhecimento dos desejos de libertação do escravo abria-lhe a porta para tentar manipular a vontade dele, explorando a tensão do sistema em benefício próprio. O depoimento de Policarpo Ferraz, ao relatar a enigmática história do osso humano trazido do cemitério por um preto, que fora encomendado para matar o marido, dá mostras bastante patentes da íntima relação que a viúva tinha com seus escravos.[151]

Também muito estranho é o mesmo episódio da quase expulsão de Antônio José relatado por Manoel Cruz, nas palavras da preta Francisca, cozinheira. Ela o narrou da seguinte maneira:

---

149 PATI DO ALFERES, *Memória sobre a fundação de uma fazenda... op. cit.*, p. 64.

150 HARTMAN, "Seduction and the ruses of power" *op. cit.*

151 AESP, ACI, Microfilme 13.02.041, *doc. 10*, "Testemunha 2ª – Policarpo Ferraz de Lima".

> que quando seu senhor chegou de Curitiba[152] já há anos teve uma briga com o enteado dele José Rodrigues de Oliveira que nesse tempo era seu inimigo mas agora já não é, por causa do crioulo Luiz que não queria servir a seu senhor, e que depois foi vendido a Luiz de Oliveira Bueno, e por este tornado a vender ao dito José Rodrigues.[153]

Este desentendimento foi também mencionado no inventário, na lista feita dos bens pertencentes a D. Maria Joaquina quando do casamento, ocasião na qual Pinto da Silva teria anotado que o "escravo Luiz foi vendido por 690$ tendo injeitado por vezes 1:000$000 porém foi por motivo de o herdeiro José Rodrigues o seduzir e levar para sua casa dizendo que morrer sim, antes que entregar o negro".[154]

Francisca acrescentou ainda que:

> por causa dessa briga seu senhor se escondeu no mato, e ela informante o foi acudir, e pediu ao dito José Rodrigues que é seu padrinho, e que tinha ido atrás de seu senhor, que não fizesse mal a este, e então vieram para casa aonde ela informante ouviu seu padrinho perguntar-lhe se queria ir-se embora, e dizendo ele que sim, mandou por-lhe as canastras na sala, e que vendo sua senhora declarou que não queria que seu marido fosse embora, e se ele fosse ela iria com ele, e por isso não teve lugar a saída de seu senhor, e tudo se acabou.[155]

Talvez o ato de pôr as canastras fosse a expressão da pobreza de Antônio José que, sendo expulso da casa da mulher, levaria apenas o que para ali trouxera, numa clara demonstração da fragilidade da sua posição como senhor e como proprietário. No entanto, a fala de Francisca é reveladora de uma gritante inversão de papéis. O hábito de um escravo apadrinhar-se quando existia algum desentendimento entre ele e seu proprietário, junto ao qual o padrinho

---

152 A informação de que Pinto da Silva chegara a Campinas vindo de Curitiba, mesma cidade em direção à qual Antônio fugia quando foi preso pode nos tentar a imaginar que o escravo estivesse na verdade voltando para aquele município, talvez em busca de parentes lá deixados. Porém, Antônio já fazia parte da propriedade de D. Maria Joaquina quando esta se casou com a vítima, como se pode observar na tabela 5.

153 AESP, ACI, 13.02.041, *doc. 10*, "Informação que dá Francisca", f. 67.

154 CMU, TJC, 1º ofício, auto 2757, f. 36.

155 AESP, ACI, 13.02.041, *doc. 10*, "Informação que dá Francisca", f. 68-69. Grifo meu.

interviria em defesa do escravo é bastante conhecido[156] e está presente no próprio processo criminal, no momento em que se perguntou a Antônio qual "a razão que teve para lhe dar a terceira pancada, estando ele já caído e prostrado, com o que ele interrogado já tinha conseguido o seu fim que era, como parece, evitar o castigo podendo então fugir e tomar padrinho".[157]

A atitude de Francisca, no entanto, é no mínimo inesperada e revela ainda mais a instabilidade da situação de Pinto da Silva. Quando do conflito entre os senhores brancos, ela gozaria de prestígio suficiente junto ao enteado – e posteriormente inventariante – do morto para intervir a favor deste, numa demonstração da proximidade das relações entre escravos de confiança e senhores.

A posição privilegiada de Francisca – cozinheira, apelidada de Chiquinha – seria atestada alguns anos depois, em 1855, quando ela foi libertada por sua senhora, D. Joaquina, em testamento.[158] Nesta ocasião, o inventariante José Rodrigues de Oliveira, filho da referida senhora, afirmou que sua mãe passou à mulata carta de liberdade cerca de um mês antes de seu falecimento:

> conquanto ela já não tivesse direito de semelhante ato visto já não ter mais terça alguma por ter sido extraviada muito maior importância por seu finado segundo marido Antônio José Pinto da Silva, como consta do inventário que se fez por morte deste, o Inventariante por sua parte não se opõe a liberdade referida, embora se reconheça com todo o direito para fazer.[159]

Este gesto revela a proximidade da escrava tanto em relação a sua senhora, quanto em relação ao senhor moço, seu padrinho. Esta intimidade poderia explicar a iniciativa de Francisca de tentar defender Pinto da Silva num momento de conflito.

Outro escravo que depôs no processo criminal, de nome Jacinto, foi beneficiado em 1855. O inventário cedia, em favor de sua liberdade, 50$000, metade do valor por que fora avaliado.[160] Como já foi apontado, a

---

156 Ver KARASCH, *A vida dos escravos... op. cit.*, p. 413-4.

157 AESP, ACI, 13.02.041, *doc. 10*, "Interrogatório ao preto Antônio", f. 183.

158 CMU, TJC. 3º ofício, auto 6849. *Inventário de D. Maria Joaquina da Conceição, Inventariante José Rodrigues de Oliveira*, 1855, f. 27.

159 CMU, TJC. 3º ofício, auto 6849, f. 27v.

160 CMU, TJC. 3º ofício, auto 6849, f. 27.

situação de Antônio José Pinto da Silva era um tanto delicada já que seus bens provinham quase exclusivamente do casamento com Maria Joaquina. Houve disputa para estabelecer exatamente o que ele adquirira com o casamento – e seria, portanto, parte de sua herança – e o que pertencia aos filhos do primeiro casamento de sua esposa e assim não podia ser partilhado.

Constam do inventário, portanto, três listas que elencavam as propriedades do casal. Na primeira, Antônio José descrevia os bens que havia na casa quando se casou em 1839. A segunda era provavelmente datada de cinco anos depois, a julgar pela mudança na idade dos escravos. Aparentemente, estas duas relações foram feitas na segunda ocasião, quando se fez uma comparação entre os bens que existiam antes e os daquele momento.[161]

Quando do casamento em 1839, a casa possuía vinte e dois escravos, sendo três homens acima de 45 anos e cinco crianças com menos de 10. Cinco eram africanos: os dois homens mais velhos, João Mina e Antônio Benguela, de 50 anos, Antônio, de 25, Theodoro, de 20, e Poliana, de 35. Ao todo, entre os adultos (de 15 a 49 anos), havia onze homens e seis mulheres.

Já a lista de 1844 mostrou que três escravos de sexo masculino jovens, com idades entre 25 e 28 anos, haviam sido vendidos ou alienados e uma das mulheres, Esmeria, havia falecido. Em contrapartida, quatro crioulos haviam nascido, filhos de Francisca e Vicência, totalizando então vinte e um escravos. Um dos cativos da primeira lista desapareceu da seguinte sem para isso ser dada explicação alguma.

A terceira listagem, feita na época do inventário de Pinto da Silva, em 1850, mostrava um rol de dezoito escravos, seis homens e cinco mulheres – apesar de alguns, como Américo e Vicente, reaparecerem posteriormente no inventário da viúva de Antônio José, D. Maria Joaquina.[162] O único casal reconhecido dentre todas as relações era o formado por Jacinto – o "doutor" – e Poliana. A procedência da mulher é duvidosa, já que em 1839 ela era tida como africana e em 1844, crioula. Apesar de ela ter sido interrogada no processo criminal, curiosamente neste não se qualificaram as testemunhas informantes, não sendo possível esclarecer sua situação a partir deste documento.

A tabela 5 se refere a todos os escravos registrados em cada uma das quatro ocasiões referidas – três listagens constantes do inventário

---

161 CMU, TJC, 1º ofício, auto 2757, f. 36-36v.

162 CMU, TJC, 1º ofício, auto 2757, f. 52-53.

de Pinto da Silva, mais a avaliação dos bens de sua esposa em 1855.[163] O que se observa ali é uma grande estabilidade da propriedade escrava do casal, a qual só foi modificada por mortes, nascimentos e poucas vendas feitas provavelmente aos filhos de D. Joaquina ou em pagamento de dívidas dos mesmos.

É de se notar que os escravos mais velhos, João Mina e Antônio Benguela, que apareceram nas duas primeiras listas, já não constam na terceira, sendo provável que eles tenham falecido. Apesar da relativa fertilidade do plantel – nasceram oito crianças no período estudado, sem contar os filhos de Poliana e Jacinto, que já eram mais velhos embora possivelmente tivessem nascido na propriedade – apenas um casal, os acima referidos Jacinto e Poliana, era referido como casados.

As duas outras mães registradas, Francisca e Vicência, não tinham parceiros reconhecidos pela família proprietária, mas ainda poderiam fazer parte de relações consensuais estáveis. Se a primeira foi libertada em 1855, o mesmo não aconteceu com seus três filhos identificados. A permanência das crianças no cativeiro demonstra como as estratégias escravas de aproximação dos senhores tinham consideráveis limitações. O notável sucesso da trajetória de Francisca, que resultou em sua libertação, tinha como contraponto a diferença de status entre ela e seus filhos, que permaneciam escravos. Alcançada a alforria, provavelmente Francisca continuaria lutando para prover o melhor possível a seus filhos e talvez auxiliá-los a se juntarem a ela no universo dos libertos.

No momento da morte de Pinto da Silva, os escravos de seu casal somavam 7:630$000. Como já foi apontado, em seu inventário travou-se uma batalha em relação ao que cabia a este senhor em meio ao montante dos bens trazidos pela esposa do primeiro casamento dela. O casal teria direito, segundo os advogados, a um terço destes bens e ao usufruto do restante deles. Nos cálculos feitos na ocasião, não só esta percentagem já havia sido desfrutada, como eles tinham gasto mais do que lhes era de direito. Portanto, o monte mor do inventário de 1850 era de 3:009$580, dos quais 2:271$697 estavam comprometidos com dívidas.[164]

---

163 CMU, TJC. 3º ofício, auto 6849, f. 20v-21.

164 CMU, TJC, 1º ofício, auto 2757, f. 64v-65.

TABELA 5 – Escravos de Antônio José Pinto da Silva e sua esposa, D. Maria Joaquina da Conceição.

1839 Nome, procedência, idade	c. 1844 Nome, procedência, idade	1850 Nome, procedência, preço	1855 Nome, estado civil, idade, observações, preço
Theodoro, nação, 20	Theodoro, nação, 25	Theodoro, 700$	Theodoro, solteiro, 40, pedreiro e lavrador, 1:500$
Sebastião, crioulo, 20	Sebastião, crioulo, 25	Sebastião, 550$	Sebastião, solteiro, 30, sapateiro ordinário, 1:200$
Antônio, nação, 25	Antônio, nação, 30	Antônio, criminoso, 600$	
Luiz, crioulo, 25			
Venâncio, crioulo, 18	Venâncio, crioulo, 22	Venâncio, 700$	Venâncio, solteiro, 32, bom serviço e lavra madeira, 1:500$
Diogo, crioulo, 26			
Felipe, crioulo, 28			
Américo, crioulo, 14	Américo, crioulo, 19		Américo, solteiro, 28, bom serviço de roça, 1:500$
Jacinto, crioulo, 45	Jacinto, crioulo, 50	Jacinto "Doutor" velho, 100$	Jacinto, casado, 60-70, rendido, dado a aguardente, 100$
João Mina, 50	João Mina, 55		
Antônio Benguela, 50	Antônio Benguela, 60		
Francisca, crioula mulata, 19	Francisca, mulata crioula, 24	Francisca, 600$	
Poliana, nação, 35	Poliana, crioula, 40	Poliana, 300$	Poliana, 40, mulher de Jacinto, serviço de roça 400$
Vicência, crioula, 25	Vicência, crioula, 29	Vicência, 350$	Vicência, solteira, 41 incompletos, 600$
Esmeria, crioula, 18			
Generosa, crioula, 16	Generosa, crioula, 20	Generosa, 600$	Generosa, solteira, 26, de má figura, 500$
Mariana, crioula, 14	Mariana, crioula, 18		

TABELA 5 – Escravos de Antônio José Pinto da Silva e sua esposa, D. Maria Joaquina da Conceição (cont.)

1839 Nome, procedência, idade	c. 1844 Nome, procedência, idade	1850 Nome, procedência, preço	1855 Nome, estado civil, idade, observações, preço
Vicente, crioulo, 9	Vicente, crioulo, 14		Vicente, solteiro, 26, bom serviço de roça, 1:400$
Bernardo, crioulo, 9	Bernardino, crioulo, 14	Bernardino, 700$	Bernardino, solteiro, 24, bom serviço de roça, 1:500$
Osório, crioulo, 9			
Escolástica, crioula, 6	Escolástica, crioula, 10	Escolástica, 500$	Escolástica, solteira, 20, doente da barriga, 600$
Maria, crioula, 2	Maria, crioula, 7	Maria, 500$	Maria, solteira, 14, 1:200$
	Antônio, mulato crioulo, 5	Antônio, mulato, 600$	Antônio, mulatinho, 14, 1:500$
	Bárbara, crioula, 3	Bárbara, filha de Francisca, 300$	Bárbara, solteira, 12-13, 1:200$
	João, mulato, 1	João, filho de Francisca, 250$	João, crioulinho, mulato, 10-11, 1:000$
	Benedita, crioula, 6 meses.	Benedita, filha de Vicência, 150$	Benedita, 9, 700$
		Ana, filha de Francisca, 100$	Ana, 6, 600$
		Bento, filho de Vicência, 30$	
			Luiza, 4, doentia, 200$

Fonte: CMU, TJC, 1º of., A 2757, 1849. *Invent.: Antônio José Pinto da Silva*, f. 36; 36v; 52-52v; 3º of., A 6849, 1855. *Invent.: D. Maria Joaquina da Conceição*, f. 20v-21.

Na realidade, a necessidade de se proceder ao inventário de Antônio José devia-se mais a seus credores do que à existência de eventuais herdeiros. Como ele era natural de Portugal, quaisquer parentes vivos habilitados a receberem sua herança estariam naquele país; porém, não há nenhum registro que comprove que se tentou de contatar sua família. Como ele não teve filhos em seu casamento, sua única herdeira era a mulher. As discussões em relação à herança pareceriam não fazer sentido, não fossem as dívidas referidas. Não interessava aos dois filhos do primeiro casamento de sua esposa que todos os bens do casal fossem usados para saldá-las. Daí o

108 Maíra Chinelatto Alves

empenho de um deles, como inventariante, em afirmar que a maior parte da propriedade pertencia legitimamente a ele e a seu irmão, apesar de estar em usufruto da mãe. Desta maneira, apenas pequena parcela dos bens seria utilizada para pagar as dívidas de seu padrasto e o restante seria transmitido aos dois irmãos quando da morte de D. Maria Joaquina.

A principal parcela da herança era o sítio, descrito da seguinte maneira:

> bairro da Boa Esperança e lugar denominado "Estiva" com casa de morar coberta por telhas, pasto de grama e campos fechado com trezentas e sessenta braças de valo e parte com pau a pique, monjolo, fábrica de relar mandioca com uma roda de doze palmos de diâmetro, moinho com casa coberta de telhas com uma porta e duas janelas; uma plantação de doze mil pés de chá de dois anos bem formado avaliado a cem réis

Os bens descritos foram avaliados em 2:700$000.[165] Esse valor, no entanto, foi superestimado já que, posto em hasta pública, o sítio não recebeu lance algum. O preço foi reduzido até que o sítio com suas benfeitorias foi finalmente arrematado em 1853, quase um ano depois do primeiro leilão, pela quantia de 700$000.[166]

Também é interessante notar que, diferente dos outros dois casos ocorridos na década de 1840, Antônio, que como os outros réus também foi condenado à morte, apareceu avaliado no inventário embora com observação de ser "criminoso", valendo 600$000.[167] A hipótese de ser esta uma manobra do inventariante para valorizar a propriedade é contestada pelo fato de nenhum dos escravos fazer parte do monte partível. Diferentemente da viúva de Lopes de Camargo, nem D. Maria Joaquina nem seu filho consideraram Antônio excluído da herança por ter assassinado Antônio José. Talvez isso se deva ao fato de eles estarem aguardando a condenação do réu, que ocorreu cerca de dois meses depois da avaliação. Pode-se supor que eles não tivessem certeza da condenação – e talvez da culpa – do escravo, por isso contavam ainda com seu trabalho ou com o valor de sua venda. Aqueles amigos do morto que depuseram no processo sugerindo participação da viúva no crime poderiam creditar este comportamento à indiferença

---

165 CMU, TJC, 1º ofício, auto 2757, f. 13v.

166 CMU, TJC, 1º ofício, auto 2757, f. 103;113.

167 CMU, TJC, 1º ofício, auto 2757, f. 52v.

ou mesmo satisfação que a morte de Antônio José despertara em D. Maria Joaquina e seus filhos.

As ocupações exercidas pelos escravos da propriedade podem ser depreendidas tanto de seus depoimentos constantes do processo criminal, quanto de algumas informações do inventário. Assim, sabemos que todos os que testemunharam o crime trabalhavam numa plantação de chá, na qual também se ocupava o senhor. Ela não distava muito da casa; segundo Jacinto, apesar de estar "a metade de meio quarto de légua",[168] não era possível ver dali a casa por ser a visão obstruída por um mandiocal. O inventário indica a existência não só de um moinho, mas também de uma fábrica de ralar mandioca. Talvez daí proviesse a farinha que causara a discussão na manhã do crime.

Dois escravos são descritos nos inventários como qualificados: Theodoro, pedreiro, e Sebastião, sapateiro.[169] Pelo processo criminal sabe--se que Francisca era cozinheira e o mesmo Theodoro se empregava também no serviço de carrear e feitorizar seus companheiros, pelo que era tido por Antônio como capanga do senhor. Venâncio não trabalhava na ocasião do crime na roça porque estava em casa torrando chá, mas também se ocupava em lavrar madeira. Os trabalhos qualificados de pedreiro, sapateiro e carpinteiro não eram necessariamente desenvolvidos naquela fazenda; é bastante possível que, devido a essas habilidades, eles fossem alugados rotineiramente a outros senhores, além de empregá-las em proveito próprio, quando desfrutavam de algum tempo para si mesmos. A diversidade de ocupações existentes na propriedade talvez significasse reais oportunidades de mobilidade ocupacional entre os escravos da família, já que pelo menos quatro entre os doze cativos adultos tinham alguma qualificação.[170] Pode ser ainda que a mobilidade ocupacional não fizesse parte da política de domínio senhorial de Pinto da Silva, mas sim do primeiro marido de D. Maria Joaquina, já que diversos escravos pertenceram a esse primeiro casal.

É bastante possível que os escravos que haviam pertencido ao primeiro marido de D. Joaquina tivessem então ocupações um tanto diferentes

---

168 Considerando uma légua equivalente a 6600m, a distância referida seria de 412,5m. AESP, ACI, 13.02.041, *doc. 10*, Interrogatório ao preto Jacinto, f. 11.

169 Ver Tabela 5.

170 Sobre a mobilidade ocupacional, inclusive como forma de disciplinar a escravaria, ver SLENES, *The demography and economics of Brazilian slavery, 1850-1888*. Stanford University, PhD, 1976, especialmente o cap. X.

das desempenhadas à época do crime. No inventário, ao se descreverem bens que existiram então, além de outro sítio vendido por 2:000$000 e uma morada, por 800$000, havia ainda quarenta e oito bestas de carga arreadas, oito cavalos de casteio, trinta cabeças de gado e cem de porcos.[171] Principalmente as bestas indicam a probabilidade de haver então serviço de tropa; já o grande número de porcos certamente se destinava à comercialização dos mesmos em mercados de abastecimento ou à produção de toucinho e banha. A própria ausência das duas maiores produções de exportação do período, açúcar e café, sugere que aquela propriedade se dedicava mais a um comércio de menor monta, sendo o cultivo do chá e de gêneros de subsistência suas principais atividades.

Para finalizar, os bens deixados por D. Maria Joaquina, avaliados em 1855, além das ferramentas de trabalho e objetos do cotidiano, incluíam quinze alqueires de feijão e cem de milho, estando os últimos localizados na freguesia de Águas Claras.[172] A inexistência de bens de raiz relacionados indica que estes víveres haviam sido comprados para a manutenção dos escravos e poucos animais de propriedade da senhora, pois mesmo que fossem produzidos em terras arrendadas, não há indícios de escravos dedicados ao seu cultivo. Em outras disputas entre seus dois herdeiros ficara registrado que o Inventariante, o mesmo José Rodrigues, usufruíra do trabalho de 14 escravos em seus cafezais, não disponibilizando nenhum para trabalhar com seu irmão, menos bem sucedido.[173] Estas informações dão a entender que talvez D. Maria Joaquina – e consequentemente seus cativos – vivessem com o filho José, o qual por sua vez já se inseria no cultivo do café, que cresceria nas décadas seguintes sustentado pelo trabalho de escravos como os aqui observados.

---

171 Cada uma avaliada em 40$000, totalizando 1:920$000, CMU, TJC, 1º ofício, auto 2757, f. 51v;

172 CMU, TJC. 3º ofício, auto 6849, f. 20;27. Martins debate a produção de gêneros alimentícios em Campinas na primeira metade do século XIX, a qual se concentrava no milho, feijão e arroz, além da criação de porcos. MARTINS, *Nem senhores... op. cit.*, p. 124-136. O autor cita ainda um senhor que, em 1824, "colheu 100 alqueires de milho e 12 de feijão e vendeu 30 alqueires de farinha a $480 o alqueire" (p. 125). Tratava-se de um pequeno proprietário, que vivia com sua mulher, 2 filhas e uma escrava. Provavelmente, pela quantidade de escravos existente no fogo de Pinto da Silva, a produção de milho e feijão se destinasse ao próprio consumo. Apesar disso, o exemplo é interessante para perceber que pequenas quantidades de mantimentos já poderiam significar uma participação na comercialização de alimentos.

173 CMU, TJC. 3º ofício, auto 6849, ff. 33-34v.

Quando falha o controle III

A morte de Pinto da Silva, como afirmado de início, foi envolta em circunstâncias deveras intrigantes. Estas particularidades, entretanto, são reveladoras de uma série de aspectos das vidas dos envolvidos que talvez de outro modo não pudessem ser alcançadas. Mesmo se tratando de um médio proprietário, as atitudes do senhor demonstram a precariedade de seu controle dos escravos. No dia mesmo de sua morte, ele reconheceu que precisava de ajuda para manter seus cativos disciplinados. As ações de Antônio mostram as consequências desta precariedade, que atingia diretamente os cativos que ali viviam. A autoridade senhorial não era, afinal, suficiente para garantir a segurança dos proprietários.

Diferente dos outros dois casos analisados anteriormente, neste o réu não tinha laços familiares na propriedade, não desempenhava trabalho qualificado nem se identificava com seus companheiros de senzala. Estão ausentes os incentivos positivos que ajudariam a manter a disciplina dos escravos, os quais, se não puderam garantir a integridade física de Antônio de Oliveira e Lopes de Camargo, poderiam pesar contra a decisão de seus escravos de cometerem os crimes. Apesar disso, observa-se novamente a questão dos direitos costumeiros dos cativos e a reação violenta que poderia advir, quando eram negados.

Vimos nesse capítulo escravos africanos que contestaram a escravidão principalmente no concernente à justiça dos castigos e tratamento que recebiam de seus senhores. Os discursos que apresentavam sobre seus direitos apresentam significativas diferenças daqueles estudados adiante, relativos à década de 1870. Ainda assim, transparecem as concepções dos réus da existência de padrões adequados no trato dos escravos. Lembro aqui a discussão apresentada anteriormente por Emília Viotti da Costa sobre transcritos públicos e ocultos. A autora aponta que os últimos poderiam ser claramente revelados conforme as circunstâncias, segundo as expectativas de serem aceitos pela sociedade escravista. Nesse sentido, uma interpretação possível da diferença das colocações dos cativos aqui observados sobre seus direitos nos anos 1840 e 1870 é de que, no período posterior, a audiência para tais concepções seria mais receptiva. O não cumprimento dessas expectativas resultava em violência tanto para os cativos – que eram abusivamente castigados ou tinham suas pequenas autonomias cotidianas negadas – quanto para os senhores que se viam em posição de ter de enfrentar a furiosa revolta de seus subordinados.

CAPÍTULO 3

Escravos enraizados reivindicam seus direitos:
as relações escravistas na década de 1870

Os trinta anos decorridos entre o primeiro e o segundo blocos de documentos analisados nesta pesquisa transformaram significativamente os cenários em que os crimes tiveram lugar.

Primeiramente, o cultivo do café cresceu vertiginosamente neste período, em detrimento do açúcar. Como já foi apontado anteriormente e veremos adiante, persistia a prática de combinar estas plantações com outras de subsistência, necessárias para sustentar a crescente população do município. Era ainda possível que alguns proprietários aproveitassem momentos vantajosos para se dedicar a outras culturas, como a de algodão. Na década de 1840, os crimes contra senhores selecionados para fazerem parte deste ensaio aconteceram em roças de café, açúcar e chá, numa demonstração da variedade de vocações econômicas então imperantes. Nos anos 1870, embora os palcos principais dos homicídios fossem também variados – plantações de café, feijão e algodão – percebe-se a força da cafeicultura na região pela análise dos inventários *post-mortem*: apenas em um caso este produto não era cultivado na propriedade em que aconteceu o crime.

Nas palavras de Robert Slenes,

> a matrícula [de escravos de 1872] retratou uma sociedade de *plantation* "madura", mas que ainda não estava à beira do declínio; a economia cafeeira e escravista do município continuou a crescer até o inicio da década de 1880, quando mudanças políticas, tornando palpável a ameaça da abolição, finalmente dissuadiram os senhores de escravos a comprar mais trabalhadores.[1]

---

1 SLENES, Robert W. *Na senzala, uma flor: esperanças e recordações na formação da família escrava, Brasil, Sudeste, século XIX.* Rio de Janeiro: Nova Fronteira, 1999, p. 71.

116   Maíra Chinelatto Alves

Em segundo lugar, com os avanços da cafeicultura e da escravidão na região, o perfil da população sofreu importantes alterações. O crescimento da economia exportadora de café levou a uma imensa concentração de escravos no município, cuja população cativa tornou-se a maior da província. Eles eram em número de 14000 em 1875. A população livre também crescia acentuadamente e passou de 8000 em 1854 para 17000, em 1875. É importante notar que este crescimento aconteceu mesmo depois do fechamento do tráfico atlântico de escravos que impediu a entrada de novos africanos no Brasil depois de 1850. Portanto, além do crescimento numérico a escravaria se transformou porque passou a ser formada principalmente por nascidos no Brasil, embora não necessariamente na região de Campinas.[2] Robert Slenes chama a atenção, contudo, para a necessidade de se ter em mente que mesmo com a diminuição da proporção de africanos entre os escravos da região os crioulos da segunda metade do século estavam culturalmente bastante próximos de seus ancestrais africanos.[3]

O Recôncavo Baiano, por exemplo, área de grande produção açucareira desde o período colonial, viu sua produção diminuir durante a segunda metade do século XIX, seguindo uma "dramática e duradoura queda nas exportações de açúcar".[4] A população escrava também diminuiu neste período, em consequência tanto de fatores locais como epidemias, quanto da venda de escravos para os plantadores de café do Sudeste: de cerca de 170.000 escravos existentes em 1872, sobraram 75.000 em 1886.[5] Um dos destinos dos escravos dessa e de outras regiões do Nordeste eram as fazendas de café campineiras.

Este quadro demonstra uma tendência existente em todo o país de concentrar a propriedade escrava em áreas de maior produção agrícola exportadora. No entanto, as províncias de São Paulo e Rio de Janeiro, com suas crescentes plantações de café, eram mais capazes de atrair a população escrava

---

2   MACHADO, Maria Helena P. T. *Crime e escravidão. Lavradores pobres na crise do trabalho escravo. 1830-1888.* São Paulo: Brasiliense, 1987, p. 34. SLENES, *Na senzala... op. cit.,* p. 80; 265, tabela A-3 calculou em 14.028 o número de escravos em 1872. MARTINS, *Nem senhores... op. cit.,* p. 32.

3   SLENES, *Na senzala... op. cit.,* p. 72.

4   BARICKMAN, J. B. "Até a véspera: o trabalho escravo e a produção de açúcar nos engenhos do Recôncavo Baiano (1840-1881)". In: *Afro-Ásia,* 21-22, 1998-1999.

5   Assim, o trabalho escravo persistiu na produção açucareira da Bahia por todo o período entre 1850 e 1888. BARICKMAN, "Até a véspera..." *op. cit.,* p. 201.

de áreas menos produtivas economicamente.[6] Esta propensão é claramente observada nos processos criminais relativos a essa época, cujos réus não eram mais naturais da África, mas do Ceará, Pernambuco, Rio Grande do Sul, Minas Gerais, além de cidades da Província de São Paulo, como Santos e Campinas.[7]

Os dados concernentes à variação de preços médios dos escravos ao longo do Império que Ricardo Salles apresenta para a região de Vassouras revelam seu robusto crescimento. Através do estudo de inventários *post-mortem*, ele percebeu que os valores cresceram continuamente até 1856, quando ultrapassaram a cifra de 1:000$000 e se estabilizaram até 1862. Daí até 1867, quando a proporção de adultos (mais valorizados) foi reduzida, os preços retrocederam ligeiramente, mas voltaram a crescer alcançando em 1874 a média de 927$073. Entre 1874 e 1880, este valor se manteve perto de 914$560. Na segunda metade da década de 1840, em Vassouras, eles variavam entre 400 e 600$000.[8]

Considerando as diferenças entre ambas as regiões e a pequenez da amostra analisada neste trabalho, o resultado do cálculo das médias dos preços dos escravos que foram avaliados nos inventários de senhores assassinados apresenta variações semelhantes às encontradas por Salles. Na segunda metade da década de 1840, a média de preços entre os três inventários analisados era de 409$963. Um inventário de 1855 já indica aumento expressivo, com média de 955$556. Entre 1871 e 1876, os quatro inventários analisados adiante apresentam um valor médio entre os cativos de 1:216$694. Com os altos preços que escravos jovens do sexo masculino atingiam nestes mercados, eles se tornaram altamente concentrados no Sudeste brasileiro enquanto sua manutenção inspirava maiores cuidados em seus investidores.

---

6   Marquese e Tomich notam a ligação direta entre o crescimento das plantações de café e o número de escravos adquiridos no tráfico atlântico, na década de 1840. Os distritos cafeicultores do Rio de Janeiro, segundo eles, se abasteceram de escravos antes de 1850 e, depois disso, a substituição da força de trabalho seria possível com o tráfico interno de escravos das províncias nordestinas, de outras proprietários menores não integrados ao sistema de plantation, e das cidades. MARQUESE, Rafael; TOMICH, Dale. "O Vale do Paraíba escravista e a formação do mercado mundial do café no século XIX". In: GRINBERG, Keila; SALLES, Ricardo. *O Brasil Império (1808-1889)*. Rio de Janeiro: Civilização Brasileira, 2008.

7   CONRAD, Robert. *Os últimos anos da escravatura no Brasil. 1850-1888*. Rio de Janeiro: Civilização Brasileira, 1978, p. 63-87.

8   SALLES, Ricardo. *E o Vale era o escravo. Vassouras, século XIX. Senhores e escravos no coração do Império*. Rio de Janeiro: Civilização Brasileira, 2008, p. 164, gráfico 6.

Uma consequência do grande afluxo de escravos para Campinas foi a elevada razão de masculinidade entre as escravarias que se manteve ao longo de todo o século. Em 1872, a desproporção entre os gêneros já não era tão alta, principalmente nas propriedades pequenas (de 1 a 9 cativos), em que havia 94 escravos homens maiores de 15 anos, para cada 100 mulheres. Nas propriedades médias e grandes, porém, a situação era bem diferente: a razão de masculinidade era de 194. Segundo Robert Slenes, que coligiu estes dados, "as mulheres escravas normalmente não teriam utilizado seu maior poder de barganha *vis-à-vis* os homens para abraçar a poliandria ou embarcar de preferência em relações passageiras, sejam múltiplas ou seriais... Ao invés disso, teriam lutado para formar uniões mais a seu agrado".[9] É importante ter isso em mente quando se discute não apenas a formação de famílias nos cativeiros, mas o peso que o crime – e uma eventual condenação à pena capital ou galés perpétuas – talvez adquirisse para os réus. Poderia significar a perda dessas valiosas ligações, mas por outro lado defender parentes contra senhores considerados demasiadamente exigentes ou cruéis.

Outra percepção que se deve considerar e que abrange os dois períodos analisados é a de que não eram apenas os escravos recém-chegados, nascidos em outras regiões, desenraizados e pouco adaptados às propriedades em que viviam que se voltavam contra seus proprietários. Na verdade, muitos dos réus tinham nascido na região de Campinas ou para aí se mudado havia muitos anos; muitos pertenciam à mesma família há mais de uma geração, sendo passados de pais para filhos, como já foi apontado nos depoimentos de Matheus, acusado de matar seu senhor, João Lopes de Camargo em 1847. Em 1876, seria a vez de Benedito dizer que fora criado com seu senhor Francisco de Salles e, apesar de ter inicialmente participado dos planos de assassiná-lo, teria mudado de ideia no momento da execução do projeto. Essa informação é importante para entender os diferentes tipos de relacionamento existentes entre senhores e escravos e as estratégias utilizadas pelos primeiros para manter sob controle seus subordinados, que serão analisados a seguir.

Um terceiro ponto importante concernente a este segundo período são as mudanças políticas, sociais e jurídicas por que passava a sociedade brasileira na segunda metade do século XIX. Duas leis aprovadas no início do período adiante abordado afetaram diretamente as relações entre senhores e escravos. Uma, de 1869, impedia a separação de casais escravos e de crianças menores de

---

9   SLENES, *Na senzala... op. cit.*, p. 73-4; tabela A-3, p. 265.

Quando falha o controle   119

12 anos de seus pais. Outra, de 1871, não só tornava livres as crianças que dali em diante nascessem como reconhecia o direito escravo de adquirir e manter pecúlio e, ainda mais ameaçador à autoridade senhorial, de utilizá-lo para a compra da própria liberdade, mesmo à revelia da vontade senhorial.[10]

A tentativa de regulamentação das relações tradicionalmente privadas entre senhores e escravos era, do ponto de vista senhorial, uma intromissão nas suas esferas particulares de poder. Em relação a décadas anteriores, cabe a discussão sobre a existência ou não de direitos escravos; se eles consistiam em direitos de fato ou eram apenas privilégios; ou ainda se concessões senhoriais eram interpretadas pelos cativos como direitos, quando na verdade não existia nada que obrigasse os proprietários a respeitá-las. Na década de 1870, a situação era radicalmente outra, já que a legislação reconhecia alguns direitos aos escravos, colocando em xeque políticas de domínio senhorial até então cruciais na manutenção da disciplina da escravaria. Essa maior ingerência do Estado nas relações privadas entre senhores e seus escravos acontecia porém de maneira ambígua e sempre sustentando interesses senhoriais. Ao mesmo tempo em que reconhecia legalmente algumas prerrogativas dos escravizados, interferindo naquelas relações, protegia-as não só através da garantia de continuidade da instituição, mas também através de políticas mais cotidianas, como a de não condenação de réus escravos à pena de morte – o prejuízo financeiro das execuções às famílias senhoriais neste ambiente de alta valorização do braço escravo seria imensamente maior do que em 1840.

A partir de meados dos anos 1850, a lei de 10 de junho de 1835 deixaria de ser usada em todo seu rigor e as penas máximas aplicadas a escravos pelo assassinato de seus senhores passaria a ser comutada em galés perpétuas. Tal mudança pode ser entendida como modo de preservar a existência do trabalho escravo num contexto de encarecimento após a proibição do tráfico atlântico; mas, em contrapartida, a atenuação da pena pode ter estimulado o crescimento no número deste tipo de crimes.[11]

---

10   A Lei está transcrita na íntegra em CONRAD, *Os últimos anos... op. cit.*, p. 366-369. O autor apresenta uma rica discussão da aprovação da Lei, enfatizando as diferentes posições assumidas pelas províncias do Norte e do Sul, cujos interesses se separavam pelo tráfico doméstico de escravos. Vale a ressalva, porém, que a lei de 1871 garantia ao senhor o usufruto do trabalho dos ingênuos até que eles atingissem a idade de 21 anos, o que demonstra o compromisso do governo com a manutenção de relações escravistas, que seriam, dessa maneira, estendidas por muitos anos.

11   AZEVEDO, Célia Marinho de. *Onda negra, medo branco. O negro no imaginário das elites – Século XIX*. Rio de Janeiro: Paz e Terra, 1987, p. 182-3.

Por um lado, a alta de preços tornava economicamente interessante que os senhores tratassem melhor sua valiosa propriedade. Por outro, esse melhor tratamento não resultou em estabilidade social ou maior acomodação para a população escrava tanto quanto se poderia esperar. Apesar dos melhoramentos das condições de vida das senzalas, pode-se observar o crescente número de crimes cometidos por escravos e revoltas a partir da década de 1860, atingindo o auge da década seguinte.[12]

A análise da tabela 2 revela o crescimento de crimes cometidos por escravos nesta década. Nos anos 1840, Maria Helena Machado encontrou 16 deles com réus escravos, sendo 4 enquadrados na lei de 1835. Já nos 1870, o total de crimes de escravos chegou a 48, dos quais 14 tiveram como vítimas senhores ou prepostos.[13]

Foi neste período do século que a criminalidade em Campinas atingiu seu auge, abarcando tanto réus escravos como livres. Três fatores foram anteriormente apontados para explicar o aumento. O poder público se imiscuía cada vez mais sobre relações privadas de poder, do que resultava maior registro dos delitos. Enquanto isso, a população de Campinas crescia, aumentando com ela o número de crimes. Os crimes de escravos, por sua vez, colocavam evidência um terceiro elemento: resultavam, em parte, da perda de legitimidade específica da escravidão. Perceptível em outros ambientes – como no legislativo, por exemplo – o processo de esgotamento político da instituição alcançava formas extremamente violentas através do crime limite.

Em termos econômicos, a tendência era parecida. Pedro de Mello analisou informações sobre o mercado de compra e de contratação de escravos entre 1871 e 1888. Concluiu que a erosão sofrida pela escravidão na sociedade brasileira não estava conectada à falta de lucros gerada pelo trabalho escravo. Muito pelo contrário, ela acontecia de maneira contrária aos interesses econômicos dos cafeicultores.[14] Como as taxas de contratação de cativos não diminuíram no período, isso significaria que o que estava sendo questionado não era a eficiência do trabalho escravo, mas sua viabilidade política. Através

---

12 MACHADO, *Crime e escravidão... op. cit.*, p. 29; 39.

13 MACHADO, *Crime e escravidão... op. cit.*, p. 39.

14 MELLO, Pedro C. de. "Expectation of abolition and sanguinity of coffee planters in Brazil, 1871-1881". In: FOGEL, Robert Willian; ENGERMAN, Stanley L. *Without consent or contract: the rise and fall of American slavery. Conditions of slave life and the transition to freedom: technical papers, Volume II.* Nova York/Londres: W. W. Norton & Company, 1992, p. 631.

Quando falha o controle 121

da análise do mercado de escravos, ele avalia a expectativa dos plantadores de café na década de 1880 sobre quanto tempo a escravidão ainda duraria. As informações mostram que, em 1881, a expectativa era de cerca de 29 anos, o que traria a instituição ao século XX. No entanto, nos dois anos seguintes a expectativa cairia para 13 e depois 6 anos, demonstrando a percepção de que a escravidão encarava uma morte política e não econômica.[15]

Célia Azevedo, de maneira mais próxima à abordagem desse estudo, também chamou a atenção para a especificidade dos anos 1870. Afirmou ser

> possível que as relações sempre conflituosas entre senhores e escravos estivessem agora a vivenciar um novo momento histórico, com o espaço da produção tornando-se palco privilegiado das revoltas individuais e coletivas dos negros escravizados. Isto quer dizer que a resistência escrava estaria se concretizando cada vez mais no próprio lugar de trabalho (no eito e no interior das moradias dos senhores) muito mais do que fora deles tal como nas tradicionais fugas e quilombos... em São Paulo, a partir da segunda metade do século XIX, as possibilidades de manter a disciplina e o controle sobre os escravos na grande produção agrícola tornavam-se cada vez mais difíceis. Isto devido à grande concentração de negros subitamente criada nestes anos, sobretudo no fim da década de 1860... Além disso, as dificuldades com a disciplina tinham muito a ver com o descrédito em que caía a escravidão e com as inevitáveis mudanças de atitudes psicossociais, tanto da parte de senhores como de escravos, bem como da população em geral.[16]

Foi nesse ambiente que aconteceram os homicídios de senhores em Campinas nos anos 1870. O primeiro dos casos analisados a seguir trata da morte de Joaquim Guedes de Godói, em 1871. Quatro réus foram indiciados no processo criminal, mas apenas dois foram condenados. Já de início é perceptível a mudança da interpretação da justiça sobre as ações dos indiciados. Em 1849 o réu Matheus foi condenado à morte sem confissão ou prova alguma de sua culpa, enquanto em 1871 o tribunal se encontrava mais propenso a absolver alguns indiciados e concentrar a condenação, mais leve, em outros. Provavelmente porque, como veremos, então os grupos de acusados seriam maiores, implicando sua condenação não apenas

---

15 MELLO, "Expectation of abolition..." *op. cit.*, p. 645.

16 AZEVEDO, Célia. *Onda negra... op. cit.*, p. 181.

em prejuízos mais significativos às heranças como também na exposição pública da generalização das contestações à instituição.

Guedes de Godói era um abastado lavrador cujas atividades centrais eram o cultivo de cana e café, mas em cujo sítio se produzia também outros gêneros. Apesar da vocação agrícola de suas atividades ele não foi morto na roça, mas ao fazer rondas noturnas pela propriedade. Seu assassinato envolveu diversos escravos, mesmo que poucos tenham sido indiciados e condenados e há evidências claras de combinações havidas entre os cativos antes do crime. O primeiro crime analisado da década de 1870 já patenteia algumas transformações ocorridas não apenas no decorrer dos processos criminais, mas nas atitudes e posicionamentos dos escravos.

João Ferreira da Silva, a segunda vítima, era filho de um grande proprietário de escravos de Campinas e é o único senhor-moço assassinado deste estudo. Era também administrador de uma das duas fazendas que seu pai, falecido pouco antes, deixara a seus herdeiros. A vítima e alguns escravos trabalhavam enfardando algodão quando Manoel mulato, depois de ser repreendido pelo senhor moço, matou-o a facadas. Esse escravo também não foi condenado à morte nem a galés, mas à dura pena de 700 açoites.

Finalmente, dois crimes parecidos aconteceram no começo de 1876. O primeiro ocorreu em fevereiro, na propriedade de Francisco de Salles – senhor jovem e altamente endividado. Foi o único que deixou para seus herdeiros um passivo maior do que o ativo. Grande parte de seus escravos tiveram algum envolvimento na morte ou foram acusados por companheiros de tê-lo. Entre os cinco réus, estavam uma mulher viúva, um escravo casado e um feitor que foi criado junto do senhor. O cenário do crime foi uma roça de feijão, numa segunda-feira depois de os escravos terem trabalhado todo o final de semana.

Manoel Inácio de Camargo foi morto em março do mesmo ano por quatro jovens escravos solteiros, todos advindos de províncias do Nordeste. Não obstante, os réus agiram em conjunto e de forma previamente combinada. Todos, à exceção de um, viviam havia mais de cinco anos na propriedade.

Tanto Salles como Camargo eram cafeicultores e outras similaridades partilhadas por eles serão discutidas mais à frente. De forma geral, os crimes da década de 1870 ocorreram em propriedades maiores, envolveram mais cativos, os quais se combinaram de antemão para cometer o crime, e revelam as transformações ocorridas naquela sociedade conforme o século XIX se aproximava de seu fim.

Camilo, Feliciano, Constantino, Gregório, Joaquim Guedes de Godói e José Francisco de Paula Guedes, 1871

Em 12 de março de 1871, diversos escravos da propriedade de Joaquim Guedes de Godói deram um susto em sua senhora: eles estavam levantados e foi necessário requisitar intervenção das autoridades policiais para restabelecer a ordem no sítio do Pombal.[17] Os dez cativos sublevados afirmavam ter tomado parte na morte de Joaquim Guedes, acontecida em 9 de março daquele ano, pela qual outros dois escravos já se encontravam presos.

Como esperado, houve diversas versões sobre o ocorrido. A justiça considerou que apenas Feliciano e Camilo tinham cometido a morte, mas, a se acreditar nos interrogatórios de diversos de seus parceiros, outros escravos tiveram alguma participação no crime.

Camilo, escravo casado de 29 anos, natural da cidade de Santos e trabalhador de roça, confessou o crime. Segundo ele, havia 15 ou 20 dias

> conversava-se no sítio em assassinar seu Senhor, para o que se pretendia aproveitar uma das revistas que ele de noite costumava fazer às senzalas, e aproveitar a recomendação que ele próprio fizera aos escravos de acabarem com quem quer que encontrassem fora das senzalas depois do toque de recolher. Que alguns escravos não quiseram aderir a esta combinação mas que nela entraram além dele respondente e Gregório, os escravos Constantino, José Criolo, Feliciano, Honorato, Jacinto e Leandro.[18]

Eram, portanto, oito os conspiradores.[19] A ocasião de concretizar o plano ainda não havia surgido na noite do dia 9 de março, quando a esposa de Camilo, Genoveva, lhe pedira para ir buscar água, porque não havia na senzala. Ao sair para atender ao pedido, Camilo deparou com seu senhor que o estava esperando com um cacete à porta.

Seguiu-se violento confronto entre os dois, durante o qual Camilo teria recebido apadrinhamento dos companheiros que tinham saído de suas

---

17 Arquivo do Estado de São Paulo (AESP), Autos Crimes do Interior (ACI), Microfilme 13.02.077. *Documento 1. Réu: Camilo, Feliciano, Constantino e Gregório, escravos de Joaquim Guedes de Godói, 1871.*

18 AESP, ACI, 13.02.077, *doc. 1*, "Auto de Perguntas ao indiciado Camilo", f. 20.

19 A existência de um plano para assassinar Guedes de Godói será discutida mais adiante.

senzalas para saber o que estava acontecendo. Com esta intervenção, Camilo abandonou a contenda e fugiu por entre seus parceiros, mas foi interceptado por Constantino, o qual dizia "que não fugisse deu-lhe uma enxada aconselhando-o a que desta se servisse caso seu senhor continuasse a não atender os padrinhos".[20]

O costume do apadrinhamento enquanto intervenção externa para resolução de conflitos já foi discutido anteriormente, mas vemos aqui outra situação em que ele não ocorria exclusivamente entre senhores como mediação das relações destes com seus cativos. Os depoimentos recolhidos nos processos criminais revelam que a prática acontecia em diversos sentidos inclusive, como coloca Camilo, entre cativos que buscavam negociar com seu proprietário a rendição de um parceiro. Esta atitude indica que os companheiros confiavam em seu próprio poder de barganha para com o senhor. Ao vê-lo castigando um escravo, sentiam-se aptos a intervir pelo parceiro, com o intuito de, pelo menos naquele momento, refrear a punição e provavelmente negociá-la. Guedes de Godói, porém, não entendia a situação da mesma maneira e se recusava a "atender os padrinhos". Mais uma vez, as concepções senhoriais e escravas entravam em confronto, mas neste momento, ao que parece, as últimas ocupavam espaços cada vez mais proeminentes e tornavam-se mais incisivas.

Acreditando ter o apoio dos outros escravos e machucado pelas bordoadas que recebera do senhor, Camilo aceitou a enxada e se dirigiu à sua senzala passando pelos companheiros, que não o interceptaram. Seu senhor o viu e deu ordens para que os outros o agarrassem, mas ele foi ignorado. Decidido a prendê-lo ele mesmo, Joaquim Guedes avançou contra Camilo e deu-lhe uma cacetada, antes que o escravo o derrubasse com a enxada. Outros parceiros então começaram a dar no senhor caído cacetadas, pauladas e pedradas, enquanto Camilo fugia com Gregório, Augusto, Feliciano e outros, sendo já perseguido pelo senhor moço de nome Antônio.

Como explicação para suas ações, Camilo dizia que seu senhor:

> era mau; que não lhes dava licença para criarem nem plantarem, que não lhes dava ceia, sendo que no almoço e jantar era pouca a comida; que só lhes dava por ano uma muda de roupa, e que aos Domingos agora não lhes permitia trabalhar para fora dando-lhes um minguado salário pelos seus serviços. Que algum tempo saiu ele respondente e três companheiros para apadrinhar-se com um

---

20   AESP, ACI, 13.02.077, *doc. 1*, "Auto de Perguntas ao indiciado Camilo", f. 22.

vizinho e que voltando foi cada um deles obrigado a pagar mil réis pela [falta] no serviço[21]

Guedes de Godói desrespeitava com essas atitudes não só as premissas de seus cativos como também o hábito corrente na época de se acatar o apadrinhamento a eles dado por um vizinho. Mesmo não castigando fisicamente os escravos reclamantes, impôs a eles um outro tipo de punição, a financeira, que não condizia com os costumes estabelecidos e que podia parecer aos cativos tão ou mais abusivo que as vergastadas, pois os privaria de parte do pecúlio que lhes era tão trabalhoso amealhar. Não obstante, a possibilidade de cobrar multas dos escravos significava que eles podiam pagá-las, portanto tinham reservas de dinheiro conhecidas pelo senhor e por ele respeitadas pelo menos enquanto eles não caíssem em seu desagrado.

Dizia ainda que o senhor era particularmente rigoroso com ele, "a quem odiava, chegando ao ponto de seus senhores moços estranharem que fosse castigado sempre ele, não obstante ter bom serviço, humilde e respeitador".[22] Poucos dias antes do delito,

> seu senhor deu-lhe às dez horas pouco mais ou menos, uma relhada apanhando-lhe a correia o olho esquerdo que ficou muito ofendido, e caindo-lhe o cabo sobre as costas. Que assim mesmo sem poder ver com esse olho trabalhou todo o dia e a noite depois da recolhida cair e dirigiu-se a policia, mas que sofrendo no caminho muito fortes dores de barriga // voltar. Que no dia seguinte, domingo, deu parte de doente por causa da mesma dor de barriga e foi // também curado do olho.[23]

Camilo desferiria com esta atitude mais um golpe contra a autoridade senhorial. Depois de ser castigado pelo senhor, achou que seria correto acionar o poder público para denunciá-lo. O escravo entendia que havia limites para a ação de seu senhor e que esses limites poderiam ser estabelecidos e reconhecidos pela polícia. Mesmo não chegando ao seu destino, sua intenção de para ali se dirigir é bastante significativa. Como também o é o fato de não ter chegado. Talvez as dores de barriga tenham sido

---

21 AESP, ACI, 13.02.077, *doc. 1*, "Auto de Perguntas ao indiciado Camilo", f. 19.
22 AESP, ACI, 13.02.077, *doc. 1*, "Auto de Perguntas ao indiciado Camilo", f. 20.
23 AESP, ACI, 13.02.077, *doc. 1*, "Auto de Perguntas ao indiciado Camilo", f. 25.

coincidência, mas talvez Camilo reconhecesse a delicadeza da situação em que se encontrava; por um lado acreditando em seus próprios direitos, por outro respeitando ainda de maneira veemente a autoridade de seu senhor – e talvez duvidando do apoio que conseguiria das autoridades públicas.

Logo em seguida, peritos procederam a exame de corpo de delito em Camilo com o fim de avaliar as feridas que ele dizia ter. Os examinadores confirmaram a existência de um ferimento próximo ao olho esquerdo do escravo, além de escoriações atribuídas às cordas com que o conduziram à cadeia, mas julgaram que se tratava de feridas de menor importância, que não resultariam em debilitação a longo prazo nem o inabilitariam para o serviço por mais de trinta dias. Afinal, respondendo a um quesito sobre o valor do dano causado, declararam que não havia dano.[24] As questões levantadas neste auto são as de praxe utilizadas neste tipo de exame, mas é interessante perceber as conclusões a que chegaram os peritos: os machucados de Camilo eram de menor importância – trata-se do único corpo de delito realizado num escravo encontrado nos processos criminais analisados neste estudo. Apesar de o exame concluir que as lesões de Camilo eram de pouca monta, é significativo o fato de as autoridades terem sido levadas a examiná-lo – outro sintoma das transformações que a sociedade brasileira então enfrentava.[25]

O contraponto desta discussão é o fato de as leis de melhoramento fornecerem subsídios para que os senhores mantivessem os eventuais egressos da escravidão sob sua esfera de poder.[26] A ambiguidade destas transformações pode ser observada neste pequeno ato cotidiano: apesar de realizarem o exame de corpo de delito em Camilo, os peritos acharam por bem não validar as queixas do escravo através do reconhecimento da seriedade de seus ferimentos. Vale apontar que o Código Criminal do Império, de 1830, determinava como pena

---

24 AESP, ACI, 13.02.077, *doc. 1*, "Auto de Corpo de Delito feito no indiciado Camilo", f. 30-32.

25 Pode-se dizer que as diversas leis emancipacionistas da segunda metade do século XIX foram parte dessas transformações. Vale lembrar que a lei que libertava os filhos de escravas seria aprovada alguns meses mais tarde, em setembro daquele mesmo ano de 1871. Robert Conrad apresentou uma rica discussão sobre a aprovação da lei, cujo texto está transcrito em CONRAD. *Os últimos anos... op. cit.*, p. 366-369.

26 MACHADO, Maria Helena P. T. "'Teremos grandes desastres, se não houver providências enérgicas e imediatas': a rebeldia dos escravos e a abolição da escravidão". In: SALES, Ricardo; GRIMBERG, Keila. *Brasil Império*. Rio de Janeiro: Civilização Brasileira, 2009, p. 367-400. Em relação à situação dos *africanos livres* criados pela lei de 1831, ver BERTIN, Enidelce. *Os meia-cara. Africanos livres em São Paulo no século XIX*. Salto: Schoba, 2013

para "[f]erir ou cortar qualquer parte do corpo humano" a prisão por período de um mês a um ano, mais multa correspondente à metade do tempo. Se o ferimento inabilitasse a vítima para o serviço, a punição cresceria para prisão com trabalho por um a oito anos, mais multa.[27] Embora o código não fosse voltado para a condenação de senhores por castigarem seus escravos, foi segundo seus preceitos que os peritos julgaram os ferimentos de Camilo.

As diferentes versões sobre o crime coincidiam quanto ao papel desempenhado por Camilo; várias pessoas, inclusive da família senhorial, presenciaram ou ouviram a briga entre senhor e escravo. A saída de cena de Camilo e sua volta com uma enxada também foram amplamente respaldadas por outros interrogados. As contradições diziam respeito principalmente à participação ou não de outros escravos no ataque a Joaquim Guedes.

Segundo Camilo, Constantino – pajem, também casado, de 20 anos e natural de Minas Gerais[28] – teve participação fundamental ao dar-lhe a enxada e aconselhar que voltasse e enfrentasse o senhor. Ele também afirmava ter visto o pajem tomar parte no esbordoamento que se seguiu à queda de Joaquim Guedes, acompanhado por José Crioulo e Augusto. Camilo acreditava que muitos outros também tivessem participado por ouvir diversas vozes o incentivando e pelo próprio fato de não ter sido impedido de voltar com a enxada.

Camilo foi preso quase imediatamente após o homicídio, pois sua fuga tinha como objetivo "dar parte à justiça". Na companhia de Gregório, solteiro de 18 anos, natural de Pernambuco e também trabalhador de roça, encontrou no caminho um Inspetor de Quarteirão que, ouvindo notícias sobre a morte de Joaquim Guedes, dirigia-se à fazenda para fazer as averiguações necessárias. Camilo então confessou o crime, entregando-se, mas Gregório afirmou que não participara do assassinato e sua "única culpa" era ter fugido junto com Camilo. Os dois foram presos.[29]

Em seu depoimento, Gregório ratificou que Constantino dera a enxada a Camilo e que diversos escravos observavam o primeiro conflito, sendo os mais próximos Feliciano, Augusto, Constantino, Honorato, José Crioulo e José Guedes.[30]

---

27 *Código Criminal do Império do Brasil, 1830.* Tit. II, Cap. I, Seção IV, art. 201 e 205.

28 AESP, ACI, 13.02.077, *doc. 1*, "Auto de Qualificação do réu Constantino", f. 110.

29 AESP, ACI, 13.02.077, *doc. 1*, f. 6.

30 AESP, ACI, 13.02.077, *doc. 1*, "Auto de Perguntas ao indiciado Gregório", f. 39-48.

Constantino, por sua vez, negava ter atacado o senhor, dizendo que pelo contrário era querido pela família senhorial, o que levaria os outros escravos a terem "birra" dele.[31] Já fizemos referencia à discussão levantada por Robert Slenes quanto à necessidade dos escravos que se encontravam em posição privilegiada de reger suas vidas a partir de uma política dupla. Por um lado, a proximidade com seus senhores talvez garantisse algumas prerrogativas que melhorariam seu cativeiro e poderiam levar inclusive à alforria. Porém, como este evento era um incerto investimento a longo prazo, era interessante também manter boas relações com seus companheiros.[32] Além de assegurar um bom convívio e afora os laços afetivos que daí surgiriam, esta atitude teria a vantagem de inibir a criação de inimizades como a relatada por Constantino.

O escravo poderia estar manipulando sua situação com o intuito de se livrar de uma acusação de homicídio, mas se estivesse falando a verdade revelava o preço pago por ele por sua opção de investir suas energias exclusivamente no estabelecimento de laços com seus senhores. O ressentimento causado em seus companheiros seria suficiente, segundo seu depoimento, para fazê-lo sofrer uma acusação de assassinato somente por "birra".

O quarto réu, Feliciano, foi preso num segundo momento, quando a polícia foi ao sítio do Pombal a pedido da senhora viúva, que afirmava estarem os escravos levantados dizendo ser cúmplices na morte de seu marido. Feliciano se declarava inocente, contava que o próprio Constantino lhe confirmara ter dado a enxada para que Camilo cometesse o crime e que tinha ouvido falar que Augusto fora quem dera pedradas no senhor já caído.[33]

Honorato, Leandro e Jacinto foram indiciados; Úrsula, José Crioulo, Justiniano, Felipe, José Congo, Sabino, José Mineiro, José Guedes, Augusto e Silvana foram presos e interrogados e Jesuína foi presa, mas seu interrogatório não consta do processo. Os depoimentos de todos eles são bastante parecidos; em geral, diziam que estavam dormindo quando o crime aconteceu, acordaram com o barulho ou chamados por outros companheiros e não presenciaram a cena, mas tinham ouvido contar que os responsáveis pela morte eram os escravos que seriam posteriormente julgados pelo crime.[34]

---

31 AESP, ACI, 13.02.077, *doc. 1*, "Auto de Perguntas ao indiciado Constantino", f. 64-66.

32 SLENES, *Na Senzala... op. cit.*, p. 114-15.

33 AESP, ACI, 13.02.077, *doc. 1*, "Auto de Perguntas ao escravo Feliciano", f. 76-78.

34 AESP, ACI, 13.02.077, *doc. 1*. "Respondeu que acordando-se na senzala com um barulho e voz de acuda, abriu a porta", "Auto de Perguntas ao indiciado Honorato", f.

Justiniano e Augusto, citados diversas vezes como cúmplices, foram inocentados já na fase inicial do processo. O único a confessar o crime foi Camilo, do que resultou sua condenação à pena de galés perpétuas. Perante o júri, o curador dos escravos solicitou que eles fossem julgados em dois blocos; o primeiro, condenado, era formado por Camilo e Feliciano. Esse último recebeu pena de sofrer cento e cinquenta açoites, depois do quê seria entregue a sua senhora, que se comprometeria a conservá-lo com ferros nos pés por dois meses. O segundo bloco, constituído por Gregório e Constantino, foi absolvido.[35]

De maneira resumida, estes foram os fatos e alegações que a justiça levou em consideração ao avaliar o caso. No entanto, muito mais transparece do processo criminal e dos interrogatórios dos diversos escravos que foram presos, mas estas informações foram ignoradas – pelo menos oficialmente

---

48-51; "Respondeu que estava em sua senzala dormindo, quando José Guedes acordando-se (sic), acordou-o também, e fazendo-lhe notar o barulho de fora, saíram ambos", "Auto de Perguntas feitas ao indiciado Leandro", f. 52-54; "Respondeu que estava em sua senzala dormindo, nessa noite, em companhia de João Grande, e que este ouvindo barulho fora o acordou, e que logo saíram ambos para fora", "Auto de Perguntas ao indiciado Jacinto", f. 58-61; "Respondeu que se achava dormindo na senzala, que não ouviu barulho algum, e que só saiu quando ouviu Felipe dizer [batendo] palavras 'Pombal está perdido' e que ela saindo já encontrou a seu senhor morto", "Auto de Perguntas á escrava Úrsula", f. 73-74; "Respondeu que achava-se na senzala dormindo, e que só acordou com o barulho que ouviu de um de seus companheiros de nome Felipe que gritava 'acode gente Camilo está matando senhor'", "Auto de Perguntas feitas a José Crioulo", f. 74-76; "Respondeu que se achava em casa de seu senhor quando ouviu um grande barulho, e logo depois chegou um dos filhos do finado chamado Vicente que disse que tinham matado a seu pai", "Auto de Perguntas feitas ao escravo Justiniano", f. 80-81; "Respondeu que se achava dormindo na senzala, e que acordou-se com o barulho que ouviu fora", "Auto de Perguntas ao escravo Felipe", f. 82-83; "Respondeu que achava-se dormindo na senzala, e que acordou-se ao chamado de sua mulher por Camilo, o que se fazia fora", "Auto de Perguntas ao escravo José Congo", f. 83-84; "Respondeu que se achava dormindo, na ocasião, e que quando saiu já o encontrou morto", "Auto de Perguntas feitas ao escravo Sabino", f. 85; "Respondeu que nada viu que se achava dormindo nessa ocasião", "Auto de Perguntas ao escravo José Mineiro", f. 85; "Respondeu que se achava dormindo na senzala, e acordou-se aos gritos de Gregório", "Auto de Perguntas feitas ao escravo João Guedes", f. 87-88; "Respondeu que se achava dormindo na senzala, e que acordou-se aos gritos de Gregório", "Auto de Perguntas ao escravo Augusto", f. 88-89; "Respondeu que se achava dormindo na cozinha, e que só foi acordada pelos gritos de uma negra de nome Romana que chamava por sua senhora", "Auto de Perguntas feitas à escrava Silvana", f. 90-91.

35 AESP, ACI, 13.02.077, *doc. 1*, f. 205; 228-229; 234-5; 255.

– e as punições se concentraram nos dois escravos condenados em vez de abranger os dezesseis que foram em algum momento presos.

O indiciamento de apenas quatro dos suspeitos iniciais, sendo que dois deles foram inocentados, demonstra traços de harmonia entre os poderes público e privado, que optaram por restringir a culpabilidade a alguns dos possíveis envolvidos. A motivação desta atitude não é explicitada no processo, mas parece claro que, pesados prós e contras de condenar grande parte dos escravos da herança, as autoridades optaram por castigar pública e exemplarmente alguns deles, enquanto outros poderiam ser disciplinados privadamente.

Guedes de Godói deixou como herança a sua família um total de 36 escravos, dos quais sete eram crianças e, dos restantes, 15 poderiam estar envolvidos em sua morte.[36] O inventário traz as avaliações de seus escravos anotadas de maneira bastante interessante: eles foram avaliados em núcleos familiares, marido, esposa e criança pequena conjuntamente, enquanto filhos mais velhos aparecem individualmente no final da lista.[37] O processo criminal já indica a grande quantidade de escravos casados na propriedade, informação essa confirmada no inventário: eram nove os núcleos familiares existentes no sítio do Pombal envolvendo vinte e duas pessoas, além de outras três crianças de 7 e 8 anos, cujos pais não foram identificados mas podem ter sido alguns dos casais listados.[38]

Uma desvantagem deste tipo de anotação é a impossibilidade de se saber com certeza o valor individual dos componentes da família. Esta informação é importante, pois permite situar a posição de cada um dos escravos na propriedade, supondo que os de maior valor tinham melhores condições físicas, habilidades diferenciadas ou, fazendo parte da propriedade há

---

36 Centro de Memória da Unicamp (CMU), Tribunal de Justiça de Campinas (TJC), 3º ofício, auto 7169. *Inventário de Joaquim Guedes de Godói, 1871.* Foram 16 os escravos em algum momento presos. Justiniano, cuja proeminência no caso será discutida adiante, pertencera a Joaquim Guedes de Godói, mas em 1871 já havia sido doado a seu filho, José Francisco de Paula Guedes.

37 A lista dos escravos deixados em herança por Guedes de Godói encontra-se às ffs. 17v-19 do documento. CMU, TJC, 3º ofício, auto 7169.

38 Ver tabelas 6 e 7. Vale notar que todas as mulheres adultas eram casadas, corroborando a interpretação de Slenes sobre a tendência de elas buscarem o parceiro que lhes parecia mais conveniente e estabelecerem com eles relações estáveis e duradouras. Provavelmente, este comportamento era incentivado pelo senhor, que aumentava, com seus filhos, seu patrimônio.

mais tempo, eram mais valorizados por seus proprietários. Por outro lado, este prejuízo é vastamente compensado pela observação dos laços afetivos e sociais estabelecidos pelos cativos na forma de famílias.

Percebe-se que havia apenas três escravos africanos no sítio do Pombal, dois dos quais, Luzia e José Congo, eram casados entre si. Os outros casais eram todos formados por crioulos, sendo que muitos dos homens tiveram seu local de origem informado, mas algumas mulheres, não.

O inventário também nem sempre descreve as ocupações dos escravos; para muitos deles esta informação não aparece. Em todos os casos em que se revelou a ocupação do cativo, esta era o trabalho na roça, à exceção de Constantino, que era pajem do senhor. Ao contrário do esperado, no entanto, esta qualificação não garantiu maior avaliação ao casal Constantino e Maria, que alcançou 3:200$000. Com este mesmo valor, havia Úrsula e José Crioulo, ambos trabalhadores de roça. Os escravos mais caros, porém, eram Honorato e Eva, sendo o homem trabalhador de roça e o casal avaliado em 3:300$000. Note-se que muitos destes escravos foram citados no processo criminal, mas não levados a júri.*

Os solteiros de maior valor eram Feliciano e Thomas, crioulos de 28 e 17 anos, respectivamente, que alcançaram 1:800$000. Não havia mulheres solteiras na propriedade, mas entre os escravos que haviam sido doados por Guedes de Godói ainda em vida estavam Delfina e Benedita, de 25 e 14 anos que valeriam 1:200$000 e 1:400$000, respectivamente. Ora, analisando os valores dos casais mais caros e supondo que as mulheres valessem o mesmo que Benedita, os esposos alcançariam 1:800$000 – mesmo preço dos solteiros mais caros – e 1:900$000. Assim, o escravo de maior valor seria Honorato, de 23 anos, natural de Campinas. É possível, porém que suas esposas valessem um pouco menos e, se o parâmetro for Delfina, os homens chegariam aos 2:000$000 e 2:100$000. É muito verossímil que estes cálculos fossem feitos pelas autoridades designadas para apurar a morte de Guedes de Godói. O prejuízo para a herança, em caso de condenação máxima dos indiciados, somaria bem mais de 6:700$000, valor referente apenas aos escravos solteiros – já que os valores individuais dos casados é desconhecido, por estarem vinculados ao restante de suas famílias. Esses dados informam sobre as condições de vida daqueles escravos, ficando claro que muitos dos supostamente envolvidos em conspirações contra o senhor pertenciam a núcleos familiares e eram de maneira geral bem posicionados na propriedade.

Tabela 6 – Escravos de Joaquim Guedes Godói

Nome	Idade (anos)	Cor e/ou naturalidade	Cônjuges	Filiação/Filhos	Observações	Preço de avaliação
João Grande	45		Romana	Filha: Joanna		
Romana	35		João Grande	Filhos: Joanna, Vicente, Fidélis, João		2:600$000
Joanna	1	Crioula		Filha de Romana e João Grande		
José Congo	40	De nação	Luzia			3:000$000
Luzia	30		José Congo			
Joãozinho	33	Crioulo	Francisca			2:600$000
Francisca		Crioula	Joãozinho			
*Honorato**	34	Crioulo	Eva			3:300$000
Eva	28	Crioula	Honorato			
José Crioulo	28	Crioulo	Úrsula			3:200$000
Úrsula	26	Crioula	José Crioulo			
Sabino	36	Crioulo	Celibania			2:500$000
Celibania	30	Crioula	Sabino			
*Jacinto**	30	Crioulo	Sabina			3:000$000
Sabina	27	Crioula	Jacinto			
*Constantino**	28	Crioulo	Maria			3:200$000
Maria	24	Crioula	Constantino			
Genoveva	–	Crioula	Camilo			
*Camilo**	30	Santos/ Crioulo	Genoveva			1:400$000
*Feliciano**	28	Crioulo				1:800$000
*Gregório**	25	Crioulo			Seu valor foi partilhado entre os herdeiros	1:700$000
Faustino	18	Crioulo				1:600$000
Augusto	17	Crioulo				1:700$000
Thomas	17	Crioulo				1:800$000
Pedro fujão	20	Crioulo				1:200$000
Estevão	25	Crioulo			Doentio	800$000
Felipe	35	Crioulo				1:300$000
José Mineiro					Gravemente doentio/sem valor	–
Francisco	8	Crioulo				1:000$000
José (João?) Guedes	25	Crioulo				1:800$000
Leopoldino	7	Crioulo				1:000$000
Domingos	7	Crioulo				1:000$000
João	4	Crioulo		Filho de Romana		500$000
Vicente	7	Crioulo		Filho de Romana		500$000
Fidélis	8	Crioulo		Filho de Romana		800$000
*Leandro**	25	Crioulo				1:800$000

Fontes CMU – TJC – 3º ofício, auto 7169/AESP, ACI, Microfilme 13.02.077. Doc. 1.

* – indiciados no processo crime. *Itálico* – segundo Camilo, participaram da conspiração. Sublinhado – mandados prender e interrogados, mas não indiciados.

Quando falha o controle 133

TABELA 7 – Escravos de Joaquim Guedes de Godói. Doações que não fizeram parte do auto de partilha.

Nome	Idade (anos)	Cor e/ou naturalidade	Cônjuge	Observações	Preço de avaliação
Justiniano	28	Crioulo			1:600$000
Maria					–
Izaias	20				800$000
Delfina	25	Crioula			1:200$000
Bitaldo	25	Crioulo	Joaquina		
Joaquina	23	Crioula	Bitaldo		2:500$000
Benedita	14				1:400$000
Silvana				Citada no processo criminal, mas não no inventário	

Fontes: CMU – TJC – 3º ofício, auto 7169 / AESP, ACI, 13.02.077, *doc. 1.*
Sublinhado – mandados prender e interrogados, mas não indiciados.

Mesmo tendo tantos escravos, Guedes de Godói se colocara em posição de ser atacado ao optar por lidar com eles diretamente, sem intervenção de intermediários. A associação deste comportamento às declarações de maldade e tratamento inadequado feitas pelos cativos talvez dê margem a se acreditar que ele buscava outros meios de se relacionar com sua escravaria para além das tradicionais medidas paternalistas de concessão de favores e preservação da figura do senhor. A reação, por parte dos escravos, à negação do que consideravam seus direitos fica patente através da leitura dos autos criminais.

As lacunas em relação às ocupações desenvolvidas pelos cativos podem ser parcialmente preenchidas por informações constantes no processo criminal. Através dele, sabemos que no dia em que surgira um plano para matar o senhor, Gregório "andava carreando" e Honorato, "estava tirando lenha".[39] A mulher de Jacinto, Sabina, trabalhava na casa do senhor. Romana, esposa de João Grande, era mãe das quatro crianças de pais conhecidos que apareciam no inventário. O casal e uma filha de um ano, de nome Joana, iniciavam a lista de avaliação dos escravos do inventário. Ela relatou em juízo as combinações que levaram ao crime não como interro-

---

39 AESP, ACI, 13.02.077, *doc. 1,* "Auto de Perguntas ao indiciado Gregório", f. 44; "Auto de Perguntas ao indiciado Honorato", f. 50.

134   Maíra Chinelatto Alves

gada ou indiciada, mas como testemunha-informante indicada pela viúva, que era a autora do processo.[40] A escrava afirmava morar em casa próxima à de seu senhor. Talvez essa combinação de dados indique que ela também ocupava uma posição diferenciada na propriedade. De maneira similar, Jacinto disse não ter visto nada por estar junto de João Grande, sua senhora e alguns senhores moços no terreiro, outro sinal de uma maior distância entre escravos mais próximos da casa grande e os outros.

Romana ainda fornece outra informação relevante: em determinado momento do processo, as autoridades passaram a interrogar os indiciados e testemunhas a respeito da enxada utilizada por Camilo para bater em Joaquim Guedes. A dúvida era se a arma do crime pertencia à propriedade e como Camilo tivera acesso a ela durante a noite. Perguntavam, portanto, se a vítima era cautelosa em guardar as ferramentas de trabalho, a que responderam todos que sim. Apesar disso, segundo a escrava, "os escravos que compravam com seu dinheiro podiam guardar as suas nas senzalas".[41] Fica esclarecido, assim, o acesso de Camilo à enxada, mas mais do que isso: a possibilidade de autonomia dos cativos que, com ferramentas próprias, provavelmente se dedicavam a outras atividades além do trabalho na roça do senhor.[42]

Na verdade, em seu primeiro depoimento, Gregório afirmou que na noite do crime ele estava amolando uma enxada em sua senzala, quando ouviu o barulho da briga entre Guedes de Godói e Camilo, que o fez sair junto de Felipe.[43] Este último, segundo diversos dos interrogados, foi responsável por dar alarme do conflito.

Aliás, o processo criminal também revela condições de habitação dos escravos. Camilo e sua mulher partilhavam uma senzala – apesar de ser impossível saber que tipo de construção era, se um cubículo num barracão ou uma cabana isolada. Gregório e Felipe dormiam no mesmo aposento. Honorato afirmou em seu depoimento que ele e Constantino moravam na

---

40   AESP, ACI, 13.02.077, *doc. 1*, "Testemunha 1ª (informante) Romana", f. 116-118.

41   AESP, ACI, 13.02.077, *doc. 1*, "Testemunha 1ª (informante) Romana", f. 118.

42   Um dos senhores-moços que depôs no processo, Bernardo Guedes de Campos, confirmou a prática: "Perguntado se ele sabe se algum dos réus presentes tem enxadas próprias em suas senzalas? Respondeu que sabe que os pretos todos da Fazenda costumam a ter enxadas que compram com seu dinheiro, mas que ignora se os réus presentes tem ou não". AESP, ACI, Microfilme 13.02.077, *doc. 1*, "Testemunha 3ª (informante) – Bernardo Guedes de Campos", f. 121.

43   AESP, ACI, 13.02.077, *doc. 1*, "Auto de Perguntas ao indiciado Gregório", f. 39.

mesma senzala, apesar de constar tanto do processo quanto do inventário que ambos eram casados.[44] Silvana, escrava que depôs no processo, mas não consta do inventário, dizia estar dormindo na cozinha, quando foi acordada pelos gritos de Romana que chamava a senhora.

Diferentes possibilidades de moradia transparecem destas informações: aparentemente, Camilo e Genoveva tinham uma senzala própria ou seus companheiros de quarto não tiveram participação alguma nos eventos daquela noite. Outros casais como Honorato e Eva e Constantino e Maria, ao invés de terem suas próprias senzalas, dividiam-nas com outros escravos. Dois escravos solteiros viveriam num terceiro tipo de senzala. Ainda uma quarta opção é demonstrada por Silvana, que não vivia junto dos outros cativos, mas dormia na cozinha da casa grande afastada dos outros. É bastante possível que estas diferenciações nos modos práticos de vida dos escravos simbolizassem diferentes posições por eles ocupados e tratamentos recebidos dos senhores. O fato de Silvana dormir na casa sugere ser ela uma escrava doméstica. Como esperado, casados e solteiros viveriam em habitações separadas e talvez seja a isto que Honorato se referia. Talvez sua família e a de Constantino vivessem na mesma senzala--barracão, mas cada uma em um cubículo.

Estas considerações ajudam a compreender o que estava em jogo quando os escravos optavam por se rebelar contra seus senhores. No caso de Camilo, especificamente, o preço a ser pago pela morte de Guedes de Godói foi a separação da família que ele tinha constituído na propriedade, a qual desfrutava de certas vantagens como a moradia em separado. Aparentemente, no entanto, estes benefícios não eram suficientes para forçá-lo a aceitar violação das obrigações senhoriais perpetrada por Joaquim Guedes.[45]

Alguns dos aspectos mais interessantes dos relatos dos escravos foram deixados de lado pelas autoridades oficiais, ficando de fora do tribunal do júri. As informações consideradas relevantes pelo poder público, das quais resultou o indiciamento dos quatro réus, foram discutidas acima. Tratemos, agora, do que foi desconsiderado no julgamento, mas que aparece registrado no processo criminal e no inventário.

---

44 AESP, ACI, 13.02.077, *doc. 1*, "Auto de Perguntas ao indiciado Honorato", f. 49.

45 MACHADO, *Crime e escravidão... op. cit.*, p. 121-23. A autora ressalta a contravenção cometida por Guedes de Godói ao falhar em cumprir suas obrigações senhoriais, reconhecidas pelo direito costumeiro.

Joaquim Guedes de Godói era um senhor bastante próspero. Deixou para seus herdeiros um montante líquido de 83:754$001, fortuna essa a ser dividida entre sua mulher e dez filhos. Os 36 escravos juntos perfaziam mais da metade deste total, 45:100$000, enquanto os bens de raiz e benfeitorias formavam a segunda maior parcela da herança, de 23:920$000.[46]

Faziam parte de seu patrimônio, além de diversos móveis de sala, uma espingarda, provavelmente usada para manter a segurança da propriedade contra ameaças externas ou internas.[47] Como indicadores de atividades paralelas, encontravam-se 7 milheiros de telhas, valendo 280$000 e 30 tábuas de cedro de 12 palmos por 30$000 talvez utilizadas em serviços de carpinteiro. Evidenciando os serviços de transporte, provavelmente internos, vemos dois carros usados e furados, um novo em melhor estado, um carretão velho e suas cangas de coice. Seis gruas poderiam auxiliar os carregamentos de cargas. Os arreios de quatro bestas do engenho indicam que era através delas que ele se movia. Os semoventes eram compostos de nove juntas de bois, um touro e oito ou nove vacas. Cavalo só havia um, mouro velho; burros e mulas eram em número de dezenove.

Na fazenda do Pombal, as principais atividades pareciam ser a produção de açúcar e café: 400 arrobas de açúcar branco, a 6$000 cada, e 40 cargueiros de aguardente, a 25$000, somavam 3:400$000. Para esta produção, contava-se ainda com um "aventilador" (sic) e três caldeiras de cerca de três arrobas cada, além de um alambique velho com arroba e meia. Somava a parafernália 304$360. O engenho de moer cana, com seus pertences, exceto o cobre, era avaliado em 1:000$000. Havia ainda as plantações: dez quartéis de cana caiana a 120$000 o quartel, 10 ditos de caninha, a 80$000 e 14 de cana plantada de novo a 30$000. Somavam assim 2:420$000.

O café ocupava também posição de destaque: 600 alqueires do produto colhido e seco valiam 1:200$000. Plantados, havia 300 pés de café velhos estragados a $300, enquanto outros 300, mais novos, valiam $500, somando 2:400$000. Em termos de valor das plantações, o café ficava bem pouco atrás da cana, apesar de as qualificações dos pés mais antigos indicarem que,

---

46   CMU, TJC, 3º ofício, auto 7169, f. 38-38v.

47   Os parágrafos a seguir baseiam-se nos autos de avaliação, em CMU, TJC, 3º ofício, auto 7169, f. 13-17.

alguns anos antes, ele a superava.[48] Também é preciso ter em mente que não há indícios de gastos com o beneficiamento deste último produto, enquanto o inventário revela os custos necessários à implementação de um engenho de cana – com seus apetrechos e os animais necessários a seu funcionamento.

Mas a produção do sítio não parava por aí. Disponíveis para ser avaliados, estavam 100 carros de milho, a 19$000 cada, alcançando o significativo valor de 1:200$000 – mesma quantia amealhada pelo café colhido e seco. De feijão, havia 80 alqueires e de arroz, 180; os dois somados perfaziam 296$000. Ainda se tratando de subsistência, havia um total de 68 porcos, entre capados mais gordos, outros menores, outros ainda soltos, grandes e pequenos. Todos juntos valiam 374$000. Parte desses animais talvez se destinasse à venda, mas considerando o tamanho da propriedade de Godói, com seus muitos escravos e familiares, torna-se verossímil crer que eles servissem primeiramente ao sustento dos moradores do sítio do Pombal.

Os duzentos alqueires de terra em que se produzia tudo isso eram avaliados em 12:000$000. As senzalas onde os escravos moravam foram avaliadas em conjunto com a "casa de morada assobradada e envidraçada de sete janelas" para a qual estavam de frente; juntas valeriam 3:000$000. Esta construção era relativamente recente, pois havia também, por 300$000, uma "casa antiga de morada defronte ao engenho com dois lanços anexos a ela". Complementavam os bens de Godói uma casa em Campinas, sita à Rua do Imperador, que foi avaliada por 2:000$000 e outra em Santa Bárbara, por 800$000.

A estabilidade de sua propriedade é atestada pela ausência de dívidas, o que não o impedia de ser um homem bastante rigoroso, não só para com seus escravos, mas também com todos seus subordinados. Na noite do crime, seu filho mais velho, José Francisco de Paula Guedes, ouvindo de sua casa os gritos e pedidos de ajuda, acreditou que tratava-se de seu irmão, Vicente, "que sofrendo castigos por alguma extravagância pedia padrinho ordenou a seu escravo Justiniano que fosse depressa a casa de seu pai e apadrinhasse seu dito irmão se estivesse o mesmo sofrendo castigos".[49] Ainda outra forma de apadrinhamento é revelada por essa informação: um escravo que, em nome de seu senhor, podia proteger outro membro da família senhorial da violência paterna.

---

48 Ainda aí não se tratava de grande propriedade cafeicultora; a proporção de pés de café por cativo era de apenas 14,6.

49 AESP, ACI, 13.02.077, *doc. 1*, "Auto de Informações tomadas a José Francisco de Paula Guedes", f. 13.

Muitos cativos afirmavam com todas as letras que seu senhor era mau, não os provia com comida e vestuário suficientes. O fato porém de que "aos domingos *agora* não lhes permitia trabalhar para fora dando-lhes um minguado salário" sugeria que antes a prática era ao menos tolerada.[50] É possível que a mudança nas atitudes do senhor fosse crucial no despertar do ressentimento dos escravos. Complementando o quadro de um senhor em transição está o fato de ele romper com o costume de aceitar o apadrinhamento de seus escravos por vizinhos, livrando-os do castigo. Ou melhor, ele de fato não castigou fisicamente Camilo e seus três companheiros quando eles fugiram para pedir proteção a outro senhor, mas quando eles voltaram aplicou-lhes uma multa por terem faltado ao serviço. A mentalidade modernizadora de Guedes de Godói fazia com que ele buscasse outros meios além da violência física para controlar o comportamento de seus escravos, restringindo-lhes a autonomia e cerceando sua frágil economia.[51]

O controle de Joaquim Guedes sobre a vida de seus cativos é mostrado pelo toque de recolher existente na propriedade e pelas rondas que fazia de noite. Ele dera recomendação aos escravos "de acabarem com quem quer que encontrassem fora das senzalas depois do toque de recolher".[52] Deduz-se daí que o senhor tinha conhecimento de pessoas rondando a propriedade à noite e é possível que os intrusos indesejados fossem seus próprios escravos, apesar de ser estranho que ele ordenasse que se acabassem com eles. No libelo crime acusatório, a viúva afirmou que:

> receando que seus escravos ou alguns deles tivessem saído de suas senzalas para fazerem furtos como constava a ele finado, levantou-se de sua cama e se dirigiu para o terreiro afim de verificar a

---

50 AESP, ACI, 13.02.077, *doc. 1*, "Auto de Perguntas ao indiciado Camilo", f. 19. Grifo meu.

51 Sobre este caso, Machado analisa: "Estratégia de incentivo econômico negativo, o senhor procurava com este mecanismo, ao que parece, forjar, em seus escravos, um senso profissional. No entanto, entendida a remuneração monetária como uma gratificação embutida no sistema disciplinar das fazendas, voltada à compensação do trabalho realizado a mais e nos dias considerados tradicionalmente livres aos escravos, o comportamento desse senhor escapava à lógica escravista (...) Utilizando-se de mecanismos provenientes de sistemas disciplinares distintos, o senhor apresentava, a seus cativos, um raciocínio enviesado. Conscientes de que as atividades produtivas executadas nos dias normais concretizavam-se sob um sistema de trabalho compulsório, o plantel desmistificava a lógica do senhor, reafirmando-se enquanto escravo". MACHADO, *Crime e escravidão... op. cit.*, p. 122-23.

52 AESP, ACI, 13.02.077, *doc. 1*, "Auto de Perguntas ao indiciado Camilo", f. 20.

verdade do que então suspeitava, foi então que encontrando-se com o Réu preso Camilo...[53]

Em nenhum outro momento há referências a furtos cometidos por cativos. Talvez o uso desse argumento somente no momento de formação de culpa dos réus fosse puramente retórico ou talvez revele mais das condições de vida no sítio do Pombal. A favor da última hipótese está o fato de Joaquim Guedes guardar muito bem as ferramentas utilizadas por seus cativos na roça, mas permitir que eles conservassem aquelas que compravam com seu dinheiro nas próprias senzalas. Esta atitude indica que o senhor receava que elas fossem roubadas, mais do que utilizadas como arma em eventuais ataques à sua pessoa.

Ora, a se acreditar nos diversos testemunhos que relataram a existência de planos de matá-lo, Joaquim Guedes teria razão em temer um ataque. É possível vislumbrar duas ou três possibilidades para essas conspirações. O primeiro a relatar um plano para matar o senhor foi Camilo, que disse que ele datava de quinze ou vinte dias e envolvia ele próprio, Gregório, Constantino, José Crioulo, Feliciano, Honorato, Jacinto e Leandro. Eles ainda não tinham concretizado o plano por faltar ocasião para fazê-lo. Uma segunda possibilidade é de que se tratasse da mesma combinação a que se Gregório se referiu: ele dizia desconhecer o acordo citado por Camilo, mas que poucos dias antes do crime, Justiniano – escravo que fora doado por Guedes de Godói a seu filho José Francisco – fizera uma proposta a seus companheiros:

> Que tendo Justiniano... perdido uma faca, ao ir trocar fubá, passou um domingo a procurá-la e seu senhor (o finado) desconfiado que esse era um protesto prometeu castigá-lo. Que na segunda-feira na roça Justiniano falando nisso convidou-os a darem com as enxadas em seu referido senhor se ele porventura pretendesse cumprir a promessa, e todos os escravos aderiram a esta combinação a exceção dos africanos os quais trabalhavam em uma [ponta] do eito. Que o feitor estava a alguma distância quando isso se combinou mas que depois que este chegou ao eito Justiniano começou a gritar "limpa olho" em relação as enxadas e o eito inteiro respondia pelas mesmas palavras, não entendendo o feitor o que isso queria dizer. Que seu senhor aparecendo na roça chamou a Justiniano, e este chegou-se com a enxada mas não deu o golpe

---

53 AESP, ACI, 13.02.077, *doc. 1*, "Libelo Crime Acusatório", f. 180.

> porque o mesmo seu senhor disse-lhe apenas que ele havia de pagar. Que assim não sabe da conspiração de que falou Camilo, mesmo porque então andava carreando; que sabe apenas dessa capitaneada por Justiniano na qual como disse todos a exceção dos africanos tomaram parte sendo que também não tomou parte Sabina mulher de Jacinto por estar em casa doente. Disse mais que além da escrava... apontada ninguém mais estava doente, ou ocupado em outro serviço; que estavam na roça todos os escravos inclusive Constantino e as escravas Eva, Genoveva, Silvana, Úrsula, e Romana, que Justiniano deu o plano aos que estavam na sua roda e estes foram-no comunicando aos vizinhos por todo o eito.[54]

Corriam, então, segundo Gregório, duas conspirações diferentes e simultâneas. Pode ser que o escravo dissesse isso para salientar que não fizera parte de nenhuma, mas vale ressaltar que Justiniano, pivô do segundo plano, não foi citado por Camilo como participante do primeiro. Gregório revela também a rígida disciplina em que Guedes de Godói mantinha sua escravaria, já que atribuía o suposto descuido de Justiniano ao perder uma faca a uma ameaça de protesto – que deveria ser imediatamente controlada através da promessa de castigo. A reação do senhor sugere fortemente que em outros momentos aconteceram "protestos" semelhantes por parte do escravo. Tanto a perda de um instrumento de trabalho quanto o tempo empregado em procurá-lo poderiam ser formas passivas de resistência ao acelerado ritmo de trabalho imposto pelo senhor.

Honorato também diferenciou os dois projetos ao dizer ignorar o primeiro, mas que ouvira falar do segundo, o qual lhe foi relatado por Gregório por ele se achar ausente no dia em que aconteceu. O grito de "limpa olho" significava "que era quando seu senhor chegasse".[55] José Crioulo também afirmava ignorar qualquer plano, mas que "ouvia sempre na roça eles cantarem versos [com] referência" ao senhor.[56] Justiniano, por sua vez, disse ser "verdade ter ele cantado porém que com isto queria dizer que o Feitor ainda novo, e que tinha vindo substituir a outro devia ter olho vivo, para não deixar os negros vadiarem visto que seu senhor já havia dito que quem feitoriza não dorme", mas negava conhecer ou participar de conspirações contra Joaquim Guedes.[57]

---

54 AESP, ACI, 13.02.077, *doc. 1*, "Auto de Perguntas ao indiciado Gregório", f. 43-44; 45.

55 AESP, ACI, 13.02.077, *doc. 1*, "Auto de Perguntas ao indiciado Honorato", f. 51.

56 AESP, ACI, 13.02.077, *doc. 1*, "Auto de Perguntas a José Crioulo", f. 75.

57 AESP, ACI, 13.02.077, *doc. 1*, "Auto de Perguntas a Justiniano", f. 81.

Stanley Stein coletou alguns versos cantados por escravos nas roças do Vale do Paraíba, entre eles o aviso do "sol vermelho de tão quente" que avisava os parceiros da chegada do senhor, do que resultava uma intensificação do ritmo de trabalho com o intuito de evitar retaliações.[58] Como aqui, os símbolos usados pelos escravos para se comunicarem através de códigos eram bastante corriqueiros. Robert Slenes baseando-se nestas memórias, discutiu o uso de jongos entre escravos na região. Muitas vezes, os escravos se utilizavam de palavras e expressões ou mesmo metáforas africanas para codificar as informações trocadas, mas mesmo quando os versos eram em português, seu sentido poderia ser ocultado dos senhores.[59]

No presente caso, a tentativa de dissimular o aviso da chegada do senhor ou feitor foi explicitada por Gregório, quando este explicou que o olho a ser limpo era o da enxada. De qualquer modo, a expressão parecia cifrada o suficiente para este escravo deduzir que o feitor não os entendia e para tornar necessário a Honorato perguntar a um companheiro o que significava. Justiniano foi ainda mais sutil ao esclarecer sua versão sobre o assunto: tratava-se de referência ao feitor, mas não com o intuito de alertar os parceiros para acelerarem o trabalho, mas chamando a atenção do novo feitor para não deixar os escravos "vadiarem".[60] Esta explicação subverte o sentido do aviso, pois aproxima Justiniano do mundo senhorial, afastando-o de seus companheiros. Provavelmente, o escravo manipulava estes códigos na tentativa de se posicionar no correr do processo criminal de maneira mais vantajosa.

Todas estas versões sobre a existência de uma ou mais conspirações escravas levam a crer num significativo senso de solidariedade existente entre eles, corroborado pelo fato de as conversas sobre o assunto não terem sido delatadas. Muitos depoimentos se referem a elas, o que poderia significar ou que eles conversaram entre si e combinaram de apresentar versões similares para o ocorrido ou que eles diziam a verdade. Em qualquer dos casos transparece algum tipo de harmonia ou igualdade de propósitos entre os escravos do sítio do Pombal. Gregório afirmou que todos os cativos tomaram parte na trama menos os africanos e afirmou-o não uma, mas

---

58 STEIN, Stanley. *Grandeza e decadência do café no Vale do Paraíba com referência especial ao município de Vassouras.* São Paulo: Brasiliense, 1960.

59 SLENES, Robert W. "'Malungo, Ngoma vem!': África coberta e descoberta no Brasil". *Revista USP*, 12, 1991/92.

60 AESP, ACI, 13.02.077, *doc. 1*, Auto de Perguntas a Justiniano, f. 81.

142   Maíra Chinelatto Alves

duas vezes, como para enfatizar. Isto poderia significar uma separação entre estes e os escravos nascidos no Brasil, divisão essa revelada pelo próprio ajuntamento dos três africanos num mesmo grupo separado do restante. Os nomes dos dois homens não aparecem em nenhumas das listagens de escravos conspiradores ou agressores, mas ambos faziam parte do grupo preso a pedido da senhora poucos dias depois do crime.

Parte também de Gregório um dos aspectos mais intrigantes da morte de Guedes de Godói: o escravo teria impedido a família do senhor de se dirigir ao local do crime, enquanto dizia abertamente que "matei lobisomem não matei homem"[61] e "assim como matara um lobisomem podia matar outro".[62] Honorato, Leandro, João Guedes, Augusto, Romana, Bernardo Guedes de Campos e Feliciano repetiram quase as mesmas palavras as quais, afinal, Gregório admitiu ter dito.

Num primeiro plano, ele desumanizava a figura de Guedes de Godói, visto comumente como mau senhor. Os significados mais profundos das palavras de Gregório não puderam ainda ser desvendados nesta pesquisa, mas associavam ao senhor uma imagem de imensa agressividade, animalesca e gratuita. Talvez, como o "limpa-olho", remetesse a códigos internos com que a escravaria se referia aos senhores e fosse tão estranho e indecifrável aos proprietários coevos como o é para o pesquisador contemporâneo.

A complexidade da situação aumenta ao se considerar que tanto o réu como a testemunha Romana se referiram a um diálogo ocorrido entre os dois, em que a mulher lhe perguntara por que ele havia agido daquela maneira sendo ele forro. Joaquim Guedes não deixou nenhum escravo liberto em testamento, nem seus herdeiros acharam por bem dar a alforria a ninguém. De fato, o único escravo da herança que foi vendido e teve seu valor partilhado entre os herdeiros foi o mesmo Gregório, o que significa ou que houve algum mal-entendido entre ele e Romana ou que sua participação na morte do senhor o distanciou da possibilidade de conseguir a manumissão e convenceu seus novos senhores, talvez com medo de que outro "lobisomem" fosse mesmo morto, de que seria mais prudente afastá-lo da família.

Ainda uma terceira hipótese, absolutamente descartada pelo poder público, versa sobre o envolvimento de um senhor moço no crime. Feliciano, um dos réus, declarou em seu interrogatório que

---

61   AESP, ACI, 13.02.077, *doc. 1*, "Auto de Perguntas ao indiciado Honorato", f. 50.

62   AESP, ACI, 13.02.077, *doc. 1*, "Auto de Perguntas ao indiciado Gregório", f. 47.

> Constantino lhe contara que ouviu seu senhor moço que feitorizava combinar com Camilo para matar seu senhor, e que queria ajustar oito pessoas para fazer um fogo no lugar por onde seu pai costumava passar, e que sabe mais que o mesmo seu senhor moço já entrou uma noite em uma [porteira] do terreiro armado com uma espingarda de emboscada à espera que passasse seu pai para matá-lo[63]

Em seu depoimento, Camilo citou o nome de exatamente oito escravos que teriam participado da combinação da morte do senhor. Além disso, uma das testemunhas ouvidas "disse que sabe por ouvir dizer ao negro que fez a sepultura para enterrar a Joaquim Guedes que a pessoa que fechasse as senzalas da fazenda deixou fora dois ou três escravos, cujos nomes ela depoente ignora".[64]

Como já foi apontado, Joaquim Guedes tinha dez filhos, três dos quais depuseram no processo, que ainda faz referência a outros dois. São respectivamente José Francisco de Paula Guedes, João Manoel Nepomuceno Guedes, de 14 anos, Bernardo Guedes de campos, de 22, Antônio e Vicente. João Manoel e Vicente são anotados no inventário como órfãos, o que significa que eram menores. Nenhum deles ficou registrado como feitor na propriedade do pai, mas era bastante possível que algum deles exercesse esta função. No entanto, a relação entre senhor-moço e escravos numa conspiração é menos observável do que a ligação entre os próprios escravos; talvez fosse fruto da imaginação de Feliciano ou estivesse melhor camuflada.

No mesmo depoimento, Feliciano confessou ter dado uma pedrada na cabeça de Joaquim Guedes, depois dele ter sido derrubado pela enxadada dada por Camilo. O escravo foi condenado a sofrer 150 açoites na cadeia, mas depois de cumprir a pena envolveu-se em outro crime, pelo qual foi condenado a galés perpétuas.

Um de seus senhores-moços, José Francisco de Paula Guedes, foi buscá-lo na cadeia para levá-lo de volta ao sítio, onde seria ainda mantido com ferros nos pés por dois meses. Na mesma noite, segundo depoimento do escravo, o rapaz lhe dissera que sabia ser ele o real assassino de seu pai. Sob ameaça de morrer de pancada ao alcançar seu destino, o escravo tentou matar o senhor-moço enquanto pernoitavam na cidade, esperando a chuva

---

63 AESP, ACI, 13.02.077, *doc. 1*, "Auto de Perguntas ao escravo Feliciano", f. 77.

64 AESP, ACI, 13.02.077, *doc. 1*, "Testemunha 3ª – Lourença Maria Ferraz", f. 130.

passar.[65] Num segundo julgamento, o réu foi afinal condenado a galés perpétuas pelo crime de agressão, conquanto não o fora pelo de assassinato.

A meu ver, este caso é extremamente sintomático e revelador do modo como os jogos de dominação entre senhores e escravos aconteciam e se transformavam constantemente. O desequilíbrio de poder ocorrido quando da morte de Joaquim Guedes se desfez rapidamente, de tal modo que seu filho se sentiu seguro o suficiente para dormir ao lado, no mesmo quarto, de um dos réus convictos pelo assassinato do pai, inclusive declarando abertamente sua intenção de castigá-lo veementemente pelo crime cometido, possibilitando assim novas rodadas de agressão e de desequilíbrio de forças.[66]

No entanto, combinando as informações dos dois processos, fica sugerida a questão de o ataque a José Francisco estar ligado às declarações de Feliciano no primeiro processo, em que acusava um senhor moço – seria José Francisco? – de estar envolvido na morte de Joaquim Guedes de Godói.

Manoel Mulato e João Ferreira da Silva, 1872

João Ferreira da Silva Gordo, grande proprietário de terras e escravos, faleceu em Campinas em 7 de abril de 1872.[67] Deixou como herança a sua mulher e onze filhos um total de 61 escravos, divididos em duas propriedades rurais. Os bens de raiz e benfeitorias elencados em seu inventário chegam à impressionante quantia de 108:479$000, os quais, somados aos 73:650$000 relativos aos valores dos escravos, formam a maior parte da riqueza a ser dividida entre os herdeiros e credores. Esta prosperidade ficava apenas levemente ofuscada pelos 37:273$452 comprometidos em dívidas.[68] Diferente de

---

65 AESP, ACI, 13.02.077, *Documento 3, Juízo de Direito de Campinas, Processo Crime, Réu: Feliciano, escravo de Joaquim Guedes de Godói, 1871.*

66 Ao me referir a este desequilíbrio de forças, não tenciono de modo algum sugerir que as relações de poder se equilibravam e escravo e senhor tornavam-se iguais, deixando de lado os diferentes papéis sociais que ocupavam. Entendo que o peso das relações escravistas se mostrava presente inescapavelmente, oprimindo o escravizado, sem que essa opressão, nesses momentos de desequilíbrio, fosse capaz de dominar suas ações o suficiente, de modo a mantê-lo sob a rígida disciplina exigida pelo sistema escravista. Ver HARTMAN, Saidyia V. "Seduction and the ruses of power". *Callalo*, vol. 19, n. 2, 1996.

67 CMU, TJC, 1º ofício, Auto 4302. Inventário de João Ferreira da Silva Gordo. Inventariante: Manoela Joaquina de Moraes, 1872.

68 CMU, TJC, 1º ofício, Auto 4302, f. 101.

outros casos analisados neste trabalho, o pagamento destas contas não era problemático perante o altíssimo valor dos bens deixados pelo inventariado.

Durante o procedimento de inventariação o quarto filho do casal, João Ferreira da Silva, solteiro de 20 anos, foi morto a facadas por Manoel mulato, um dos escravos da herança, enquanto ambos trabalhavam enfardando algodão.[69] O delito aconteceu em 5 de dezembro do mesmo ano de 1872 na fazenda do Funil, propriedade principal da família, localizada na fronteira entre os municípios de Campinas e Limeira. Ali, cultivava-se algodão e cana, cujas plantações foram avaliadas em 2:340$000, além de 1:600$000 referentes a 800 arrobas de algodão colhido.[70] Havia, também, 22 alqueires de pastos e três partes de terras com "plantações da fazenda".[71]

Segundo informações do promotor público, o assassinato acontecera como reação do escravo a uma relhada recebida do senhor moço, administrador da fazenda, "por causa do serviço malfeito".[72] Em seguida, Manoel fugiu e só seria preso em 5 de janeiro do ano seguinte, 1873, um mês após o crime.

Apesar de não se tratar da morte do senhor inventariado, o homicídio de João Ferreira da Silva se encaixa no tema aqui proposto pelo entrecruzamento de diversas situações: a vítima exercia a função de administrador da propriedade que estava sendo inventariada devido ao falecimento de seu pai. Constituía, portanto, forte figura de autoridade tanto pela função que desempenhava como pelo parentesco próximo com o inventariado. O rapaz morreu sem deixar testamento, nem foi encontrado inventário em seu nome, mas sua inserção na propriedade do pai, onde ainda morava, nos permite compreender o universo em que viviam e se relacionavam os envolvidos no crime.

Esta situação, contudo, inspira um cuidado maior ao analisar o conflito ocorrido. Em primeiro lugar, porque a natureza da relação entre vítima e réu não é tão claramente conhecida. Do processo criminal consta a informação de que Manoel pertencia a João Ferreira, segundo declaração feita pelo tio da vítima, Francisco Paulino de Moraes, que foi quem informou ao delegado de polícia o ocorrido.[73]

---

69 AESP, ACI, 13.02.08. *Documento 6. Processo Crime, Réu: Manoel, escravo de herança de João Ferreira da Silva Gordo, 1873.*

70 CMU, TJC, 1º ofício, Auto 4302, f. 16v-17.

71 CMU, TJC, 1º ofício, Auto 4302, f. 17v.

72 AESP, ACI, 13.02.081, *doc. 6*, f. 3.

73 AESP, ACI, 13.02.081, *doc. 6*, f. 8; 15.

Apesar disso, consta do inventário uma petição feita em nome da inventariante Manoela Joaquina de Moraes, mãe da vítima, para que o juiz de direito mandasse revisar os autos e dar por certidão que o "escravo Manoel mulato tocou em partilha ao credor Manoel Joaquim de Moraes".[74] Vale apontar que, mesmo sendo verdadeira a afirmação da viúva, Manoel mulato permaneceria ainda propriedade da família visto ser aquele credor, Manoel Joaquim de Moraes, pai da inventariante e avô da vítima, João Ferreira da Silva.

Em segundo lugar, é necessário atentar ao fato de que as propriedades listadas no inventário não pertenciam à vítima e, se uma relação de poder entre ela e o réu de fato existia, também é verdade que João Ferreira não era o único responsável pelo gerenciamento das relações entre senhor e escravos naquela propriedade, pelo menos não até recentemente. Até bem pouco tempo antes do crime, mesmo que o senhor-moço já exercesse a função de administrador da fazenda, a figura de seu pai certamente ocupava um papel naquele ambiente que não poderia ser ignorado. É bastante interessante notar que em outros momentos foi possível contrapor as funções de senhor e feitor/administrador funcionando os últimos como intermediários entre o proprietário e os escravos – e portanto vítima potencial de eventuais retaliações da escravaria, permitindo a preservação de uma imagem bondosa do senhor. Agora, porém, ambas as figuras pareciam fundidas na pessoa de João Ferreira da Silva. Enquanto administrador da propriedade, ele era responsável pelo trato direto com a escravaria, função esta que o impedia de exercer a função aparentemente piedosa que lhe caberia enquanto potencial proprietário dos mesmos escravos.

A partir da morte de seu pai, pelo menos por algum tempo, eliminava-se a possibilidade de os cativos recorrerem àquele poder superior que, também com o objetivo de mantê-los disciplinados, os protegeria no caso de sofrerem desmandos de um administrador possivelmente abusivo. Some-se a isso a tensão vivida nos momentos de partilha de heranças, em que os escravos sentiam de maneira dramática e iminente a possibilidade de serem vendidos para fora da família senhorial e, assim, separados de seus familiares ou companheiros, perdendo também eventuais posições vantajosas alcançadas ao longo talvez de muitos anos. Mesmo que nada disso acontecesse, tratava-se de uma situação de incerteza maior do que a comum para os escravos que faziam parte da herança.[75]

---

74 CMU, TJC, 1º ofício, Auto 4302, f. 133.

75 Cristiany Rocha faz uma discussão sobre o potencial desagregador da morte de senhores, apesar de nem sempre ela levar à separação de famílias escravas. ROCHA, Cristiany

É bastante provável que estes questionamentos e considerações fizessem parte da realidade vivida por aqueles escravos na ocasião do crime. A qualificação do réu, ocorrida quando de sua prisão em janeiro de 1873, indica a instabilidade por ele vivida naquele momento: afirmou então se chamar Manoel, filho de Luiza e pai incógnito, casado, de 35 a 36 anos, natural do Ceará, "sabe ofício de pedreiro mas era trabalhador de roça".[76] Apesar de ser qualificado como casado no processo crime, o inventário *post-mortem* cala sobre seu estado civil.[77] Isso pode indicar que sua esposa não fazia parte da propriedade ou mesmo que ele fora casado antes de ser vendido ao município de Campinas. De qualquer modo, a separação de sua esposa era uma realidade enfrentada por Manoel mulato, seja num passado algo distante (se eles tivessem sido separados por sua venda), no presente cotidiano (se morassem separados, sendo a mulher livre ou escrava de outro proprietário) ou num futuro próximo (ameaçados pela venda durante a partilha dos bens de Gordo). O fato de ser qualificado e mesmo assim exercer funções braçais junto a outros parceiros provavelmente era outro fator de tensão com que ele era obrigado a conviver.

Manoel mulato foi desde o início o único suspeito pelo crime, sem haver quaisquer indícios da participação de cúmplices. A existência ou não de testemunhas não ficou esclarecida no processo. Antônio Modesto Galvão, primeira testemunha a prestar esclarecimentos no inquérito policial, declarou que ouvira por Bento Ferreira, um irmão do ofendido, que "os negros tinham presenciado o fato do assassinato da janela da casa" e o molequinho Felipe afirmou que:

> vindo para aquele lugar o ofendido com o escravo Manoel aquele dera neste uma relhada e este dissera que segundasse, e sendo segundada a relhada, então Manoel cravara a faca no ofendido, que o mesmo molequinho declarava ter pedido a Manoel que não matasse seu senhor moço, e que tendo o dito senhor moço corrido ainda uns vinte passos mais ou menos, e caindo sobre um rego, que sela a [garrafa] do alambique, aí dissera que me acode, ao que Manoel respondeu, que ele acudia e cravou a faca ainda por diversas vezes no ofendido.[78]

Miranda. *Histórias de famílias escravas*. Campinas: Editora da Unicamp, 2004.

76 AESP, ACI, 13.02.081, *doc. 6*, "Auto de qualificação", f. 54.

77 Este inventário também trazia os escravos agrupados em núcleos familiares, começando pelos cativos casados de cada propriedade, seguidos dos homens solteiros e, afinal, mulheres solteiras.

78 AESP, ACI, 13.02.081, *doc. 6*, "Antônio Modesto Galvão", f. 18.

148   Maíra Chinelatto Alves

O processo revela a existência de duas atividades do sítio da herança: o crime acontecera durante o enfardamento de algodão, mas ao lado de um alambique. As plantações de algodão e cana foram avaliadas em conjunto, por 2:340$000. O algodão colhido valia 1:600$000, mas não há registro de cana colhida, açúcar nem aguardente. Mas Gordo fora senhor de "uma casa de Engenho contendo engenho e cilindro tocado por água, alambique, quatro tachos, estanque de aguardente, caixão de guardar açúcar e mais utensílios [avaliados em] 8:000$000".

Três partes de terra, com "plantações da fazenda" foram avaliadas em 1:500$000, enquanto um total de 22 alqueires de pasto valiam 960$000. O sítio do Funil, palco do crime, foi apreciado em 24:160$000, sem contar uma casa de sobrado (5:000$000), um paiol grande coberto de telha, uma casa de guardar arreios, três lanços de casa e um moinho. O "curro com senzalas para escravo", também analisado separadamente, valia 500$000.

A propriedade incluía seis troles e carros e um total de 16 juntas de bois, três touros e oito vacas e novilhos. Duas parelhas de cavalos provavelmente puxavam o trole e ali viviam mais 10 animais de sela e 4 parelhas de bestas, que deveriam auxiliar no transporte de carga da fazenda.[79]

O sítio do Morro Alto, de propriedade do mesmo senhor, apresentava um perfil bastante diferente. Havia ali 30 mil pés de café de nove anos, 60 mil, de ditos mais velhos e 7 mil de mais novos, que somavam 49:400$000.[80] As terras, em matas e capoeiras, foram bem menos apreciadas (2:160$000), mas também havia ali 12 alqueires de pastos (por 1:200$000). A casa de morada foi avaliada em 2:000$000 e onze lanços de senzalas, em 500$000.[81]

O moleque Felipe não prestou informações no processo instaurado, mas outros quatro escravos o fizeram. Eram eles: Joaquim, solteiro de 28 anos, natural da Bahia; Damásio, casado de 22 anos, natural do Rio de

---

79 As descrições deste parágrafo e dos anteriores baseia-se nos autos de avaliação, em CMU, TJC, 1º ofício, Auto 4302, f. 8-17v.

80 Um documento datado de março de 1873, referente ao uso da fazenda Morro Alto para pagamento de uma dívida, informa que os 90 mil pés de café ali existentes reduziram-se a 51 mil devido a geadas. No primeiro caso, a proporção de pés de café por cativo então era de 1590, considerando-se todos os cativos de Gordo, inclusive os que pertenciam ao Funil, o que significa uma subrepresentação. Se contarmos só os escravos do Morro Alto, a proporção sobe para a elevadíssima proporção de 4850 pés por cativo. Se o número de pés for reduzido para 51000, as médias caem para 836 e 2550.

81 CMU, TJC, 1º ofício, Auto 4302, f. 80-81.

Janeiro, trabalhador de roça; Euzébio, casado de 40 anos, natural daquele termo e, segundo o inventário, carpinteiro;[82] e José, casado de 23 anos, natural da Bahia.[83] Todos os quatro prestaram depoimentos praticamente idênticos. Segundo Euzébio, tendo ele e seus companheiros

> enfardado o primeiro fardo de algodão, deixaram na prensa seu senhor moço João Ferreira, e mais o escravo Manoel sozinho com aquele, e entraram para a casa de máquinas a encher os sacos para pesar; que com a bulha da água nada ouviram fora, que quando saíram já acharam seu dito senhor moço morto a facadas, atribuindo o fato, apesar de não o terem visto, ao escravo Manoel, pois era o único que ficara aí e que entretanto tinha desaparecido, sendo que se achava com uma faca grande.[84]

De acordo com Damásio, os molequinhos Romão e Felipe também haviam ficado no lugar em que ocorreria o crime.[85] Já José supunha que o crioulinho Felipe, "muito novo" tinha "comparecido ao lugar depois do delito".[86] De maneira geral, as explicações dadas por estes escravos parecem ter sido bem aceitas pelas autoridades policiais, já que não transparecem do processo cogitações de que eles tenham participado de qualquer forma no crime.

Mesmo assim, em seu depoimento enquanto testemunha, o mesmo Antônio Modesto Galvão que prestara esclarecimentos iniciais sobre o caso por ser amigo da família relatou certo estranhamento sentido por Bento Ferreira, irmão da vítima em relação ao comportamento destes cativos. Ao encontrar o cadáver do jovem "em vez de perseguirem o assassino o foram chamar em número de três, acrescentando que as escravas da janela tinham presenciado o fato, e que ele Bento Ferreira achava duas chorando ao pé do cadáver".[87] Talvez a fala descrita por Galvão apenas salientasse a falta de iniciativa dos escravos os quais, numa situação de emergência, ao invés de agirem de maneira independente perseguindo um provável assassino, voltavam-se para a autoridade senhorial esperando que ela tomasse as atitudes

---

82 CMU, TJC, 1º ofício, Auto 4302, f. 10-12v.

83 AESP, ACI, 13.02.081, *doc. 6*, f. 29-36.

84 AESP, ACI, 13.02.081, *doc. 6*, "Testemunha informante 3ª, Euzébio", f. 33.

85 AESP, ACI, 13.02.081, *doc. 6*, "Testemunha informante 2ª, Damásio", f. 31.

86 AESP, ACI, 13.02.081, *doc. 6*, "Testemunha informante 4ª, José", f. 35.

87 AESP, ACI, 13.02.081, *doc. 6*, "Testemunha 1ª, Antônio Modesto Galvão", f. 37.

150 Maíra Chinelatto Alves

convenientes ao caso. Também é possível que se comportando de maneira contrária à esperada por Bento Ferreira aqueles cativos demonstrassem, ainda que sutilmente, alguma espécie de conivência com as escolhas feitas por Manoel, permitindo-lhe, se nada mais, escapar. Mesmo sendo impossível ter certeza das intenções da testemunha ao fazer esta pequena observação, ela sugere a distância existente entre as perspectivas de senhores e escravos, distância que talvez fosse explorada pelos próprios cativos. Num contexto como o do presente caso, a inocência de um engano ou insegurança comum poderia encobrir ações plenas de significados e intenções.

Em nenhum momento as duas negras que tinham "presenciado o fato" da janela foram nomeadas, nem se lhes perguntou sobre o ocorrido.[88] Já os nomes dos meninos referidos foram apresentados, mas eles também não prestaram esclarecimentos perante as autoridades. Seriam filhos de casais pertencentes à herança de Silva Gordo, conforme se percebe da análise de seu inventário.

Este último documento seguiu um padrão de listar em primeiro lugar os núcleos familiares, iniciando com os escravos casados, mas avaliando individualmente homens, mulheres e crianças. Seguem os homens, sem indicação do estado civil e, finalmente, as poucas mulheres solteiras da herança.

O molequinho Felipe, mais recorrentemente citado, tinha 10 anos em 1872, era filho de Felicíssimo e Justina, de respectivamente 28 e 30 anos, ele de bom serviço e ela cozinheira. Este núcleo familiar é o primeiro da lista de avaliação e, junto do casal, vêm anotados seus sete filhos com idades variando entre 12 e 1,5 anos. Já Romão fazia parte de outra das três famílias com filhos da propriedade: tinha 7 anos, era filho de Francisco e Anacleta, de 28 e 26 anos, e tinha uma irmãzinha de 2 anos.[89]

Estes dados explicam o motivo de as pessoas citadas como únicas testemunhas presentes do assassinato não terem feito parte do processo, já que se tratava de crianças. Além disso, eles faziam parte de redes de proteção familiares existentes na propriedade, fato que talvez justifique também as contradições havidas sobre a presença ou não delas na cena do crime. A permissão e/ou incentivo na formação de famílias na propriedade relacionava-se mais diretamente ao pai da vítima do que a ela própria. O inventário revela a existência de núcleos familiares que, conforme discutido anteriormente, poderiam induzir

---

88 AESP, ACI, 13.02.081, *doc. 6*, f. 20; 37.

89 CMU, TJC, 1º ofício, Auto 4302, f. 10-12v. Os dados compilados sobre a escravaria da propriedade encontram-se nas tabelas 8 e 9, adiante.

Quando falha o controle 151

tanto à acomodação dos indivíduos a elas pertencentes, como um motivo adicional a impelir negociações mais ou menos violentas entre senhores e cativos.

Conforme análise dos autos de avaliação do inventário, na fazenda do Funil havia um total de 40 escravos. Eles se dividiam em 7 núcleos familiares, dos quais três envolviam crianças. Estas eram em número de 10. Portanto, 24 dos escravos de Silva Gordo naquela fazenda pertenciam a famílias identificáveis. A seguir, foram listados 15 homens solteiros, com idades variando entre 12 e 32 anos, seguidos por uma única mulher, Violante de Nação, viúva e "sem valor". Esta era a única mulher que não estava claramente inserida em alguma família na fazenda do Funil, mas como era viúva fizera em algum momento parte de um grupo familiar, cuja extensão é desconhecida. Esse quadro demonstra a situação privilegiada das mulheres no concernente à formação de famílias. O alto índice de masculinidade da propriedade restringia as possibilidades dos homens serem tão bem sucedidos na busca por parceiras quanto as mulheres. No entanto, escravos solteiros poderiam ter outros tipos de relacionamento afetivos com as famílias da senzala; ou ainda poderiam ter esposas ou companheiras em outras propriedades. Anthony Kaye, em seu estudo sobre as vizinhanças escravas no Mississipi, encontrou diversos casos de relacionamentos entre escravos de propriedades diferentes, embora vizinhas.[90]

É possível que o mais novo dos homens, Joaquim, crioulo avaliado em 1:600$000, também tivesse familiares na propriedade, mas ao atingir a idade de 12 anos passasse a ser listado em separado deles. No entanto, também existe a possibilidade de ele se encontrar ali sozinho, desenvolvendo seu "bom serviço" separado de sua família.

O primeiro da lista dos solteiros e mais velho entre eles era justamente Manoel mulato. Avaliado como tendo 32 anos, e não os 35 ou 36 que ele afirmara ter no auto de qualificação, tratava-se do escravo mais caro de toda a herança, sendo avaliado em 2:150$000. Não apenas era pedreiro, como tinha também a qualificação de ser "bom cozinheiro". Além de Euzébio carpinteiro e do feitor Roberto, de 25 anos, ambos avaliados em 2:000$000, o inventário não apontou nenhum outro homem que desenvolvesse qualquer tipo de trabalho especializado. Apenas duas mulheres em toda a herança foram indicadas como cozinheiras: Justina, de 30 anos, mulher de Felicíssimo e mãe do menino

---

90 ROCHA, *Histórias de famílias... op. cit.* KAYE, Anthony E. *Joining Places: Slave neighborhoods in the Old South.* Chapel Hill: The University of North Carolina Press, 2007

Felipe, citado no processo, avaliada em 1:200$000; e Vicência, de Nação, com 60 anos, avaliada em 200$000, mas que vivia na fazenda Morro Alto.

A escravaria desta segunda propriedade era composta por 20 indivíduos, sendo 3 casais com apenas uma criança; 11 homens solteiros e apenas 2 mulheres africanas, ambas idosas, a já citada Vicência e Helena de Nação, de 80 anos e avaliada em 100$000.

Se considerarmos que a ausência da esposa do réu Manoel mulato da propriedade significava que eles estavam definitivamente separados, possivelmente pelo tráfico interno, ele faria parte dos 25 homens solteiros de propriedade de João Ferreira da Silva Gordo. Também é possível que Manoel fosse casado com uma mulher livre ou liberta ou ainda que fosse escrava de outro senhor das redondezas, o que permitiria que se encontrassem com alguma constância.

TABELA 8 – Escravos de João Ferreira da Silva Gordo – Fazenda do Funil

Nome	Cor e/ou Naturalidade	Idade	Est. Civil	Filiação	Qualificação	Observações	Preço
Felicíssimo		28	Casado		Bom serviço		1:800$000
Justina		30	Mulher do mesmo		Cozinheira		1:200$000
Cândida		12		Filha desse casal			800$000
Clemência		11		Filha desse casal			500$000
Felipe		10		Filha desse casal			400$000
Josefa		8		Filha desse casal			300$000
Cipriano		6		Filha desse casal			300$000
Cassiano		5		Filha desse casal		Roto no umbigo	100$000
"filho de" [sem nome]		Ano e meio		Filha desse casal			50$000
José Pardo		25	Casado		Bom serviço		1:800$000
Rosa	Preta	15	Mulher de José		Serviço de roça		1:000$000
Damazo	Crioulo	25	Casado		Bom serviço		1:800$000
Benedita		24	Mulher de Damazo		Serviço de roça		1:200$000
Euzébio	Crioulo	45	Casado		Carpinteiro		2:000$000

Quando falha o controle   153

TABELA 8 – Escravos de João Ferreira da Silva Gordo – Fazenda do Funil (cont.)

Nome	Cor e/ou Naturalidade	Idade	Est. Civil	Filiação	Qualificação	Observações	Preço
Romana		28	Mulher deste (Euzébio)			Prestimosa	1:200$000
Bertolino	de Nação	45	Casado		Bom serviço		1:000$000
Damazia	Crioula	25	Mulher de Bertolino		Serviço de roça		1:000$000
Xisto		10		Filho destes			500$000
Hilário	Crioulo	30	Casado		Bom serviço		1:800$000
Cristina	Crioula	30	Mulher de Hilário				1:000$000
Francisco	Crioulo	28	Casado		Bom serviço		2:000$000
Anacleta	Mulata	26	Casada com Fco.				1:200$000
Romão		7		Filho destes			300$000
Floriana		2		Filho destes			100$000
Manoel	Mulato	32			Bom cozinheiro e pedreiro		2:150$000
Marçal	Crioulo do Norte	25			Bom serviço		1:800$000
Manoel	Crioulo	30			Bom serviço		1:800$000
Manoel (lerdo)		25			Bom serviço		2:000$000
Francisco (Preguiça)		22			Bom serviço		1:900$000
Roberto		25			Feitor		2:000$000
Saviano	Crioulo	24			Bom serviço		1:800$000
Jesuino	Crioulo	25			Bom serviço		1:800$000
Cláudio	Crioulo	24			Bom serviço		1:800$000
Brás	Crioulo	20			Bom serviço		1:700$000
Paulo	Crioulo	18			Bom serviço		1:800$000
Vicente	Crioulo	22			Bom serviço		1:800$000
Joaquim	Crioulo	12			Bom serviço		1:600$000
Januário		24			Bom serviço		1:800$000
João	Crioulo	22			Bom serviço		1:700$000
Violante	De Nação		Viúva				Sem valor

Fonte: CMU, 1º ofício, auto 4302. *Inventário de João Ferreira da Silva Gordo, Inventariante: Manoela Joaquina de Moraes, 1872*. f. 10-12v.

154   Maíra Chinelatto Alves

TABELA 9 – Escravos de João Ferreira da Silva Gordo – Fazenda Morro Alto

Nome	Cor e/ou Naturalidade	Idade	Est. Civil	Filiação	Qualificação	Observações	Preço
Salvador	Crioulo	28	Casado		Bom serviço		1:400$000
Rita		25	Mulher de Salvador			Com ferida no pé	150$000
Leandro	Crioulo	25	Casado		Bom serviço		1:800$000
Miguelina			Mulher de Leandro				1:200$000
Guemira (?)	"Crioulinha"	2		Filha daqueles			100$000
Manoel	Crioulo	22	Casado		Bom serviço		1:800$000
Rita	Crioula	18	Mulher de Manoel				900$000
Egídio	De Nação	46	Solteiro		Bom serviço		1:400$000
Manoel	De nação	35	Solteiro		Bom serviço		800$000
Policarpo José, digo, de nação	De nação	50	Solteiro				500$000
Cipriano	Crioulo	22			Bom serviço		1:800$000
Ivo	Crioulo	16			Bom serviço		1:800$000
Graciano	Crioulo	14					1:800$000
Caetano	Crioulo	18			Bom serviço		1:700$000
Raymundo	Crioulo	18			Bom serviço		1:800$000
Elias	Crioulo	32			Bom serviço		1:600$000
Belarmino	De nação	35	Solteiro				800$000
Joaquim	Crioulo					Aleijado de uma mão	1:200$000
Vicência	Crioula	60			Cozinheira		200$000
Helena	De nação	80					100$000

Fonte: CMU, 1º ofício, auto 4302. *Inventário de João Ferreira da Silva Gordo, Inventariante: Manoela Joaquina de Moraes, 1872*, f. 12v-14.

Os dados disponíveis na documentação consultada revelam que, quando cometeu o crime, Manoel pertencia a Silva Gordo havia cerca de quatro ou cinco anos.[91] Somado ao fato de ser natural do Ceará, isto provavelmente

---

91 AESP, ACI, 13.02.081, *doc. 6*, "Interrogatório ao réu", f. 55; 102. Datados respectivamente de 13/01/1873 e 25/03/1873.

significa que suas qualificações foram aprendidas ou incentivadas em outro lugar que não a fazenda de Silva Gordo, refletindo as políticas de mobilidade ocupacional de algum outro senhor, mas que não estavam sendo aproveitadas pelo novo proprietário, pelo menos no momento em que aconteceu o crime.

A análise da composição da escravaria em que vivia o réu é relevante para esclarecer suas motivações em cometer o delito de que era acusado. Tratava-se de um escravo qualificado que naquele momento desenvolvia atividades ordinárias. Possivelmente, o trabalho da fazenda fizesse necessário, em períodos de maior intensidade, o desvio de trabalhadores especializados para outros mais comuns. Mesmo assim, é possível imaginar que a obrigação de desempenhar atividades mais cansativas e com menos privilégios influenciasse o comportamento de escravos como Manoel.[92]

Alguns dias após o ocorrido, *A Gazeta de Campinas* publicou anúncio da fuga de Manoel mulato, que traz mais algumas informações sobre o réu:

> À herança do finado João Ferreira da Silva Gordo fugiu o mulato escravo Manoel, de altura regular, corpo regular, calvo, barbado, tem um sinal de pancada na testa, boa dentadura, semblante carrancudo, bem ladino, fala bem, bom pedreiro, bom cozinheiro, toca lote de tropa etc.
>
> Quem o apreender e apresentar à inventariante daquela herança, ou a qualquer dos herdeiros filhos do dito finado será gratificado, este escravo é o mesmo que está sendo processado nesta cidade por crime inafiançável; podendo por isso ser logo entregue à polícia igualmente.[93]

A acurada descrição física revela o objetivo do anúncio: possibilitar a identificação e captura do fugitivo. Ficamos assim sabendo que ele tinha boas condições físicas, mas trazia uma marca de ferimento na testa – talvez cicatriz resultada de maus-tratos. Suas qualificações foram ressaltadas não

---

92 Sidney Chalhoub cita um caso ocorrido na Corte de um escravo qualificado que cometeu um crime, e afirmou que "Tendo seu senhor o feito aprender o ofício de pedreiro e nunca tendo ele ... trabalhado com enxada não entendendo de serviço de roça contudo seu senhor o mandou para a fazenda e ele interrogado tendo ido lá esteve oito meses, e deu-se muito mal de saúde pelo que pediu a seu senhor que o mandasse de novo para a Corte". CHALHOUB, Sidney. *Visões da Liberdade: uma história das últimas décadas da escravidão na Corte*. São Paulo: Companhia das Letras, 1990.

93 Arquivo Edgar Leuenroth, Unicamp, rolo **MR 0320**. *A Gazeta de Campinas*, no. 318, 25/12/1872.

só enquanto profissional, mas como conhecedor dos códigos do mundo dos senhores, afinal era ladino e falava bem.

As testemunhas informantes elencadas no processo não sugeriram que ele fosse um homem insociável, com dificuldades de relacionamento para com o resto da escravaria. Por outro lado, referiam-se a ele, a se acreditar na fidelidade da transcrição de seus depoimentos pelo escrivão responsável, simplesmente como "escravo Manoel", "escravo mulato Manoel" ou simplesmente pelo nome; Manoel agia de forma semelhante em relação aos outros escravos. Tal observação, ainda que sutil, foge ao comum dos escravos, que se costumavam chamar uns aos outros de "companheiros" ou "parceiros". José, por exemplo, afirmou que ao perceber que seu senhor-moço tinha sido agredido "ele depoente e mais dois *companheiros* foram chamar seu senhor moço Bento".[94]

Várias são as possibilidades para explicar a ausência da fórmula no relacionamento entre Manoel e os outros escravos de Silva Gordo. Em primeiro lugar, pode refletir simplesmente a desatenção do escrivão em registrar estes indícios de companheirismo entre eles, já que os depoimentos, apesar de nos aproximarem das vozes dos escravos, não as traduzem diretamente devido ao fato de serem recolhidos e transcritos por terceiros. Em segundo lugar, poderia tratar-se de uma estratégia dos próprios informantes perante as autoridades no sentido de se distanciarem de Manoel e, consequentemente, de suas atitudes. Implicaria assim numa reprovação sutil por parte daqueles das ações do réu e na reafirmação de que não tomaram nelas parte alguma. Finalmente, porém, podem inadvertidamente revelar um afastamento real e cotidiano de Manoel e seus colegas de cativeiro. Se fosse este o caso, o réu viveria algo distante dos outros escravos, com suas qualificações inutilizadas e sua esposa ausente, sentindo a falta de laços afetivos que poderiam significar condições de vida mais amenas. Trata-se do único caso analisado neste estudo de um escravo que agiu de maneira absolutamente solitária; mesmo nos casos dos anos 1840 com réus únicos, percebia-se a interação do criminoso com seus companheiros, seja para buscar neles apoio, como fez João de Nação, em 1845, seja como o controverso Antônio de Nação, em 1849, que era tido como ranzinza mas pedia à cozinheira que lhe levasse na roça um almoço diferenciado. Manoel não atribuiu, em seus interrogatórios, a ninguém mais a culpa pelo crime e depois dele evadiu-se sozinho e se juntou a

---

94 AESP, ACI, 13.02.081, *doc. 6*, "Testemunha informante 4ª– José", f. 35. Grifo meu.

uma tropa que se dirigia a Cuiabá ou Goiás.[95] Esta atitude também contraria a recorrente opção, já analisada anteriormente, de, depois de fugir, permanecer por perto da propriedade, em contato com outros escravos.[96]

Quando afinal foi preso, em 5 de janeiro de 1873, Manoel confessou o crime. Segundo seu primeiro interrogatório,

> Perguntado como se deu o fato da morte de seu dito senhor moço e quem foi o autor dele? Respondeu que foi ele interrogado, em consequência de ter apanhado uma bordoada isto é que tendo seu senhor moço João Ferreira da Silva achado mau o serviço dele interrogado, e tendo por isso lhe dado uma pancada com um cacete então ele interrogado cravou a faca no dito seu senhor moço. Perguntado se era a primeira vez que apanhava de seu senhor moço, e não sendo por que só esta vez se revoltou? Respondeu que não era a primeira vez, porém que nessa ocasião ficou precipitado, e por isso fez o delito. Perguntado se ele interrogado já não andava a tempos com uma faca, na intenção de cometer este crime? Respondeu que não teve nunca intenção de cometê-lo anteriormente, e só [sim] na ocasião da pancada referida. Perguntado quantas facadas deu para cometer a morte? Respondeu que deu diversas, sendo que [dizem] que foram quatorze, mas ele interrogado não contou.[97]

A versão dada no segundo interrogatório, apesar de corroborar o primeiro, era ligeiramente diferente e mais detalhada:

> (…) estando ele interrogado trabalhando na prensa por causa de um prego que se quebrou, começou seu dito senhor moço a espancá-lo, quando deu-lhe a primeira pancada rodeou o interrogado a prensa com o fim de evitar a continuação do castigo, mas sendo seguido por seu senhor moço, ele Réu revoltou-se contra ele e cravou-lhe a faca quatorze vezes. Perguntado se teve tempo e sangue frio para contar o número de facadas, se quando deu as

---

95 AESP, ACI, 13.02.081, *doc. 6*, f. 50. A informação provém de requisição do Promotor Público para que o Juiz Municipal expedisse carta precatória requisitória geral, com a intenção de prender o mulato, por saber "com certeza que ele se dirige para a Província de Cuiabá ou Goiás, tendo-se agregado a uma tropa que para ali se dirige".

96 Não quero com isso dizer que Manoel vivesse em isolamento, sem laços com seus companheiros de escravidão; sugiro apenas que os modos de agir – e viver – dele transparecem dos autos como mais independentes do que os de outros réus aqui observados.

97 AESP, ACI, 13.02.081, *doc. 6*, "Interrogatório ao Réu", f. 55-57.

últimas ainda vivia seu senhor moço, se ele Réu estava só na ocasião, ou acompanhado de seus parceiros, e se estes não tentaram embaraçar o crime? Respondeu que não contou o número das facadas, mas que tem ouvido dizer que foram quatorze, que quando deu as últimas é de se crer que a vítima já tivesse deixado de existir, e finalmente que não estava só, mas que existiam quatro pretos presentes sendo que um deles de nome Damásio que o segurou na ocasião da perpetração do delito e teve de ceder pela ameaça que ele interrogado lhe fez de assassiná-lo também, se o não largasse. Perguntado se não está arrependido de ter assassinado seu dito senhor moço? Respondeu que não... [e] que não se arrepende de haver matado seu senhor moço, que sabe também que tem de morrer enforcado, mas que ao menos [quer] levar a sua consciência livre, que sabe que seus senhores dizem que o hão de levar para casa, a fim de fazerem justiça, e finalmente que ainda declaram que o hão de trancar no quarto para ser escarnecido por todos.[98]

É interessante notar que, como em outros casos analisados, o crime se deu durante o serviço. De maneira não usual, porém, a arma do crime não foi um instrumento do trabalho que então se realizava. Segundo Manoel, não houve premeditação, mas sim um agravamento de tensões no ambiente de trabalho, fazendo com que o réu "se precipitasse" e cometesse o delito. Apesar de não se dizer arrependido, Manoel atribuiu, de certa maneira, o desenrolar dos acontecimentos ao próprio João Ferreira: rodeando "a prensa com o fim de evitar a continuação do castigo, mas sendo seguido por seu senhor moço, ele Réu revoltou-se". O escravo não reconhecia merecer o castigo que lhe foi então aplicado, já que um prego se quebrou enquanto ele trabalhava, o que não necessariamente significava que ele réu cometera algum erro. Novamente, transparece a concepção por parte do escravo da injustiça de um castigo, que acabou levando a uma resposta violência contra o castigador.

É intrigante também o fato de no segundo interrogatório Manoel afirmar que quatro escravos presenciaram o crime; que Damásio tentara impedi-lo, mas não conseguiu porque foi também ameaçado de morte. Mesmo sem colocar em dúvida a autoria do crime, Manoel aponta então algumas contradições que dificilmente podem ser esclarecidas. É verossímil que os quatro escravos que depuseram no processo, Joaquim, Euzébio, Damásio e

---

98   AESP, ACI, 13.02.081, *doc. 6*, "Interrogatório ao Réu", f. 102-105.

Quando falha o controle   159

José, tivessem de fato presenciado a cena, mas negassem admiti-lo por temor de serem implicados no crime. Por outro lado, aparentemente Manoel não teria interesse nenhum em dizer que eles estavam presentes, principalmente porque admitia abertamente a autoria do delito, inclusive sem se arrepender de tê-lo cometido. De qualquer modo, esta nova informação não contraria a hipótese levantada anteriormente de um certo distanciamento existente entre Manoel e os outros cativos – aos quais se referia como "pretos", e não "parceiros". Tais observações podem simplesmente indicar que Manoel encontrava maneiras diferentes das de seus companheiros para lidar com o cativeiro, sem buscar consolidar laços com seus proprietários e tomando alguma decisões, como a do crime, sem consultar ninguém nem nada mais além do seu entendimento quanto ao que considerava um tratamento justo. Se Damásio realmente tentou impedir a agressão aventa-se a possibilidade de a relação entre ele e o senhor moço ser relativamente boa. – o que possivelmente não era o caso com Manoel.

A negação de arrependimento de Manoel também parece bastante coerente; diferente de outros réus ele não procurou as autoridades policiais imediatamente após o delito, nem com ele tentou se subtrair do domínio senhorial para submeter-se à justiça, mas fugiu e buscou encontrar um novo lugar social ao juntar-se a uma tropa. Talvez isso demonstre que este réu tinha uma posição mais radical do que outros no concernente a suas concepções de cativeiro. Quando tais percepções não encontraram respaldo em seu senhor-moço, ele respondeu a violência recebida com violência e simplesmente evadiu-se, negando-se a permanecer cativo.

Seu não arrependimento sugere uma posição algo orgulhosa, uma recusa também em submeter-se a pressão exercida pela família da vítima, que o ameaçava com a "justiça" privada e o escarnecimento público. Note-se que a ameaça era de cunho mais moral do que físico e que esse detalhe não implicou em maior serenidade do escravo com a perspectiva de sofrê-la. O próprio fato de sofrer ameaças esclarece a sobreposição das noções públicas e particulares de justiça. Na realidade, consta dos autos criminais o certificado de que Manoel fora adjudicado a Manoel Joaquim de Moraes, avô da vítima,[99] e quando perguntado ao júri se o réu era parte da herança de Silva Gordo, a resposta foi negativa, da mesma forma que se negou que João Ferreira fosse administrador da fazenda do Funil. Desta forma, o tribunal se furtava

99   AESP, ACI, 13.02.081, *doc. 6*, f. 112.

160   Maíra Chinelatto Alves

a condenar o réu – que aliás afirmava pertencer àquela herança, e não a um senhor[100] – pela lei de 10 de junho de 1835. Afinal, Manoel foi condenado a pena de 700 açoites e uso de ferro no pescoço por quatro anos.

A rigidez da condenação é flagrante; Manoel foi o único escravo deste estudo a encarar penalidade tão alta – mas também foi o único a desafiar tão abertamente a instituição a que estava submetido. Também é curioso que se tenha dado especial atenção, em seus dois interrogatórios, ao número de ferimentos feitos e perceber que ele foi condenado a sofrer 50 açoites por cada facada infligida na vítima.

Depois de cumprida a sentença, conforme o próprio réu, ele ainda seria levado "para casa, a fim de fazerem justiça, e finalmente que ainda declaram que o hão de trancar no quarto para ser escarnecido por todos". Infelizmente, o inventário de Silva Gordo não nos permite saber o desenrolar desta história, pois Manoel mulato não mais apareceu nele depois de findo o processo. Não é possível saber se ele sobreviveu à extenuante pena que lhe foi imposta e se seus senhores tiveram oportunidade de cumprir a ameaça que lhe fizeram.

Manoel mulato destaca-se de outros réus deste estudo pela forma desafiadora não apenas de suas ações, como das respostas que deu às autoridades. Pertencia à maior propriedade dentre as analisadas, mas foi o único dos escravos que tinha três qualificações entre suas habilidades, além do trabalho de roça. Trata-se do único crime dos anos 1870 em que não houve confissão de alguma premeditação – o que não implica em lhe atribuir irracionalidade. Também foi o único a evadir-se de maneira tão cabal, furtando-se ao convívio próximo, tão comum nas fugas, com seus antigos companheiros de cativeiro e buscando um novo lugar social ao se juntar a uma tropa. Sua recusa em se submeter à dominação da sociedade escravista chama a atenção. Ele não se importava em fingir um arrependimento que não sentia pelo crime cometido, o que sugere que ele era também sincero em suas outras colocações. Assim, a morte de João Ferreira da Silva parece ter acontecido exclusivamente pelo desgaste de suas relações com o escravo no serviço – e essa poderia ser uma metáfora para as relações senhor-escravo e a escravidão em geral. Manoel já havia sofrido castigos antes, inclusive trazia em seu corpo, como tantos outros cativos, as marcas de agressões sofridas, mas naquele dia em específico precipitou-se e não aceitou ser castigado.

---

100 AESP, ACI, 13.02.081, *doc. 6*, "Interrogatório ao Réu", f. 55.

O crime por ele cometido é o que mais se aproxima de uma reação passional dentre os analisados – o que salienta a racionalidade dos outros. No entanto, de forma alguma se tratou de um crime irracional, mas de uma reação violenta a uma agressão sofrida. Tudo indica, inclusive, que, no momento de sua execução, ele foi precedido por avisos. Manoel desafiou o senhor-moço a continuar com a punição: o rapaz poderia talvez ter evitado a própria morte se reconhecesse o tamanho da fúria despertada no cativo pela punição que lhe era impingida.

Nas falas deste réu, a discussão sobre os direitos dos escravos aparece de maneira algo marginal, mas suas ações são plenas de sentido e revelam sua recusa em submeter-se ao comando de seus proprietários. Alguns anos mais tarde, na década de 1880, comportamentos desse tipo de multiplicariam, levado ao esgotamento político da instituição antes de seu fim legal, em 1888.[101] Tanto em sua opção de fugir para longe, quanto na admissão de culpa e não arrependimento, Manoel demonstrava capacidade e desejo de transformar suas condições de vida a qualquer custo, mas valorizava, nesse processo, sua "consciência livre". Sua impulsividade, portanto, não era nada carente de consciência.

Ana, Benedito, Martinho, João, Caetano e Francisco de Salles, 1876

Em 28 de fevereiro de 1876, uma segunda-feira, Francisco de Salles foi assassinado na lavoura por seus escravos. Cinco deles – Ana, Benedito, Martinho, João e Caetano – foram indiciados pelo crime, enquanto outros cinco – Raimundo, Fernando, Thomé, Salvador e sua mulher, Helena – foram presos pelas autoridades policiais, mas soltos alguns dias depois "por estranhos ao homicídio".[102]

Ana era viúva do escravo Luis, que pertencia à propriedade em agosto de 1872, quando ambos foram matriculados conforme requisitava a lei de 1871. Naquela ocasião Ana foi declarada como tendo 20 anos e seu marido, 25. Em 1876, a qualificação da ré indicava que ela tinha 22 anos e era natural da Bahia. Na segunda ocasião, ela informou os nomes de ambos os pais; sua mãe chamava-se Rita, mas o nome do pai está ilegível no

---

101 MACHADO, Maria Helena P. T. *O plano e o pânico. Os movimentos sociais na década da abolição*. Rio de Janeiro: Ed. UFRJ/Edusp, 1994; AZEVEDO, Célia. *Onda negra... op. cit.*

102 AESP, ACI, Microfilme 13.02.087; *Documento 8 – Juízo de Direito de Campinas, Processo Crime, Réu: Ana, Benedito, Martinho, João e Caetano, escravos de herança do finado Francisco de Salles, 1875* (sic). f. 5.

162   Maíra Chinelatto Alves

documento. Tal informação é relevante pois denota que ela nasceu e se criou em meio a uma família que tinha alguma estabilidade. Ela residia no termo de Campinas havia 5 anos.[103]

Benedito era filho de Adriano e Maria, escravos de José de Campos Salles (pai da vítima), solteiro de 25 anos, brasileiro natural de Campinas. Desempenhava a função de feitor na propriedade e afirmaria no processo que fora criado junto de Francisco de Salles.[104]

Martinho era filho de Salvador e Constança, escravos, casado com a cozinheira Catarina da mesma propriedade e pai de uma menina ingênua chamada Justa. Tinha então 30 anos e era natural da cidade de Porto Alegre. Ele afirmou residir no termo havia 3 anos.[105]

João era filho de João e Ana, solteiro de 22 anos, natural de Santa Catarina e residia em Campinas havia 2 ou 3 anos.[106]

Caetano também era natural de Santa Catarina, filho de Vicente e Rosa, tinha mais ou menos 20 anos e há menos de 1 ano vivia em Campinas.[107]

Todos foram qualificados como trabalhadores de roça, sem saber ler ou escrever. O processo criminal então instaurado pelas autoridades de Campinas desenrolou-se de maneira surpreendentemente rápida; em menos de um mês, em 23 de março do mesmo ano, os cinco réus já haviam sido julgados e todos condenados, sentenciados a sofrerem as penalidades impostas pela justiça.

O desenrolar dos acontecimentos que levaram à morte de Francisco de Salles denotam os conflitos vividos por senhor e escravos nas negociações cotidianas concernentes principalmente ao desempenho de trabalhos na lavoura. Acusado maciçamente de ser "excessivamente mau, exigindo sempre muito serviço e os castigando excessivamente",[108] aquele jovem senhor,

---

103 AESP, ACI, 13.02.087, *doc. 8.* "Auto de qualificação da Ré Ana", f. 53; "Interrogatório à ré Ana", f. 81.

104 AESP, ACI, 13.02.087, *doc. 8.* "Auto de qualificação do Réu Benedito", f. 54.

105 CMU, 3º ofício, auto 7277. *Inventário de Francisco de Salles, Inventariante: D. Ana Eliza de Salles, 1876,* f. 19; AESP, ACI, 13.02.087, *doc. 8* "Auto de qualificação do Réu Martinho", f. 55; "Interrogatório ao réu Martinho", f. 87.

106 AESP, ACI, 13.02.087, *doc. 8.* "Auto de qualificação do Réu João", f. 56; "Interrogatório ao réu João", f. 92.

107 AESP, ACI, 13.02.087, *doc. 8.* "Auto de qualificação do Réu Caetano", f. 57; "Interrogatório ao réu Caetano", f. 89.

108 AESP, ACI, 13.02.087, *doc. 8.* "Interrogatório à ré Ana", f. 128.

segundo seus cativos, teria levado-os ao desespero de cometer o assassinato, entendido como única solução possível para o tormento em que viviam.

Afora algumas disparidades que serão discutidas adiante, os depoimentos dos cinco réus foram bastante homogêneos. Eles afirmavam que havia já algum tempo, um "projeto de o matarem [Francisco de Salles], projeto esse concebido e ajustado entre eles em razão do cativeiro excessivamente rigoroso em que viviam, pois seu senhor além de os fazer trabalhar com muito aperto até nos domingos e dias santos, os castigava em demasia".[109]

No entanto, eles não se resolveram "em definitivo senão no dia de ontem, [em] que entretanto não puderam levar a efeito tal resolução porque o dito seu senhor não apareceu no serviço".[110]

O que transparece do conjunto de depoimentos é que as tensões existentes entre as partes se acirraram sobremaneira no domingo anterior ao delito. Naquele dia, segundo palavras de Martinho:

> como não se tivesse concluído o preparo de um terreno destinado a planta de feijão, seu senhor zangou-se muito com isso e a noite quando os escravos voltaram para a casa, disse-lhes que haviam de ir acabar aquele serviço no dia seguinte, domingo; que de fato no domingo ele interrogado e todos os mais escravos foram para a roça, e lá resolveram matar nesse dia seu dito senhor logo que ele ali aparecesse, pois era seu costume ir sempre ao serviço; sucedeu porém que nesse dia ele não apareceu lá, e assim tão bem não foi possível acabar o serviço de preparo do terreno, que consistia na sua carpição e destocamento. Quando voltaram para casa a noite seu senhor ao saber que o trabalho não tinha sido acabado ficou muito agastado e prometeu que no dia seguinte iria pessoalmente tocar o serviço na roça, e lá ajustaria conta com eles, e com efeito ontem antes dos escravos saírem para o serviço seu senhor lhes disse que o esperassem na roça já sem camisa.[111]

O senhor cumpriu a promessa e, ao chegar na roça na manhã de segunda-feira, começou imediatamente a castigar diversos escravos. Pouco depois, quando abaixou-se para cortar um pau, iniciou-se o ataque.

Antes de analisar a agressão propriamente dita, algumas observações podem ser feitas quanto às circunstancias em que ela aconteceu. Além de

---

109 AESP, ACI, 13.02.087, *doc. 8*. "Auto de perguntas ao preto Martinho", f. 21.

110 AESP, ACI, 13.02.087, *doc. 8*. "Auto de perguntas a preta Ana", f. 15-16.

111 AESP, ACI, 13.02.087, *doc. 8*. "Auto de perguntas ao preto Martinho", f. 21-22

164   Maíra Chinelatto Alves

ser acusado de maltratar os escravos, Francisco de Salles naquela semana desconsiderou patentemente o costume que ditava que os domingos eram dias livres em que os escravos poderiam trabalhar para si ou vender sua força de trabalho, ao próprio senhor ou a terceiros, em troca de remuneração.[112]

Ao perceber que o serviço que determinara não fora finalizado no sábado, Francisco de Salles, preocupado com o período de plantio do feijão que se esgotava, forçou os cativos a continuarem o trabalho de capinação e destocamento. Segundo o mesmo Martinho, o terreno a ser preparado "era muito grande";[113] Benedito também afirmou que Francisco de Salles "lhes ordenou que no dia seguinte domingo fossem trabalhar na roça até concluir o serviço, que era grande e impossível de ser feito em pouco tempo".[114] Fica claro o descompasso entre as concepções senhoriais e escravas sobre a quantidade e velocidade de trabalho que podia ser realizado pelos cativos.

Por um lado, o desejo de obediência do senhor resultava na expectativa de que o trabalho por ele ordenado fosse realizado rápida e prontamente. Por outro, faz sentido imaginar que os cativos tivessem um ritmo de trabalho mais orgânico e se preocupassem, ao mesmo tempo, em obedecer ao senhor o suficiente para não serem castigados, mas também de maneira a não se esgotarem totalmente ao fazê-lo. Como apontou Maria Helena Machado, "o estopim do homicídio fora a tentativa senhorial de acelerar o ritmo de trabalho".[115]

O inventário de Francisco de Salles – que só foi aberto em junho de 1876, quatro meses depois de sua morte e três depois do final do processo criminal – é revelador da delicada situação financeira do jovem senhor quando de sua morte. A viúva inventariante, Ana Eliza de Salles, alegou que a demora deveu-se à viagem que ela empreendeu à cidade de

---

112 Anthony Kaye, referindo-se à região do Mississipi, entende que o controle imperfeito dos proprietários abrangia tanto a produção dele, senhor, quanto aquela denominada "independente", realizada pelos escravos em seu tempo livre. A presunção senhorial de ditar o que os cativos produziam, de controlar a progressão de seu trabalho, fosse esse realizado para ele ou para outros, e de comprar o que eles produzissem aproximava as relações de poder da lavoura senhorial e das roças dos cativos. Portanto, o autor defende que seria mais apropriado chamar essa produção escrava de "auxiliar", e não "independente". KAYE, *Joining Places... op. cit.*

113 AESP, ACI, 13.02.087, *doc. 8.* "Interrogatório ao réu Martinho", f. 138.

114 AESP, ACI, 13.02.087, *doc. 8.* "Interrogatório ao réu Benedito", f. 144-145.

115 MACHADO, *Crime e escravidão, op. cit.*, p. 94. Ver também STEIN, *Grandeza e decadência... op. cit.*, p. 168.

Rio Claro, logo depois do falecimento do marido, de onde não se pôde ausentar por longo período pois encontrava-se em adiantado estado de gravidez.[116] No entanto, o atraso provavelmente foi causado também com a intenção de deixar a herança em melhores condições financeiras, através dos rendimentos provenientes da liquidação das safras de café daquele ano e de posteriores. Francisco de Salles deixou seus herdeiros numa situação bem frágil. Seus bens ativos somavam a significativa quantia de 23:660$000, dos quais os 14 escravos avaliados perfaziam, somados, 14:700$000.[117] Vale apontar que a herança foi bastante prejudicada pela condenação dos escravos em março do mesmo ano. Benedito, feitor, foi avaliado em apenas 800$000, enquanto a Caetano "não foi dado valor algum, por se achar entrevado e incapaz de prestar qualquer serviço".[118] Os cativos constituíam, apesar do desfalque, a maior parte da fortuna dos Salles.

Os escravos foram avaliados individualmente e não em grupos familiares, como em outros inventários do mesmo período. O primeiro da lista, talvez atestando sua posição de destaque na senzala, era Benedito, cuja esposa permanece desconhecida. A seguir, vinham Martinho e sua mulher Catarina cozinheira, avaliados respectivamente em 1:400$000 e 1:000$000. Esse casal tinha apenas uma filha ingênua. O maior núcleo familiar da herança era composto por Salvador e Helena, avaliados em 1:700$000 e 900$000, e seus três filhos: Brandina, ingênua, Francisca e Antônio. O restante da escravaria era composto por solteiros – afora os viúvos Ana e Benedito. Os escravos de maior valor nos autos eram solteiros e não foram julgados pelo crime: Thomé, de serviço doméstico e de lavoura, mas que também carreava como consta do processo criminal, valia 2:100$000 e Domingos, apto para serviço de roça, 2:000$000. Os escravos qualificados eram o feitor Benedito, a cozinheira Catarina e Thomé, Carolina e Caetano, de serviço doméstico.

---

116 CMU, 3º ofício, auto 7277, f. 2.

117 CMU, 3º ofício, auto 7277, f. 49.

118 CMU, 3º ofício, auto 7277, f. 20. A afirmação data de 27 de novembro de 1876, mas é altamente provável que Caetano sofresse ainda as consequências do castigo recebido. Em 1879, o mesmo escravo seria novamente avaliado, por requisição da inventariante, sendo-lhe então atribuído o valor de 1:500$000 (f. 131). As avaliações dos outros escravos constam das f. 19v-20 e da tabela 10, a seguir. Uma análise mais aprofundada da composição da escravaria será apresentada adiante.

TABELA 10 – Escravos de Francisco de Salles, 1876

Nome	Idade	Cor e/ou Naturalidade	Estado Civil	Filiação/ Filhos	Ocupação	Observações	Preço
Benedicto	25	Preto/ Campinas	Viúvo	Filho de Adriano e Maria escravos	Feitor	Sepultado em 18/02/1877, descrito como solteiro de 25 anos	800$000 Morreu antes do término do inventário
Martinho	30	Pardo, crioulo ou preto / Porto Alegre	Casado com Catharina	Filha ingênua: Justa		Matrícula em 20/08/1872: 22 anos, pardo, já casado com Catharina (no. 4123)	1:400$000
Catharina	30 (em 1872)	Preta	Casada com Martinho	Mãe de Justa ingênua	Cozinheira	Matrícula em 20/08/1872: 30 anos, preta, casada com Martinho, cozinheira (no. 4125)	1:000$000
Salvador	28-30	Fula / Silveiras/ São Paulo	Casado com Helena	Pai de Brandina (ingênua), Francisca e Antônio. Filho de Marcelina e Jorge		Matrícula em 26/08/1872: fula, natural de São Paulo, casado. Ele e sua família foram comprados do Barão do Tietê, de São Paulo, em 15/01/1874	1:700$000
Helena	25-31	Preta São Paulo	Casada com Salvador	Mãe de Brandina (ingênua), Francisca e Antônio. Filha de João e Joana		Matrícula em 26/08/1872: 27 anos, preta, natural de São Paulo. Foi comprada em 15/01/1874.	900$000
Antônio	12	Fula São Paulo	Solteiro	Filho de Salvador e Helena		Matrícula em 26/08/1872: 13 anos, fula. Comprado em 15/01/1874.	600$000
Francisca	Menor de 12	Preta São Paulo	Solteira	Filha de Salvador e Helena		Matriculada em 26/08/1872: como Francisco, preto, 11 anos, natural de São Paulo. Sepultada em 11/05/1878, aos 9 anos.	400$000 Morre antes do fim do inventário
João Crioulo	20	Santa Catharina	Solteiro			Sepultado em 01/08/1877: 25 anos, solteiro.	1:300$000

TABELA 10 – Escravos de Francisco de Salles, 1876 (cont.)

Nome	Idade	Cor e/ou Naturalidade	Estado Civil	Filiação/Filhos	Ocupação	Observações	Preço
Anna Viúva	20	Parda / Bahia	Viúva de Luís		Roça	Matrícula em 20/08/1872: 20 anos, casada com Luís, apta para serviço de roça (no. 4124).	700$000
Domingos	18	Crioulo / Santa Catharina	Solteiro		Lavoura	Comprado de João Martins Barboza em 13/02/1874: 16 anos, preto, natural de Santa Catharina	2:000$000
Fernando	28	Crioulo / Rio de Janeiro	Solteiro			Matrícula em 20/08/1872: 20 anos, pardo, solteiro. (no. 4121).	1:800$000
Thomé	16	Crioulo / Santa Catharina	Solteiro		Apto para serviço doméstico e de lavoura	Comprado em 13/02/1874, de João Joze da Silva: pardo, 14 anos.	2:100$000
Carolina	19	Crioula / Campinas	Solteira	Filha legítima de José e Rita	Serviço de Casa	Comprada do inventário da finada Elisa Machado de Campos, em 08/02/1873: preta, 16 anos, solteira.	800$000
Caetano	18	Santa Catharina	Solteiro		Serviço doméstico ou de lavoura	Comprado em 13/02/1874 do dr. Joaquim da Silva: preto, 13 anos.	Sem valor na primeira avaliação, por se achar "*entrevado e incapaz de prestar qualquer serviço*". Em 28/10/1879 foi avaliado em 1:500$000

Fontes: CMU, 3° ofício, auto 7277. *Inventário de Francisco de Salles, Inventariante: D. Ana Eliza de Salles, 1876*, f. 19 / ACC. AESP, ACI, 13.02.087, doc. 8."

Obs.: Anexada ao inventário, está uma lista de matrícula em que aparece <u>Luís</u>, 25 anos, pardo, casado com Anna, matriculado em 20/08/1872 sob o número 4122. Ele não aparece na relação de bens de 1876 quando Anna é descrita como viúva.

168   Maíra Chinelatto Alves

O sítio em que Salles vivia e trabalhava não lhe pertencia, "pois que as terras e cafezais do mesmo sítio pertencem a José de Campos Salles [seu pai], que as dera ao Inventariado para usufruir somente".[119] O restante da herança consistia basicamente nas benfeitorias implementadas por Francisco, que valiam 7:360$000:

> casa de morada, nova, forrada e assoalhada com puxado para [cozinha], duas tulhas para café, paiol assoalhado, três casinhas para empregadas, uma dita no pasto com dois lanços, cinco lanços de casa casas começadas, novecentos braços de valas e pastos.[120]

Apesar do valor considerável dos bens da herança, as dívidas contraídas por Francisco de Salles eram ainda maiores: o passivo alcançava 40:843$567, referentes a diversos empréstimos tomados principalmente a seu pai, José de Campos Salles.[121] Posteriormente à avaliação inicial, pôde-se somar à herança os lucros da safra de café de 1876-1877 que chegaram a 9:335$450, mas ainda assim a diferença contra a herança era de 7:848$167.[122]

O processo criminal traz outros indícios sobre as condições da propriedade de Francisco de Salles. Um dos escravos que foram presos, mas não indiciados, Raimundo, afirmava ser

> inteiramente estranho a qualquer plano concebido entre os escravos seus parceiros para assassinar seu senhor, pois sendo carreiro poucas vezes trabalhava na roça e não vive em contínuo contato com os mais parceiros, além disso ele interrogado não é propriamente escravo de Francisco de Salles, mas sim do pai deste, José de Campos Salles que mandou ele interrogado trabalhar no sítio daquele seu filho logo que comprou este o dito sítio, tendo voltado algum tempo depois para a Fazenda do pai, e sendo por este novamente mandado para lá em uma ocasião em que fugiram alguns escravos de seu senhor moço e ele estava por isso apertado de serviços por ser tempo de colheita, que na segunda-feira achou-se na roça em razão de não terem os escravos acabado no dia anterior o preparo do terreno para planta de

---

119 CMU, 3° ofício, auto 7277, f. 88.

120 CMU, 3° ofício, auto 7277, f. 20.

121 CMU, 3° ofício, auto 7277, f. 49. José de Campos Salles, maior credor da herança, deveria receber 15:757$160, como pagamento a "dinheiro fornecido em diversas datas" f. 34.

122 CMU, 3° ofício, auto 7277, f. 50.

feijão e seu senhor precisar fazer logo essa plantação por já estar passando o tempo dela.[123]

Thomé também foi preso junto de seus companheiros, mas declarou que

> nem sabia que houvesse entre os escravos o projeto de o praticarem, pois ele interrogado andava sempre arredado de seus parceiros ocupando-se frequentemente em trabalhar junto com Raimundo no serviço de carrear e lidando também no troll (sic), que por isso poucas vezes ia trabalhar na roça, e se o foi no dia do delito foi porque era preciso acabar o preparo do terreno para plantação de feijão a fim de não se deixar passar o tempo dessa planta.[124]

Esse depoimento revela alguma divisão entre a escravaria, ou por uma contingência de ocupação – já que o serviço de carrear implicava na formação de laços mais estreitos entre aqueles que se ocupavam dele, enquanto os afastava do restante da escravaria – ou de afinidade. A separação, porém, não significava isolamento já que não parecia ocorrer com indivíduos em específico, mas com grupos que afinal dedicavam-se a atividades diferentes.

O feitor Benedito também evidenciou a assistência prestada por José de Campos Salles ao filho ao afirmar ter "crescido junto com seu senhor a quem foi dado em dote pelo pai deste".[125] A necessidade de honrar tantas dívidas contraídas e eventualmente se sustentar de maneira mais independente ajuda a explicar o ritmo de trabalho acelerado que exigia de seus escravos. A pressão exercida pela colheita tanto sobre senhores como escravos certamente foi determinante no desfecho das relações entre ambos. As habilidades de Francisco de Salles em encontrar um meio-termo entre suas próprias necessidades e as de sua escravaria não eram suficientes para mantê-la disciplinada, o que talvez se devesse à sua própria juventude e inexperiência em lidar e negociar com os escravos.

A se acreditar no depoimento de Raimundo, tal situação datava de bem antes do crime e provavelmente motivou a fuga de alguns escravos. O inventário não corrobora essa informação, já que não há entre os escravos avaliados nenhum com a anotação de "fugido". Seria de se esperar que

---

123 AESP, ACI, 13.02.087, *doc. 8.* "Auto de perguntas a Raimundo", f. 41-42.

124 AESP, ACI, 13.02.087, *doc. 8.* "Auto de perguntas a Thomé", f. 43-44.

125 AESP, ACI, 13.02.087, *doc. 8.* "Auto de perguntas ao réu Benedito", f. 26.

170 Maíra Chinelatto Alves

escravos fugidos fossem registrados no inventário, já que este foi instaurado depois de 1872 e trazia os dados da matrícula geral realizada naquele ano, inclusive com anotações sobre as compras de escravos realizadas depois daquele período. Assim, eventuais discrepâncias entre as listas de matrícula e avaliação deveriam ser explicadas de forma a tornar a partilha da herança o mais correta possível.

Considerando que escravos constituíam parcela significativa dos bens herdados, era de imenso interesse dos responsáveis pelo inventário que seus destinos e situações fossem devidamente identificados. No entanto, é possível que os escravos fugidos fossem alguns dos mesmos avaliados em 1876 que tivessem sido recapturados ou voltado, provavelmente apadrinhados, para a propriedade do senhor.

Outras séries de dados coletados em ambos os documentos sugerem que a escravaria de Francisco de Salles não havia sido formada há muito tempo. A análise da tabela 10 revela que todos os escravos da propriedade eram ainda relativamente jovens. Mesmo considerando as imprecisões na identificação tanto no inventário quanto no processo criminal, nenhum deles teria mais de 31 anos em 1876, sendo até possível que nenhum alcançasse os 30. Quando da matrícula realizada em 1872, apenas cinco escravos constavam da propriedade: Fernando, Luis (que faleceu antes de 1876) e sua esposa Ana, Martinho e a esposa Catarina.[126] Não é possível saber a partir do documento há quanto tempo estes faziam parte da propriedade.

Em 8 de fevereiro de 1873, Francisco de Salles arrematou em praça a escrava Carolina, preta de 16 anos, de serviço de casa e natural de Campinas.[127] Pouco mais de um ano depois, em 13 de fevereiro de 1874, o senhor comprou Domingos, com 16 anos; Caetano, de 13; e Thomé, de 14, todos provenientes de Santa Catarina, mas de cidades diferentes.[128] Em janeiro daquele mesmo ano de 1874 adquirira do Barão de Tietê o núcleo familiar composto por Salvador, sua mulher Helena, ambos com 27 anos, e os dois filhos do casal, Antônio e Francisca, com 13 e 11 anos, respectivamente.[129] Entre os débitos de Francisco de Salles a seu pai estavam

---

126 CMU, 3º ofício, auto 7277, f. 113.

127 CMU, 3º ofício, auto 7277, f. 119.

128 CMU, 3º ofício, auto 7277, f. 115-117.

129 CMU, 3º ofício, auto 7277, f. 118. Lembre-se, pela lei de 1869 era proibido separar famílias escravas através de venda.

a "siza de 4 escravos e escritura que paguei pelo mesmo 134$000" em 17 de janeiro de 1874, mais uma vez evidenciando a relação de dependência entre pai e filho.[130]

Afora os impactos que a propriedade recente pudesse ter sobre o relacionamento entre senhor e escravos e que poderiam inclusive influenciar a morte do primeiro, este conjunto de informações indicam que Francisco de Salles era um senhor jovem intentando iniciar uma vida autônoma. Somando-se o fato de ser bastante assistido pelo pai, é possível imaginar que ele ainda não tivesse grande prática em lidar com as demandas de sua escravaria e talvez sua inexperiência fosse um fator crucial nos acontecimentos daquela manhã de fevereiro de 1876.

De qualquer maneira, no final de fevereiro de 1876 entraram em confronto, de um lado, escravos demandando maior autonomia e melhor tratamento e, de outro, um senhor endividado, indisposto a negociar com seus cativos, de quem exigia um ritmo de trabalho acelerado e a quem negava hábitos concedidos pelo costume.

Como já foi apontado, o estopim dos acontecimentos daquele 28 de fevereiro foi a obrigação de os escravos trabalharem no domingo anterior, sofrendo ainda a ameaça iminente de castigos na manhã de segunda-feira. Neste dia, alguns escravos combinaram entre si de finalmente levar a cabo o plano de matar Francisco de Salles. Ana, apesar de afirmar que "esta combinação já era de algum tempo projetada entre os escravos da fazenda", não delimitou quem seriam estes escravos.[131] Martinho se expressou de maneira bastante similar, também sem deixar claro quem eram os envolvidos no plano: "Disse que há muito tempo entre os escravos de Francisco de Salles havia o projeto de o matarem em razão do cativeiro excessivamente rigoroso em que viviam, pois seu senhor além de os fazer trabalhar com muito aperto até nos domingos e dias santos, os castigava em demasia".[132] Benedito "disse que há muito tempo todos os escravos projetavam a morte

---

130 Entre as declarações das dívidas a José de Campos Salles também consta "dinheiro que lhe emprestei para pagar siza e selo de 4 escravos: 126$000", em 7 de fevereiro de 1874. É de supor que entre eles estivessem incluídos os três escravos citados acima, Domingos, Caetano e Thomé, apesar de a escritura de compra destes datar de 13/2/1874. CMU, 3º ofício, auto 7277, f. 76v.

131 AESP, ACI, 13.02.087, *doc. 8.* "Auto de perguntas a preta Ana", f. 15.

132 AESP, ACI, 13.02.087, *doc. 8.* "Auto de perguntas ao preto Martinho", f. 21.

de seu senhor por causa de serem muito apertados no serviço e castigados com excessivo rigor".[133] Já Caetano discordava em parte da versão dada por seus parceiros, com relação aos envolvidos: "disse que no domingo último seus parceiros Martinho, Benedito, João e escrava Ana combinaram na roça de matar a seu senhor logo que ele ali aparecesse".[134] Segundo João, no domingo "ele interrogado e os mais escravos foram trabalhar em uma roça destinada a planta de feijão, tendo ali se ajuntado para matarem seu senhor se ele fosse lá e os espancasse", combinação essa que seria repetida no dia em que aconteceu o crime.[135] Todos os réus, portanto, admitiam que houvera um planejamento prévio para cometer o crime. Até os depoimentos de João e Caetano não negam que a combinação datasse de muito tempo; mesmo enfatizando que o acerto final acontecera naquele final de semana é muito possível que já se houvesse levantado a questão anteriormente.

Os interrogatórios, entretanto, não esclareceram quem exatamente eram os conspiradores. Quando deram suas primeiras informações, Ana, Martinho e João foram vagos ao afirmar que houve uma combinação, enquanto Caetano foi bem específico ao citar somente os réus como conspiradores.

Já Benedito abrangeu toda a escravaria em sua confissão, no que foi apoiado por Ana em seu interrogatório perante o júri. Então, ela declarou que "todos os escravos combinaram-se logo que chegaram a roça de matar o seu referido senhor logo que ali aparecesse";[136] e Caetano fez coro: "todos os escravos que estavam trabalhando na roça combinaram-se de matar seu senhor".[137]

Os outros escravos que foram presos também prestaram alguns esclarecimentos às autoridades. Helena disse que

> não tomou parte alguma no plano dos escravos para matarem seu senhor, ignorando que tivesse havido semelhante combinação, a qual soube ter sido projetada no dia anterior, em que não esteve na roça... só depois de praticado o assassinato por ouvir a seus parceiros, e que na segunda-feira ela interrogada não assistiu na

133 AESP, ACI, 13.02.087, *doc. 8.* "Auto de perguntas ao preto Benedito", f. 26.

134 AESP, ACI, 13.02.087, *doc. 8.* "Auto de perguntas ao preto Caetano", f. 29-30.

135 AESP, ACI, 13.02.087, *doc. 8.* "Auto de perguntas ao preto João", f. 32-33.

136 AESP, ACI, 13.02.087, *doc. 8.* "Interrogatório à ré Ana", f. 131.

137 AESP, ACI, 13.02.087, *doc. 8.* "Interrogatório ao réu Caetano", f. 150.

roça conversação alguma entre os escravos que [denunciasse] aquele plano, e por isso surpreendeu-se com tal ocorrência.[138]

Salvador, marido desta, declarou por sua vez que

> não [interveio] em plano algum para dar cabo de seu senhor e que no dia do delito não observou entre seus parceiros conversação alguma a tal respeito, tendo ouvido a isto no dia anterior, domingo, Martinho e Ana falarem na hora do almoço que era melhor matarem seu senhor, no que ele interrogado não deu fé assim como os outros parceiros por que persuadiu-se que aquilo não passava de uma mera prosa e que era devida a circunstância de se acharem eles trabalhando no domingo, que não houve portanto concerto algum com ele interrogado para esse fim, e que não avisou seu senhor daquele dito de Ana e Martinho por não lhe ligar importância.[139]

Raimundo, que não pertencia a Francisco de Salles, esclareceu que "domingo ele interrogado foi a roça já depois do almoço não tendo assim presenciado qualquer conluio dos escravos para perpetração deste crime".[140] Tal como Thomé, que "nem sabia que houvesse entre os escravos o projeto de o praticarem",[141] Fernando "ignorava inteiramente que houvesse entre os escravos os planos de fazerem esse crime".[142]

Apesar da alegada inocência dos outros escravos, uma declaração da ré Ana admite a pouca participação deles no crime em si, mas ao mesmo tempo denota algum envolvimento de sua parte:

> não tendo dado pancada alguma os escravos Salvador, Thomé, Fernando, Raimundo e a escrava Helena,'os quais entretanto assistiram todo o fato relatado; tendo tomado parte direta na combinação e logo que seu senhor foi agredido deixaram o serviço do eito e vieram para perto deste conservando-se impassíveis e sem proferir palavra alguma.[143]

---

138 AESP, ACI, 13.02.087, *doc. 8*. "Auto de perguntas a preta Helena", f. 36-37.

139 AESP, ACI, 13.02.087, *doc. 8*. "Auto de perguntas ao preto Salvador", f. 40.

140 AESP, ACI, 13.02.087, *doc. 8*. "Auto de perguntas a Raimundo", f. 42.

141 AESP, ACI, 13.02.087, *doc. 8*. "Auto de perguntas a Thomé", f. 43.

142 AESP, ACI, 13.02.087, *doc. 8*. "Auto de perguntas ao preto Fernando", f. 45.

143 AESP, ACI, 13.02.087, *doc. 8*. "Auto de perguntas a preta Ana", f. 18.

As contradições quanto a este aspecto do crime dificilmente podem ser solucionadas, mas a última informação de Ana indica um caminho verossímil: tendo ou não participado da combinação feita pelos réus, os outros escravos não tentaram impedir sua execução. Salvador explicou o não envolvimento dizendo que ele, Raimundo, Thomé e Fernando "se conservaram nos lugares onde estavam trabalhando, aterrados e tomados de surpresa com tal sucesso";[144] Thomé ficou "esmorecido e aterrado no mesmo lugar onde trabalhava em vista daquele espetáculo, e a tal ponto se assustou que querendo correr logo para a casa não o conseguiu por que as pernas lhe bambeavam".[145]

Fosse por verdadeiro medo de seus companheiros ou por aprovar impassivelmente as ações deles, parece indiscutível que naquele momento os outros escravos fizeram, em algum grau, a opção de não tentar evitar o assassinato tornando-se assim algo coniventes com os réus. Tal atitude demonstra o caráter frágil tanto do poder senhorial, que em outros momentos se colocava como absoluto, quanto da empatia que poderia ser angariada pelo senhor. Nenhum dos dois foi suficiente para valer uma intervenção no "espetáculo" de seu assassinato.

Todas as testemunhas-informantes concordavam ao dizer que foi a escrava Ana quem iniciou o ataque a Francisco de Salles. Segundo ela mesma, o senhor chegou à roça na manhã de segunda-feira e encontrou os escravos já trabalhando

> ali chegando começou logo ele a surrar com seu relho quase todos os escravos, tendo ela interrogada também apanhado, que em virtude da combinação havida ontem e repetida hoje ela interrogada devia ser a primeira a dar em seu senhor e gritar imediatamente para que seus parceiros se atirassem sobre ele, pois estes não tinham coragem de tomarem a iniciativa da agressão.[146]

Acontece também nesta circunstância uma sugestiva inversão. Ana foi não apenas a única ré mulher encontrada no presente estudo, mas também no levantamento preliminar da pesquisa que envolveu 51 processos criminais de homicídios com réus escravos, de 1845 a 1886. É notável a ausência de mulheres entre os acusados por este tipo de delito. Mesmo considerando

---

144 AESP, ACI, 13.02.087, *doc. 8*. "Auto de perguntas ao preto Salvador", f. 40.

145 AESP, ACI, 13.02.087, *doc. 8*. "Auto de perguntas a Thomé", f. 44.

146 AESP, ACI, 13.02.087, *doc. 8*. "Auto de perguntas a preta Ana", f. 16.

Quando falha o controle   175

que elas pudessem participar de combinações como a indicada por Ana, podem não ter tido participação ativa nos crimes em si; ou eram protegidas por seus companheiros ou manipulavam a situação de modo a não serem indiciadas. Ainda assim, é difícil imaginar que tal manipulação pudesse ser efetiva de forma a mascarar tão plenamente a participação de mulheres nos crimes. É provável que, ao fim e ao cabo, elas de fato se envolvessem menos nos homicídios do que os homens.

As ações de Ana surpreendem não só por significar que ela participara ativamente do crime, mas também pelo papel por ela desempenhado no desenrolar dos acontecimentos daquela manhã. Frente à reconhecida falta de coragem de seus parceiros, ela tomou a iniciativa não apenas por uma decisão de momento, mas como resultado da combinação prévia. Ou seja, quando os escravos conversaram sobre a morte de Francisco de Salles, os homens admitiram não ter coragem para fazê-la, a não ser que Ana tomasse a dianteira.

Segundo ela mesma,

> algum tempo depois de haver apanhado, e no momento em que seu senhor se abaixava para cortar com a faca um toco de lixa, descarregou sobre ele um golpe com a enxada, não tendo entretanto esta o alcançado, e gritou incontinenti por seus parceiros, dizendo "cheguem, cheguem"; que em vista da agressão e do grito dado por ela interrogada, seu senhor que não tinha sido ofendido com a pancada referida, dirigiu-se imediatamente para ela interrogada, com a faca [sua] na mão e dizendo "o que é isto?" e nesse ato o escravo Benedito que é feitor e foi o primeiro a ser surrado hoje agarrou seu senhor por trás e logo em ato contínuo o escravo Martinho veio pela frente e descarregou um golpe de enxada sobre a cabeça do mesmo seu senhor que foi pendendo para o chão.[147]

Martinho chegou a afirmar que "a parda Ana [tinha] se oferecido para tomar a dianteira e a iniciativa da agressão".[148] O processo não esclarece se Ana simplesmente se ofereceu para iniciar uma ação que caso contrário começaria de outra maneira ou se, como Ana alegou, ela compreendeu que deveria ser a primeira caso contrário seus companheiros não teriam coragem de levar a efeito a combinação. De qualquer modo, fica bastante claro que se tratava de uma mulher bastante arrojada. É controversa a alegação

---

147 AESP, ACI, 13.02.087, *doc. 8.* "Auto de perguntas a preta Ana", f. 16-17.

148 AESP, ACI, 13.02.087, *doc. 8.* "Auto de perguntas ao preto Martinho", f. 22.

de que seu golpe errou o alvo; alguns escravos a confirmaram enquanto outros a refutaram. No entanto, o detalhe não parece suficiente para relativizar a importância da participação de Ana no crime. Tendo ou não acertado seu senhor, seus parceiros reagiram a sua tentativa de acertá-lo.

Conforme as informações da escrava, Martinho foi o primeiro a golpear Francisco de Salles e o levou ao chão, mas Caetano e João também deram golpes.[149] Martinho explicou o desenrolar dos fatos de maneira bastante similar, mas declarou que o golpe de Ana foi certeiro. Em seguida, ele, João e Caetano deram outras pancadas enquanto Benedito segurava o senhor.[150] Caetano reafirmou a participação dos outros réus, enquanto negou a sua própria.[151] João, por sua vez, admitiu ter tomado parte tanto na combinação quanto no crime e foi categórico ao dizer que Ana e Martinho também deram pancadas no senhor, "que os outros escravos ele interrogado não viu darem pancadas, sendo certo porém que a combinação tinha se dado entre todos na roça, mas que supõe que no momento do delito alguns se aterrorizaram".[152]

A leitura das informações e interrogatórios dos réus parece deixar claros os papéis desenvolvidos por cada um destes quatro escravos no crime. Mesmo Caetano negando sua culpa na execução da combinação, admitiu ter tomado parte no plano; virtualmente todos os outros escravos interrogados, indiciados ou não, corroboraram que ele também deu golpes de enxada em Francisco de Salles.

Muito mais controversa foi a participação de Benedito no crime. Logo de início, uma informação reiterada por diversos depoentes demonstram a intricada posição do feitor em relação tanto aos companheiros quanto ao senhor, a qual já foi discutida anteriormente. Assumindo a delicada tarefa de se manter em boas relações tanto com seus parceiros quanto com seu proprietário, o equilíbrio destas relações poderia vir abaixo em momentos como o descrito por Ana: "o escravo Benedito que é feitor e foi o primeiro a ser surrado hoje".[153] Mais do que isso: segundo Martinho, quando Francisco de Salles chegou à roça na manhã daquela segunda-feira, "arrancou o relho

---

149 AESP, ACI, 13.02.087, *doc. 8.* "Auto de perguntas a preta Ana", f. 16-17.

150 AESP, ACI, 13.02.087, *doc. 8.* "Auto de perguntas ao preto Martinho", f. 23.

151 AESP, ACI, 13.02.087, *doc. 8.* "Auto de perguntas ao preto Caetano", f. 30. Caetano afirmou ter ficado, junto dos outros escravos, "impassíveis no mesmo lugar onde trabalhavam".

152 AESP, ACI, 13.02.087, *doc. 8.* "Auto de perguntas ao preto João", f. 33.

153 AESP, ACI, 13.02.087, *doc. 8.* "Auto de perguntas a preta Ana", f. 17.

da cinta do escravo Benedito que é feitor, e começou por surrar a este com o dito relho, surrando depois a todos os mais".[154]

Em primeiro lugar, Francisco de Salles dera ao feitor um relho, para que este mantivesse os companheiros nos limiares da disciplina desejável e lhes impusesse um ritmo de trabalho conveniente aos interesses senhoriais. Quando julgou que o feitor não exercia suas funções a contento, abordou-o em frente a seus parceiros, tirou-lhe da cintura o símbolo do poder que lhe fora outorgado e o castigou ali mesmo. Se a eleição de Benedito como feitor demonstrava reconhecimento por parte do senhor de que ele poderia ser um seu representante, o castigo sugeria que esse reconhecimento era afinal bastante quebradiço. Benedito via-se na trabalhosa situação de, como feitor, impor respeito aos companheiros enquanto suportava, junto deles, o tratamento árduo recebido do senhor.

Como observou Robert Slenes, "o escravo que cultivava o favor do senhor não podia dispensar a 'amizade' de seus parceiros. Se assim fizesse, poderia ser alvo do revanchismo deles".[155] Benedito parece ter sido razoavelmente bem-sucedido nesta empreitada. Mesmo assim, o equilíbrio entre ambas as forças, do favor e da "amizade" tornava-se obviamente mais instável quando Francisco de Salles deixava claro que a lealdade ao senhor não era suficiente para garantir-lhe um tratamento mais brando.

Se o escravo foi aliciado pelos companheiros para participar da morte de Francisco de Salles, é verossímil que o comportamento deste ao chegar à roça, "logo arrancando o relho da cintura dele interrogado começando por surrá-lo e passando em seguida aos demais escravos", incentivasse a resolução previamente tomada.[156]

Os depoentes, de forma similar ao ocorrido em relação a Caetano, foram unânimes em descrever suas movimentações, as quais ele mesmo admitiu. O feitor participara da combinação ocorrida naquele fim de semana e no momento do crime agarrou Francisco de Salles enquanto os outros réus davam-lhe golpes de enxada.

---

154 AESP, ACI, 13.02.087, *doc. 8*. "Auto de perguntas ao preto Martinho", f. 23.

155 SLENES, Robert. W. "Senhores e subalternos no Oeste Paulista". In: ALENCASTRO, Felipe (org.) *História da Vida Privada no Brasil 2. Império: a corte e a modernidade nacional*. São Paulo: Companhia das letras, 1997, p. 279.

156 AESP, ACI, 13.02.087, *doc. 8*. "Auto de perguntas ao preto Benedito", f. 27.

178 Maíra Chinelatto Alves

As intenções de tal comportamento, no entanto, poderiam ser bastante diversas. Benedito informou às autoridades que, apesar de tentar dissuadir seus companheiros do antigo projeto de matar Francisco de Salles,

> no domingo último ele interrogado achando-se com os mais escravos na roça, estes resolveram levar a efeito nesse dia aquele projeto, e ele tomou parte nessa combinação embora com algum constrangimento;... nesse momento [da execução do crime] vendo que os mais escravos corriam para o lado de seu senhor, tomou-se de verdadeiro dó por ele e arrependido de haver entrado na combinação havida largou a enxada e correu adiante dos seus parceiros indo abraçar-se a seu senhor e pedindo a seus companheiros que não o matassem, mas enquanto se conservava assim agarrado a seu senhor, não por detrás, mas pela frente, o escravo Martinho descarregou um segundo golpe com o qual seu senhor caiu de uma vez, dando em seguida outros golpes também de enxada os escravos João e Caetano e também a parda Ana que deu uma outra enxadada.[157]

Não é possível, analisando a documentação disponível, desvendar as reais intenções de Benedito ao agarrar Francisco de Salles. Caetano aditou verossimilhança à versão do feitor, ao declarar que "Benedito correu e agarrou a seu senhor pela frente supondo ele interrogado que o fazia com o fim de acudi-lo".[158] Martinho, por outro lado, afirmou peremptoriamente que "Benedito chegando por detrás o agarrou [a Francisco de Salles] pela cintura, e mandou a ele interrogado que desse, e ele interrogado deu uma pancada com o olho da enxada sobre a cabeça do paciente que caiu".[159] Ana disse que "Benedito agarrado em seu senhor não teve a intenção de o acudir, e sim de o sujeitar para que outros o matassem conforme tinham combinado".[160] João e Salvador afirmaram não saber se sua intenção era ajudar ao senhor ou aos companheiros.[161] Afinal, nas palavras do próprio réu, "segurando a seu senhor era sua intenção acudi-lo, e não impossibilitá-lo de se defender, e que entretanto não pode [provar] por outro meio além da sua declaração".[162]

---

157 AESP, ACI, 13.02.087, *doc. 8.* "Auto de perguntas ao preto Benedito", f. 26-28

158 AESP, ACI, 13.02.087, *doc. 8.* "Auto de perguntas ao preto Caetano", f. 30.

159 AESP, ACI, 13.02.087, *doc. 8.* "Interrogatório ao Réu Martinho", f. 139.

160 AESP, ACI, 13.02.087, *doc. 8.* "Interrogatório à ré Ana", f. 133.

161 AESP, ACI, 13.02.087, *doc. 8,* f. 33; 39.

162 AESP, ACI, 13.02.087, *doc. 8.* Interrogatório ao réu Benedito", f. 86.

Robert Slenes, analisando este processo, aponta como a versão de Benedito era verossímil. Uma vez "tendo ganhado a preferência dele [senhor] ao longo dos anos, a ponto de ser instituído feitor dos outros cativos, Benedito teria retribuído ao favor com solidariedade e gratidão, intercedendo pela vida do proprietário, não por sua morte". No entanto, a sociedade da época, representada no tribunal pelo júri, "não acreditou na história". Os jurados "já estava[m] farto[s] de saber de escravos favorecidos que fingiam deferência mas que não mereciam confiança. Nas sociedades escravistas da América, os líderes de revoltas escravas frequentemente eram cativos 'privilegiados': feitores, trabalhadores qualificados, escravos domésticos".[163]

Benedito, porém, não parece ter sido líder no ataque a Francisco de Salles. Este papel, aliás, dificilmente pode ser atribuído a qualquer dos escravos envolvidos no crime. Os réus parecem ter tido apenas participação destacada numa cena partilhada por todos os trabalhadores da roça. Nesse sentido, é de se notar a solidez das relações existentes entre estes cativos. Foi-lhes possível, em primeiro lugar, debater um projeto de assassinato por longo período de tempo; mesmo que a princípio se tratasse apenas de conversa fiada, ao final de fevereiro de 1876 a coisa tomara forma de um plano efetivo e nem então houve delação das intenções dos escravos. Em segundo lugar, os conspiradores conseguiram levar o projeto a efeito, sem serem impedidos por ninguém, nem mesmo pelos parceiros que não tomaram parte diretamente na ação. Afinal, ao menos os réus assumiram a responsabilidade pelo crime; mesmo alguns afirmando não terem batido no senhor, confessavam ter participado do plano. É interessante notar que, nas palavras de Martinho, "era condição do ajuste feito que nenhum deles se escusaria de tomar parte no fato criminoso e nem negaria a sua responsabilidade, sob pena de se voltarem todos contra aquele que procedesse de outro modo".[164]

Apontar os laços de lealdade existentes entre a escravaria de Francisco de Salles não implica dizer que estas ligações fossem desprovidas de conflitos. O mesmo Martinho, que perante as autoridades confessou positivamente

---

163 SLENES, "Senhores e Subalternos…", *op. cit.*, p. 281. Sobre a participação de escravos privilegiados em revoltas, ver QUEIROZ, Suely Robles Reis de. *Escravidão negra em São Paulo – um estudo das tensões provocadas pelo escravismo em São Paulo no século XIX*. Rio de Janeiro: José Olympio, 1977; PIROLA, Ricardo Figueiredo. *Senzala Insurgente: malungos, parentes e rebeldes nas fazendas de Campinas (1832)*. Campinas: Editora da Unicamp, 2011.

164 AESP, ACI, 13.02.087, *doc. 8*. "Auto de perguntas ao preto Martinho", f. 24.

180   Maíra Chinelatto Alves

sua parte no crime, logo depois de cometê-lo demonstrou, segundo Ana, hesitação em assumi-lo:

> Martinho saiu adiante dizendo que ia buscar o cavalo de seu senhor para ocultá-lo, cavalo esse que se achava amarrado a uma porteira pouco distante do lugar do serviço; mas logo ela interrogada e seus parceiros ouviram os gritos de Martinho que corria para a casa dizendo "mataram senhor" repetidas vezes; e decorrido algum tempo Martinho voltou acompanhado de três camaradas (...) vindo Martinho tão bem com corda que era destinada a amarrar ela interrogada e outros sendo ela somente que foi ali amarrada pelo dito Martinho, e os outros escravos que vinham logo atrás dela interrogada foram soltos até a casa e nesta amarrados também, e que Martinho chegando em casa denunciou ela interrogada... e os outros como autores da morte dizendo que todos tinham também se voltado contra ele e querido matá-lo.[165]

Martinho, por sua vez, afirmou que agiu desta maneira porque

> seus companheiros projetavam na roça antes d'ele interrogado vir para casa, conduzir o cadáver do seu senhor até o rio Atibaia onde o lançariam no lugar em que existe o pesqueiro, e ali deixariam amarrado o cavalo com o intuito de disfarçarem por este meio o assassinato e darem lugar a que se o atribuísse a um mero acidente; mas que ele interrogado não estava por esse acordo.[166]

As mudanças de atitude desse réu são difíceis de ser explicadas, principalmente porque não geraram maiores questionamentos por parte das autoridades. Qual seria a razão do desacordo de Martinho? E por que em primeiro lugar acusar os parceiros do crime, para em seguida confessá-lo abertamente? Provavelmente, essas ações seriam resultado de divergência entre os cativos sobre como proceder depois do crime, apesar de estarem de acordo em cometê-lo. De qualquer modo, o fato de os escravos se entregarem algo pacificamente à justiça sugere que eles acreditavam que suas decisões tinham alguma legitimidade; eram maltratados pelo senhor, recusaram-se a isso e estavam dispostos a encarar as consequências de suas ações.

---

165 AESP, ACI, 13.02.087, *doc. 8*. "Auto de perguntas a preta Ana", f. 18-19.

166 AESP, ACI, 13.02.087, *doc. 8*. "Auto de perguntas ao preto Martinho", f. 25.

Quando falha o controle 181

O feitor foi mais reticente em permanecer junto de seus companheiros ou por ser sincera sua declaração de que tentara impedir a morte do senhor ou porque contava ainda amealhar alguma proteção devido à posição privilegiada que ocupava. Segundo Ana,

> Benedito quis evadir-se para o mato dizendo aos demais parceiros que cada um procurasse o seu rumo, porém não o deixaram sair, pois era o combinado que todos deviam se apresentar sem que nenhum pudesse negar a sua responsabilidade pelo fato criminoso, devendo todos asseverar que a morte era devida a eles conjuntamente.[167]

Forma-se, assim, um retrato de um grupo de escravos que conseguiu estabelecer entre si fortes laços de lealdade, mesmo que isso não signifique que eram unânimes em suas ações e opiniões. Essas diferenças, normais e esperadas, não colocam em questão as comunidades existentes entre eles, as quais, por sua vez, ao menos naquele momento, sobrepujavam as ligações possíveis entre cativos e senhor.

Quatro anos depois do crime, os riscos trazidos pela existência dessas comunidades eram ainda e fortemente reconhecidos pela família senhorial. Em meio a um inventário conturbado pela precariedade de bens deixados em herança, uma petição da viúva os reconhecia. O avô dos órfãos tentou sistematicamente auxiliar seus netos, seja perdoando parte da dívida de suas legítimas paternas, seja custeando-lhes a educação e o sustento ou oferecendo-se para comprar os escravos dos menores por preços acima dos avaliados.

Ana Eliza Salles, mãe e tutora dos órfãos, requereu ao Juiz de Órfãos, em abril de 1880, "vender estes escravos, porque sendo eles exclusivamente aptos para o serviço de lavoura e não tendo os menores lavoura alguma, nenhuma vantagem há em conservá-los, antes acham-se nas desvantagens dos riscos a que eles estão sujeitos e que são intuitivos". José de Campos Salles propunha-se a pagar por Thomé, Fernando, Domingos e Caetano uma média de 200$000 a mais sobre a avaliação dos mesmos. A vantagem óbvia da transação era explicitada pela requerente:

> Parece fora de dúvida que em praça estes escravos não poderão alcançar tais preços, nem mesmo os da avaliação, principalmente se

---

167 AESP, ACI, 13.02.087, *doc. 8*. "Auto de perguntas a preta Ana", f. 17.

> se considerar que todos eles acharam-se mais ou menos implicados no assassinato do seu senhor, segundo é público e notório e consta do respectivo processo. Em tais circunstâncias a venda em praça pública só poderia servir para acarretar as despesas que lhe são próprias, e isto em pura perda para os menores. Os preços acima referidos são oferecidos pelo avô dos menores, não só no interesse de beneficiá-los, como também pela necessidade de manter em seu poder aqueles escravos por uma consideração de ordem e disciplina, condições estas que nenhum modo oferecem a um qualquer outro estranho, para quem os escravos nenhum valor terão.[168]

Considerando que tais afirmações certamente faziam parte de retórica com objetivo de obter a licença do Juiz de Órfãos para realizar a transação, é certo também que revelam o modo como tais escravos eram vistos e tratados pela família do senhor morto.[169] Tendo-se passado quatro anos do assassinato de Francisco de Salles, o crime não podia ser esquecido tanto pelo risco que implicava de ser, de alguma maneira, reencenado, quanto pela necessidade de se manter seus autores sob "ordem e disciplina". É improvável que os envolvidos no crime fossem ainda continuamente castigados, mas fica claro que a punição por suas ações não foi realizada somente pela justiça formal.

É de se notar que Caetano, na primeira avaliação de bens, de novembro de 1876, "não mereceu ser avaliado, porque o Juízo dos louvados foi declarado incapaz de prestar qualquer serviço".[170] Já em 1880, seria vendido por 1:800$00, 300$000 a mais do que valera em outubro de 1879, um sinal da sua recuperação física. Ainda assim, ficaria à mercê do pai do senhor que ajudara a matar.

O feitor Benedito teve destino diferente. Segundo lacônicas informações do inventário e livros de registro paroquiais, ele faleceu em 18 de fevereiro de 1877, aos 25 anos de idade. O escravo João, de mesma idade, também foi sepultado no cemitério de Campinas em 4 de agosto do mesmo ano. Ainda em 1877, morreu também a menina Francisca, de 9 anos de

---

168 CMU, 3° ofício, auto 7277, 1876, f. 166.

169 Perceba-se que três dos quatro escravos comprados pelo avô dos órfãos não foram indiciados pelo crime, apesar de "acharam-se mais ou menos implicados no assassinato do seu senhor". Não "consta do respectivo processo" o reconhecimento pelas autoridades públicas da participação de Thomé, Fernando e Domingos – pois do contrário eles também teriam sido levados a julgamento.

170 CMU, 3° ofício, auto 7277, f. 88.

idade, filha de Salvador e Helena, os quais depuseram no processo criminal mas não foram indiciados.[171]

Quanto às penas atribuídas pelo tribunal do júri, os cinco réus foram considerados culpados pelo crime. Por se tratar de escravos pertencentes à vítima estavam incursos no artigo 1º da lei de 10 de junho de 1835, mas a pena de morte seria comutada pelo juiz, primeiro pela de prisão perpétua e depois, visto serem os réus cativos, à de açoites e uso de ferros. Martinho, Benedito e João sofreriam 300 vergastadas; Ana e João, "em atenção a [sua] tenra idade e constituição", tiveram a pena atenuada para 150 açoites. Todos os cinco deveriam trazer ferro ao pescoço por oito anos.[172] Um detalhe bastante significativo da sentença foi o quesito apresentado aos jurados relativo às idades dos réus. O Juiz os instruiu a responder se cada um dos acusados era menor de 21 anos, apesar de nas respectivas qualificações todos eles afirmarem ter, no mínimo, 22. Como as argumentações dos advogados de defesa e acusação não eram transcritas nos autos dos processos, não se pode afirmar quem exatamente apontara o subterfúgio que atenuaria a pena dos réus. O fato de o Juiz e os jurados serem coniventes com ele aponta o compromisso que os envolvia de punir publicamente escravos envolvidos na morte de senhores, mas não a ponto de impedir uma futura punição privada do mesmo delito. Em 1876, os réus não seriam mesmo condenados à pena de morte. Mas os açoites poderiam, como fizeram claramente com Caetano e Benedito, implicar em significativa perda financeira para a herança, a qual deveria ser também abrandada na medida do possível. E, de qualquer forma, ao devolver os réus ao poder privado da família senhorial, garantia-se a continuidade do castigo dos escravos.

Benedito, Emiliano, João e Anísio e Manoel Inácio de Camargo, 1876

O último dos casos analisados neste estudo teve lugar menos de duas semanas após a morte de Francisco de Salles. Também teve como réus um grupo de escravos, mas em número de quatro e não cinco, como no que aconteceu antes dele. Quatro homens foram indiciados e, vale dizer, nenhuma mulher.

---

171 CMU, 3º ofício, auto 7277, f. 120. *Livro de óbitos de escravos, livro VII, Janeiro de 1868 a fevereiro de 1888. Paróquia da Conceição.* Arquivo da Cúria Metropolitana de Campinas, f. 205v.; 210v; 220-220v.

172 AESP, ACI, 13.02.087, *doc. 8*. f. 176.

Em 10 de março de 1876, o alferes Manoel Inácio de Camargo foi morto na roça de sua fazenda por seus escravos Benedito, Emiliano, João e Anísio.[173]

Todos os quatro eram homens solteiros que haviam chegado à fazenda de Campinas vindos do Nordeste, através do tráfico interno que movimentou grande parte da mão de obra do Oeste paulista na segunda metade do século XIX.

Segundo o inventário de Manoel Inácio de Camargo instaurado em 5 de abril de 1876 – menos de um mês após sua morte – pertenciam à herança 17 escravos, além de um ingênuo pertencente à família mais numerosa da senzala.[174] Os escravos somavam 22:550$000 em um total, contando as dívidas, de 54:449$638.[175]

A escravaria era composta de uma grande família nuclear, formada pelo africano viúvo David, de 54 anos, seis de seus filhos escravos e um outro ingênuo, além do marido de sua única filha. O chefe da família já tivera seu valor superado por seus parentes, muito provavelmente em vista de sua idade avançada, mas ainda trabalhava na roça com seus parceiros e exercia a função de feitor. Foi avaliado em 1:200$000, enquanto quatro de seus filhos de idade entre 13 e 20 anos, foram apreciados com valores entre 1:600$000 e 2:000$000. Ao todo, sua família valia 11:750$000, incluindo duas moças e dois meninos de 9 e 7 anos.

Sua mulher, Victória, faleceu em algum momento entre a matrícula realizada em 20 de julho de 1872 e a abertura do inventário em abril de 1876. Também fazia parte da família o preto Eufrásio, escravo mais caro da avaliação, de 2:300$000. Era natural de Guaratiba, tinha 29 anos e se casou com a filha mais velha de David e Victória, Cezarina, de 18 anos.[176] Também constava de lista matrícula, mas não da avaliação de 1876, o escravo Severo, então com 27 anos, solteiro, trabalhador de roça, fula e natural do Ceará. Ao lado do seu nome vê-se a anotação "fugido a 17 de abril de 1863".[177]

---

173 AESP, ACI, Microfilme 13.02.089, Documento 1. *Juízo de Direito de Campinas, Processo Crime, Réus: Benedito, Emiliano, João e Anísio, escravos de herança de Manuel Inácio de Camargo, 1876,* f. 3.

174 CMU, 3º ofício, auto 7299. *Inventário de Manoel Inácio de Camargo, Inventariado; D. Floriana Olímpia Leite Penteado, Inventariante, 1876.* f. 5v; 15v-17v. Ver tabelas 11 e 12, adiante.

175 CMU, 3º ofício, auto 7299, f. 47-8. O monte maior era de 69:794$000.

176 Segundo as informações registradas sobre Victória, ela era "filha natural de Cezarina" e, portanto, deu à sua filha o mesmo nome de sua mãe. CMU, 3º ofício, auto 7299, f. 17v. Ver tabelas 11 e 12, com a listagem dos escravos de Camargo. As informações analisadas adiante baseiam-se nesta relação.

177 CMU, 3º ofício, auto 7299, f. 17v.

Tabela 11 – Escravos de Manoel Inácio de Camargo, 1876

No. de Matrícula	Nome	Idade	Cor e/ou Naturalidade	Est. Civil	Filiação	Aptidão / profissão	Observações	Preço
121	1. David	54	Preto/ africano	Viúvo (Victória)	Desconhecida (Pai de Cezarina, Narcizo, Antônio, David, José, Francisco)	Capaz para qualquer serviço, trabalhador de roça. (no PC, feitor)		1:200$000
123	3. Joaquim	20	Preto/ Campinas	Solteiro	Filho legítimo de David e Victória	Capaz para qualquer serviço de roça	Vendido na partilha	2:000$000
124	4. Cezarina	18	Preta/ Campinas	Casada (Eufrásio)	Filha de David e Victória			1:600$000
125	5. Narcizo	16	Preto/ Campinas	Solteiro	Filho de David e Victória			1:800$000
126	6. Antônio	13	Preto/ Campinas	Solteiro	Filho de David e Victória			1:600$000
127	7. David	9	Preto/ Campinas	Solteiro	Filho dos mesmos (David e Victória)			800$000
128	8. José	7	Campinas		Filho dos mesmos (David e Victória)			450$000
129	9. Eufrásio	29	Preto/ Guaratiba	Casado (Cezarina)	Filho natural de Eva	Capaz para todo serviço de roça		2:300$000
130	10. João Cabra	26	Ceará	Solteiro	Filho natural de Vicência	Capaz para todo serviço de roça,	Condenado	1:400$000
131	11. Benedicto Cabra	21	Pernambuco	Solteiro	Filho natural de Joaquina	Capaz para qualquer serviço de roça	Condenado	1:400$000
132	13. Anísio	24	Mulato/ Bahia	Solteiro	Filho natural de Ana	Capaz para qualquer serviço, carapina	Não anotado "condenado"	1:600$000
133	13. Maria	48	Preta/ Sorocaba	Solteiro	Filho natural de Vicência	Doentia, engomadeira		300$000
3699	9. Manoel	22	Pardo/ Ceará	Solteiro	Desconhecida	Apto para o serviço de roça	Matriculado no município da Corte a 01/05/1872	2:200$000

Tabela 11 – Escravos de Manoel Inácio de Camargo, 1876 (cont.)

No. de Matrícula	Nome	Idade	Cor e/ou Naturalidade	Est. Civil	Filiação	Aptidão / profissão	Observações	Preço
3933	2. Emiliano	18	Preto/ Ceará	Solteiro	Desconhecida	Apto para o serviço de lavoura	Matriculado em Olinda (PE) em 07/05/1872. Condenado. [Pagamento de dívida]	1:400$000
1255	3. Henrique	13	Preto/ Paraíba do Norte	Solteiro	Desconhecida	Apto para o serviço, profissão doméstica	Mat no município de Cergá (Cuzá?) Paraíba do Norte em 30/04/1872	1:200$000
890	2. Maria	21	Preta/ Bahia	Solteiro	Filha de Antônia	Capaz para todo serviço, profissão de lavoura	Matriculada na vila de Nova Rainha (BA) em 30/09/1872	1:300$000

Fonte: CMU, 3º ofício, auto 7299. *Inventário de Manoel Inácio de Camargo, Inventariado; D. Floriana Olímpia Leite Penteado, Inventariante, 1876.* f. 15v-17v.

Tabela 12 – Escravos de Manoel Inácio de Camargo constantes apenas da matrícula de 1872

No. de Matrícula	Nome	Idade	Cor e/ou Naturalidade	Est. Civil	Filiação	Aptidão/ profissão	Observações
122	2. Victória	38	Preta/ Campinas	Casada com David	Filha natural de Narciza	Capaz para qualquer serviço, cozinheira	
14	Severo	27	Fula/ Ceará	Solteiro	Desconhecida	Capaz para qualquer serviço	Fugido a 17 de abril de 1863

Fonte: CMU, 3º ofício, auto 7299. *Inventário de Manoel Inácio de Camargo, Inventariado; D. Floriana Olímpia Leite Penteado, Inventariante, 1876.* f. 19. Matrícula Realizada em 20 de julho de 1872. Nela constam também os escravos de 1 a 14 da tabela anterior (11).

Tabela 13 – Escravos de Floriana Olímpia Leite Penteado, 1880

No. de Matrícula	Nome	Idade	Cor e/ou Naturalidade	Est. Civil	Filiação	Qualificação	Preço
121	1. David	60	Preto	Viúvo		Roça	1:600$000
124	4. Cezarina	22	Preta	Casada com Eufrásio		Cozinheira	1:400$000
125	5. Narcizo	16	Preto	Solteiro			2:100$000
126	6. Antônio	15	Preto				2:000$000
127	7. David	14	Preto	Solteiro			1:500$000
128	8. José	11	Preto	Solteiro			800$000
129	9. Eufrásio	25	Preto	Casado			2:200$000
130	10. João Cabra	22	Solteiro				1:400$000
131	11 Benedito	27	Preto	Solteiro			1:400$000
132	12. Anísio	20	Mulato	Solteiro			1:600$000
133	13. Maria	24	Preta	Solteiro			1:200$000
77	9. Francisco	22	Preto	Solteiro			2:200$000
84	16. Tito	60	Preto	Solteiro			50$000
183	6. Severina	28	Preta				1:400$000
864	1. Jerônimo	14	Parda				1:200$000
3699	9. Manuel	21	Preto	Solteiro			2:200$000
1255	3. Henrique	12	Preto	Solteiro			2:000$000
3933	2. Emiliano*	18	Preto	Solteiro			1:400$000
410	1. Maria	15	Parda				1:400$000

Fonte: CMU, TJC, 3º ofício, Auto 7392. *Inventário de D. Floriana Olympia Leite Penteado, 1880.*
*Emiliano fora vendido no primeiro inventário, mas ainda assim aparece nessa lista de avaliação, o que sugere que uma serviu de base para a outra.

Além deles, havia 6 homens e 2 mulheres, todos solteiros. A mulher mais velha, Maria, era uma preta doentia natural de Sorocaba que trabalhava como engomadeira. Foi avaliada em 300$000. A outra, também Maria, era uma preta da Bahia de 21 anos, de "profissão de lavoura", com preço de 1:300$000. Nenhuma das três mulheres foi citada no processo criminal, nem como testemunhas do crime. Entre os escravos de sexo masculino, havia dois meninos de 7 e 9 anos, além de outros dois, ambos com 13 anos. Sem contar o feitor David, de 54 anos, o inventário registra como escravo mais velho o

188 Maíra Chinelatto Alves

preto Eufrásio, de 29 anos. Configurava-se, assim, uma escravaria na idade mais produtiva formada em boa parte pelo crescimento vegetativo e predominantemente masculina.

Em seguida à anotação do único grupo familiar, que abrangia mais metade da senzala, vieram avaliados no inventário três dos réus indicados acima: João, Benedito e Anísio. De maneira semelhante ao ocorrido com os escravos de Francisco de Salles, as idades dos réus registradas no inventário e no processo criminal são diferentes.

Benedito, em sua qualificação, afirmava ser "filho de Januario e Joaquina, solteiro, de dezoito anos, natural do Pernambuco".[178] O inventário, por sua vez, nos informa que era um cabra de 21 anos e não revela o nome de seu pai.

João se dizia "filho de pais cujos nomes ignora, solteiro, de dezoito anos, mais ou menos, natural do Ceará", mas os avaliadores julgavam ter ele 26 anos, ser também cabra e filho natural de Vicência.

Anísio era "filho de Luiz e Ana, solteiro, de vinte anos mais ou menos, natural da Bahia"; no inventário aparece como mulato de 24 anos e com a qualificação de carapina. Todos estes três foram qualificados como trabalhadores de roça, apesar de a especialização de Anísio ser mencionada mais adiante em um de seus interrogatórios no processo.[179] Os dois primeiros traziam observado no inventário o fato de serem "condenado[s]" e foram avaliados em 1:400$000, enquanto o último, sem tal notação, o fora em 1:600$000. Muito provavelmente, esta diferença de preço se devesse à qualificação de Anísio, enquanto o fato de não ser registrado como condenado, embora tivesse sido considerado culpado no julgamento, pode revelar uma estratégia por parte dos responsáveis pelo inventário no sentido de preservar o valor da herança.

Segundo o processo, quando perguntados há quanto tempo residiam na propriedade de Manoel Inácio, Benedito respondeu que havia 6 anos e João, 10. Anísio não soube responder a pergunta. Como eles também foram matriculados conjuntamente, junto de outros dez escravos, em 20 de julho de 1872, certamente faziam parte da propriedade pelo menos desde então.

O caso de Emiliano já era algo diferente. Seu nome só aparece no final da lista de avaliação dos escravos e fora da numeração dos 13 primeiros

---

178 As qualificações dos quatro réus encontram-se em AESP, ACI, 13.02.089, *doc. 1*, f. 55-58.

179 AESP, ACI, 13.02.089, *doc. 1*. "Interrogatório ao Réu Anísio", f. 92.

cativos, que foram matriculados conjuntamente. Em sua qualificação, ele afirmou ser "filho de Joaquim Brás e Maria, solteiro, de dezenove anos, natural do Ceará". O inventário não modificou muito sua idade; foi-lhe atribuída a de 18 anos e confirmada sua naturalidade, mas sem indicar sua filiação. Quando interrogado em outro momento ele afirmou ser cozinheiro e residir na propriedade havia um ano.[180] De fato, o inventário comprova que Emiliano foi comprado por Manoel Inácio de Camargo em 2 de janeiro de 1875. Ele teria então 18 anos e era apontado como trabalhador de lavoura. Sua matrícula foi realizada em Olinda (PE) em 7 de maio de 1872 e ele era o número 2 da relação. Todo esse emaranhado de informações é muito sugestivo quanto à história deste escravo.

Em primeiro lugar, Emiliano não fazia parte das redes de relacionamento mais antigas daquela senzala; era um dos escravos mais novos da propriedade e que ali residia havia menos tempo. No entanto, como se verá a seguir, foi capaz de angariar a simpatia e lealdade de pelo menos alguns de seus companheiros, pois juntos eles planejaram cometer o crime e o levaram a cabo sem serem delatados nem impedidos.

Em segundo lugar, o nome de seu pai, Joaquim Brás, permite especular se se tratava de um homem livre ou liberto. Como observado em relação a outros cativos, o fato de ele saber nomear seus genitores indica o pertencimento a um núcleo familiar. Se ele era filho reconhecido de um homem livre ou liberto com uma escrava, isso indica uma aproximação maior com a realidade fora da escravidão, mesmo que os dois mundos fossem efetivamente próximos.

Esta proximidade poderia estar ligada a um terceiro fator: a afirmação de desempenhar uma atividade especializada e de intimidade com o poder senhorial, a qual poderia resultar, eventualmente e como recompensa por um comportamento exemplar, em sua manumissão. No entanto, tanto quando foi comprado, em 1875, quanto durante a avaliação de 1876 sua especialização não foi reconhecida por seus senhores. Tal como João e Benedito, Emiliano foi avaliado em 1:400$000 e trazia ao lado de seu nome a anotação de "condenado".

Finalmente, temos o fato de ele, mesmo sendo natural do Ceará, ter sido matriculado em Pernambuco. É possível que isso não implicasse numa

---

180 AESP, ACI, 13.02.089, *doc. 1*. "Auto de perguntas ao escravo Emiliano", f. 27; "Interrogatório ao réu Emiliano", f. 86.

separação de sua família e que seu senhor tivesse se mudado de um lugar ao outro, levando consigo todos os seus cativos. Mas pode ser também que em 1872, com cerca de 14 anos, ele já tivesse sido afastado de seus familiares e vendido para a outra província. É interessante também o fato de ele ser o número 2 da relação de matrícula. De maneira geral, as formas como os escravos aparecem nos diversos documentos analisados parecem indicar as posições por eles ocupadas na propriedade. Normalmente, em primeiro lugar vinham os escravos de maior valor e pertencentes a redes familiares, seguindo em ordem decrescente até os solteiros de preços menores. Homens e mulheres poderiam vir agrupados, quando casados, junto de seus filhos ou, alternativamente, separados, mas seguindo a ordem decrescente de valor. Assim, como o segundo escravo matriculado e generalizando a forma de anotação dos cativos, talvez Emiliano fizesse parte de um desses núcleos, o que justificaria sua posição de destaque. Mas, por outro lado, é possível que seu senhor em Pernambuco tivesse propriedade mais modesta, em que se sobressairia o rapaz de 14 anos. Emiliano ocupou papel de relevo na morte de Manoel Inácio de Camargo e assim forneceu informações sobre seu comportamento anterior ao crime.

Segundo os depoimentos do processo, o assassinato aconteceu numa sexta-feira, quando Manoel Inácio chegou à roça depois de passar a semana na cidade. Segundo David, o senhor "perguntou a ele depoente como feitor que serviço tinha havido durante a semana".[181] Essa colocação pode indicar tratar-se de um proprietário que não estava o tempo todo presente na fazenda, apesar de em nenhum momento ser citada a existência de um administrador que assumisse o controle da propriedade na ausência dele. O inventário, porém, revela que Manoel Inácio empregava no sítio seu irmão, José de Camargo Escobar, que também depôs no processo. Ele recebeu da viúva o ordenado de 258$000, não se especificando o período nem a função a que referia.[182] Provavelmente a testemunha João Pedro de Castro se referia a Escobar quando declarou que

> veio ao sítio dele testemunha um empregado do falecido Manoel Ignácio de Camargo, [e aí] disse que nesse momento os quatro escravos de nome João, Anísio, Benedito e mais outro que não se

---

181 ESP, ACI, 13.02.089, *doc. 1*. "Auto de perguntas ao escravo David", f. 36-37.

182 CMU, 3º ofício, auto 7299, f. 30.

lembra do nome pertencentes ao mesmo falecido haviam assassinado seu senhor, e que vinha ali pedir que os agarrasse no caso de aparecer, pois se haviam evadido[183]

Quando perguntado, Escobar disse que

tendo seu falecido irmão ontem ido da cidade para o sítio dirigiu-se a roça ficando ele depoente em casa, que quando foi uma hora mais ou menos depois de ter ido a roça viram o preto David, seu genro Eufrásio e os dois moleques com ar amedrontado e de carreira dar-lhe parte que os outros parceiros estavam matando a seu senhor e irmão dele depoente.[184]

Escobar bem poderia ser administrador do sítio do irmão. Nesse caso, seu papel mediador, ao menos naquele momento, não funcionou a contento. Manoel Inácio, depois de chegar da cidade, foi sozinho à roça deixando o irmão em casa. Optou naquele instante por tratar diretamente com os escravos, o que se mostrou ser um grande risco.

Podemos não conhecer as relações entre os irmãos Camargo, nem os questionamentos feitos por Manoel a Escobar quando da sua chegada, mas sabemos que depois de uma semana afastado o senhor inquiriu David a respeito do andamento do trabalho naquele período. Em algum grau, o feitor tornava-se um dos responsáveis – se não o único – por manter o bom funcionamento do sítio na ausência de Manoel Inácio. Fazia parte de sua função, portanto, denunciar o ritmo do trabalho desempenhado por seus companheiros e, muito provavelmente, a reação desses – satisfatória ou não – ao compasso imposto pelo feitor.

Entre tantas similaridades existentes entre este caso e o de Francisco de Salles, uma disparidade se destaca: em momento algum o feitor e sua família aparecem como suspeitos ou envolvidos com o crime. David, ao contrário do feitor Benedito, não foi castigado junto de seus parceiros quando seu senhor se viu descontente com o trabalho realizado sob a administração do escravo.

A posição de destaque do único africano da senzala pode também ser explicada pelo depoimento prestado pelo mesmo: "ele depoente ... tem

---

183 AESP, ACI, 13.02.089, *doc. 1*. "Testemunha 6ª – João Pedro de Castro", f. 77. Note-se que a testemunha não conhecia bem Emiliano, que pertencia à propriedade havia pouco tempo.

184 AESP, ACI, 13.02.089, *doc. 1*. "Auto de Perguntas a José de Camargo Escobar", f. 39.

acompanhado sempre seu senhor, desde quando tinha só este depoente como escravo". David era, portanto, o escravo mais antigo da propriedade de um senhor relativamente jovem – cujo herdeiro mais velho era uma menina de apenas 12 anos e o mais novo, "póstumo ainda não nascido".[185] A informação prestada pelo réu João de que ele pertencia há propriedade havia dez anos coloca este intervalo como limite mínimo da relação entre David e seu senhor. Como o inventário revela que o filho mais velho do feitor era Joaquim, de 20 anos, é possível que a família pertencesse a Manoel Inácio desde seu nascimento.

Ao perceber o ataque a Manoel Ignácio, disse o feitor que "ficou aterrado e a tremer no lugar sem ação, que depois ele depoente, seu genro e dois moleques correram para a casa chamar seu senhor moço Juca".[186] Em meio à confusão do assalto, a proximidade mantida por décadas com David e sua família, na qual incluía-se Eufrásio, de nada serviu ao senhor. Apesar de ambos afirmarem que ele "não era mau para os escravos e os tratava bem", "mas que os castigava quando era preciso", eles não conseguiram, e aparentemente nem mesmo tentaram, socorrer Manoel Inácio.[187] Eufrásio afirmou mesmo ter ficado "apatetado e com medo dos parceiros, e assim com o Feitor e os outros dois rapazinhos foram para a casa chamar seu senhor moço Juca".[188]

A distância entre esses escravos e os réus fica patenteada pelo próprio fato de eles não serem citados como participantes da combinação havida no fim de semana anterior à morte, mas também pelas diferenças de concepção quanto ao senhor. Segundo Benedito,

> ele informante, Emiliano, João e Anísio combinaram-se para matar seu senhor, e isto porque o mesmo os apertava demasiadamente na roça, achando sempre que o serviço era mal feito, e os espancando continuamente, e efetivamente na sexta-feira, tendo seu referido senhor ido da Cidade para a roça, logo depois que ali chegou começou a espancar a ele respondente, Eufrásio, e o escravo João, e foi então que ele e seus companheiros executaram o plano que tinham feito de matar seu dito senhor.[189]

---

185 CMU, 3º ofício, auto 7299, f. 5v.

186 AESP, ACI, 13.02.089, *doc. 1.* "Auto de perguntas ao escravo David", f. 37.

187 AESP, ACI, 13.02.089, *doc. 1.* "Auto de perguntas ao escravo David", f. 38; "Auto de perguntas ao escravo Eufrásio", f. 35, respectivamente.

188 AESP, ACI, 13.02.089, doc. 1. "Auto de perguntas ao escravo Eufrásio", f. 35.

189 AESP, ACI, 13.02.089, *doc. 1.* "Auto de perguntas ao escravo Benedito", f. 24-25.

No entanto, a distância entre a família do feitor e os outros cativos não era suficiente para poupar Eufrásio de ser castigado junto de seus parceiros, nem para impedi-lo de se referir a eles como "parceiros".

Em alguns momentos, mais ao final do processo, os "maus-tratos" e "excessivos castigos" sofridos são acentuados nos discursos dos réus, chegando a ser qualificados como "bárbaros".[190] O adjetivo soa estranho; mesmo considerando que nesta etapa os réus talvez tivessem recebido orientações de seu curador, é difícil imaginá-lo induzindo os réus a usar tal terminologia. Ela sugere mesmo uma inversão radical de papéis, tornando bárbaro o senhor branco e não seus algozes escravos.

De maneira semelhante ao acontecido com os escravos de Francisco de Salles, a combinação do assassinato de Manoel Inácio de Camargo teve lugar num domingo. No presente caso, os réus são bem menos específicos quanto ao que tornava seu senhor inadequado. Na verdade, em nenhum momento o definem como "mau senhor", mas são veementes ao apontar que eram maltratados.[191] Eles não citaram o trabalho realizado em dias tradicionalmente feriados, mas sim que eram apertados demais no serviço e castigados em excesso. Mesmo assim, as circunstâncias da combinação podem significar que, do ponto de vista dos réus, houvera algum abuso por parte do senhor naquele domingo. Os depoimentos dos réus não indicam que houvesse combinações do assassinato datadas de antes daquele dia.

Na manhã de sexta-feira 10 de março, portanto, Manoel Inácio chegou à roça e perguntou ao feitor David como correram os serviços durante a semana. Em seguida, quando começou a castigar os escravos, eles

> executaram o plano que tinham feito de matar seu dito senhor, começando a execução o escravo Emiliano, que deu uma facada e como seu senhor corresse ele respondente e seus três referidos parceiros correram atrás até que a dobrar o morro numa descida,

---

190 AESP, ACI, 13.02.089, *doc. 1*. "Interrogatório ao Réu João", f. 143; "Interrogatório ao Réu Anísio", f. 149, ambos realizados durante o julgamento no tribunal do júri.

191 O uso da expressão acontece na forma negativa, quando o feitor David afirmava que seu senhor "não era mau para os escravos". Ele revela, mesmo negando-a, a existência de um conceito de bom e mau senhor, provavelmente partilhado pelo restante da escravaria, apesar de discordarem quanto a categoria à qual Camargo pertencia. É muito provável que, dada a situação privilegiada de David e sua família, Camargo não fosse "mau" para com ele, enquanto o tratamento concedido aos outros escravos fosse bastante diferente. AESP, ACI, 13.02.089, *doc. 1*. "Auto de perguntas ao escravo David", f. 38

194   Maíra Chinelatto Alves

> o seu senhor caiu, e então eles quatro o agarraram e o escravo Emiliano deu a facada, e matou seu dito senhor, sendo certo que o escravo Anísio também deu uma facada com a própria faca que tirou do assassinado.[192]

Emiliano corroborou a versão de seu companheiro, mas revelou também um detalhe interessante. Segundo ele, depois do primeiro ataque "que não penetrou", o "ofendido correu perseguido pelos outros três ajustados e caindo foi subjugado por eles, até que ele respondente, que *por estar em ferros* não podia acompanhá-los tão bem (sic) chegou para matá-lo".[193]

Infelizmente, não é possível saber por que Emiliano estava "em ferros" em março de 1876. Mas o castigo que ele então sofria traz novos indícios sobre a situação deste escravo naquela propriedade. Somando as informações previamente analisadas sobre ele, um retrato bastante verossímil de Emiliano revela um cativo recentemente adquirido, afastado de laços familiares pelo tráfico interno e que não se adaptava bem ao trabalho no sítio de Manoel Inácio de Camargo; não estabelecera ali, ainda, laços familiares e nem teve oportunidade de desenvolver a atividade de cozinheiro. Mesmo assim, vale ratificar, ele estabelecera ligações com seus companheiros fortes o suficiente para junto deles tramar a morte do senhor com quase uma semana de antecedência e para concretizarem o plano como um grupo coeso e bem entrosado.

Como na morte de Francisco de Salles, o planejamento prévio do crime certamente foi incrementado naquela sexta-feira pela atitude do senhor de castigar seus escravos. Novamente, vê-se o ataque ao proprietário acontecendo na roça. Sem supervisionar mais proximamente o serviço dos cativos, Manoel Inácio ainda assim assumia a responsabilidade de exigir deles um ritmo e qualidade de trabalho que lhe fossem satisfatórios. Os detalhes referentes ao cenário do crime não ficam claramente estabelecidos no processo; diversas das testemunhas afirmaram que ele aconteceu no cafezal, o mesmo sendo apontado pelo réu João.[194] Já Benedito

---

192 AESP, ACI, 13.02.089, *doc. 1.* "Auto de perguntas ao escravo Benedito", f. 25-26.

193 AESP, ACI, 13.02.089, doc. 1. "Auto de perguntas ao escravo Emiliano", f. 28. Grifo meu.

194 AESP, ACI, 13.02.089, *doc. 1.* "3ª testemunha – João Batista de Toledo", f. 64; "4ª testemunha – Joaquim Antônio de Camargo", f. 66; "5ª testemunha – Francisco Cavalheiro de Almeida Barboza", f. 68. "Interrogatório ao réu João", f. 90.

disse que "todos os escravos estavam plantando feijão" quando Manoel Inácio chegou, afirmação confirmada por Emiliano.[195] Ora, conclui-se que naquela propriedade pelo menos as duas plantações existiam. Duas semanas antes, Francisco de Salles também faleceu em uma roça de feijão dentro de uma fazenda de café, situação condizente com a tradição da região de dedicar-se concomitantemente tanto à lavoura de exportação quanto à de subsistência.

O inventário de Camargo mostra que faziam parte da herança as benfeitorias do Sítio São Jerônimo, "constando de casa de morada, moinho, tulha de café, casa de caixão, senzalas, monjolos, estrebarias, paiol, pastos [avaliados em] 3:500$000". As terras em si eram compostas de 75 alqueires, avaliados em 20:000$000, enquanto os cafezais "contendo vinte e cinco mil pés mais ou menos, entre formados e não formados [valiam] 18:200$000". Portanto, havia uma média de 1470 pés de café por escravos, número que aumentaria se considerássemos apenas os cativos adultos. Como coloca Ricardo Salles, o aumento do ritmo de trabalho exigido dos escravos em Vassouras é perceptível pelo crescimento desta proporção, que entre 1821 e 1835 era de 500. Esse valor triplicou até alcançar a média de 1312 pés por cativo no período de 1865 a 1880. O ano de 1876, em particular, alcançou o ponto máximo de 3800 pés de café por escravo, o que distorce a curva para cima, enquanto demonstra o grau de exploração a que poderiam ser submetidos, mesmo em ocasiões excepcionais, aqueles trabalhadores.[196]

A inventariante disse haver também "uma pequena quantidade de café em cereja, não sabendo [o quanto], por não se achar medido, pelos louvados foi avaliado a quatro mil réis por alqueire". Mais tarde, revelou-se que se tratava de 745 alqueires de "café em casca colhido e para ser beneficiado", perfazendo 2:980$000.[197] O silêncio sobre a roça de feijão ou outros gêneros de subsistência é indício de que tratava-se de produção destinada ao consumo interno da propriedade. Manoel Inácio fazia parte dos proprietários que caracterizavam a região de Campinas naquele período, tornando-a referência na produção cafeeira.

---

195 AESP, ACI, 13.02.089, *doc. 1.* "Interrogatório ao réu Benedito", f. 84; "Interrogatório ao réu Emiliano", f. 88.

196 SALLES, *E o Vale era o escravo... op. cit.,* p. 153-154, gráficos 1 e 2.

197 CMU, 3º ofício, auto 7299, f. 17v; 28.

Aparentemente, sua situação financeira era bastante positiva. As dívidas por ele deixadas, no valor de 15:344$362 eram facilmente cobertas pelo ativo de 69:794$000. No processo de partilha, a viúva inventariante requisitou como sua meação, no valor de 27:224$819, em primeiro lugar os escravos, que de fato couberam todos a ela – inclusive o ingênuo Francisco "sem valor" – com a exceção de dois. Joaquim, filho mais velho de David e Vitória, foi vendido e com os 2:000$000 amealhados pagou-se diversas dívidas da herança. Emiliano também foi vendido a João Batista Veloso pelo preço de sua avaliação e amortizou parte do valor a ele devido pela herança.

É muito provável que a venda de Emiliano estivesse ligada ao seu papel na morte do senhor, enquanto a de Joaquim é mais difícil de desvendar por ser ele pertencente à única rede familiar existente na senzala, enquanto outros escravos mais caros e novos na propriedade foram nela mantidos. A transação indica mais uma vez os limites da estratégia de aproximação de escravos com seus senhores, a qual poderia não implicar na manutenção da união das famílias cativas. Joaquim já era adulto, portanto legalmente podia ser vendido e o impacto desta ação seria consideravelmente menor do que se se tratasse de uma criança, mas de qualquer modo ele foi separado de sua família.

Fora do núcleo formado pelos parentes de David, quatro dos escravos restantes foram comprados em 1875: Manoel e Emiliano, do Ceará, e Henrique, da Paraíba do Norte, foram adquiridos em janeiro daquele ano; e Maria, baiana, em novembro.[198]

Apesar da aparente prosperidade, o inventário traz uma informação intrigante quanto ao rendimento das safras de café nos anos seguintes à morte de Manoel Inácio. Em 1877, ele foi de 4:100$000; em 1878, de 14:035$000 e em 1879, de 17:038$000.[199] Sem informações sobre as safras de 1875 e 1876, é difícil afirmar se houve uma quebra na produção imediatamente após a morte do senhor.

Contudo, podemos comparar estes dados com aqueles do inventário de Francisco de Salles, que revelam que a "safra de café do ano de 1876 a 1877 produziu líquida a quantia de nove contos trezentos e trinta e cinco mil, quatrocentos e cinquenta réis (9:335$450)". Depois da morte de Salles,

---

198 CMU, 3º ofício, auto 7299, f. 20-23.

199 CMU, 3º ofício, auto 7299, f. 90.

o avô dos órfãos "resolveu pagar de salário a importância líquida relativa a safra de cada ano, dividida pelo número de seus trabalhadores válidos".[200]

Assim, dividiu-se entre os nove escravos os totais de 6:859$827 relativo ao exercício de 1877-1878, e 6:005$034 de 1878-1879.[201] Infelizmente, o documento não revela a quantidade de pés de café deste sítio, já que suas terras e cafezais na verdade pertenciam ao pai de Francisco de Salles. A comparação destes resquícios de informações aponta tendências contraditórias. Os herdeiros de Francisco de Salles tiveram seu maior lucro bruto anual justamente na época da safra de 1876-1877, enquanto os de Manoel Inácio viram suas rendas aumentarem enormemente nos anos seguintes, mesmo que seu inventário não aponte um aumento do cafezal.

Repartindo o rendimento da safra pelo número de escravos que nela trabalhavam, os Salles tiveram uma média de 762$203 e 667$226 para cada cativo em 1877-1878 e 1878-1879, respectivamente. Fazendo o mesmo cálculo com a renda dos Camargo, supondo que a quantidade de escravos e cafezais fosse estável no período, os lucros seriam divididos por dez escravos – considerando somente os maiores de doze anos e sem especialização indicada ou, como no caso de Anísio, mesmo sendo carapina, que sabemos por outras indicações trabalharem efetivamente na lavoura.

Como a viúva inventariante faleceu em 1880, ficamos sabendo que em março de 1878, recebeu – como herança de sua mãe – Francisco, de 22 anos, natural do Ceará; e Tito africano de 56 anos. Em novembro do mesmo ano, comprou Jerônimo, pardo de 14 anos natural do Ceará. A presença destes novos escravos, todos trabalhadores de roça, deixa o cálculo do número das produções dos cativos assim: em 1877, 10 escravos rendiam, cada um, 410$00. Em 1878, eram 12 escravos a 1:169$583 cada. Em 1879, 13 cativos e a média de 1:310$615.

Como se vê, os números destoam enormemente. Somados às diferenças iniciais entre os dois senhores, podemos estar vendo as disparidades existentes entre um senhor mais abastado e um mais modesto. O crescimento nos rendimentos dos Camargo pode significar somente maiores investimentos ou melhores condições de tratamento das plantações e mesmo da safra, talvez o café ali produzido fosse de qualidade superior.

---

200 CMU, 3º ofício, auto 7277, *Inventário de Francisco de Salles, 1876*, f. 34.

201 CMU, 3º ofício, auto 7277, *Inventário de Francisco de Salles, 1876*, f. 88.

198   Maíra Chinelatto Alves

É com cuidado que se deve analisar estes dados, pois são altamente especulativos. À primeira vista, as finanças de Manoel Inácio de Camargo parecem bastante estáveis. Será então que podemos inferir da baixa cifra relativa a 1877 que, naquele ano e possivelmente no anterior, a situação não era tão confortável como sugerem os ativos e passivos da herança? Se isso for verdade, estabelece-se novamente uma tendência de se tentar instaurar uma aceleração no ritmo de trabalho dos escravos. A perspectiva de prejuízos explicaria uma mudança na cadência usual das atividades da lavoura e a resistência dos cativos em aceitá-la pode ter resultado no assassinato do senhor.

Nenhum dos quatro réus negou a participação no crime, apesar de João alegar em seu favor "que apenas segurou seu senhor, para ser morto".[202] Segundo Emiliano, "logo depois de haverem morto seu senhor, foram se ocultar em um mato próximo, onde ele interrogado seguiu para a casa, e os seus companheiros foram agarrados na mesma noite desse dia".[203] Uma das testemunhas arroladas confirmou a presença de Emiliano na casa: Francisco Cavalheiro de Almeida Barboza declarou que este escravo apareceu "declarando que tinham sido os quatro réus presentes os autores do crime, e que ele ajudara a matar, sendo ele Emiliano um dos quatro".[204] O escravo, porém, não foi detido naquele momento. O Juiz Municipal de Campinas, Carlos Augusto de Souza Lima, expediu, no mesmo dia do crime, um mandado de prisão contra os quatro réus que se tinham evadido. No auto de prisão, datado de 11 de março, o oficial de justiça, informava que

> acompanhado da competente escolta três horas da madrugada dirigi-me com a referida escolta a um rancho no cafezal de um vizinho do mesmo sítio, e sendo aí encontrei dormindo os escravos Anísio, Benedito, Emiliano e João, os prendi ... não tendo havido a menor resistência da parte dos escravos, tentando apenas Anísio evadir-se mas não conseguiu.

O desempenho da escolta assume contornos anedóticos com a continuação da narrativa do oficial:

---

202 AESP, ACI, 13.02.089, *doc. 1*. "Interrogatório ao réu João", f. 91.

203 AESP, ACI, 13.02.089, *doc. 1*. "Interrogatório ao réu Emiliano", f. 88-89.

204 AESP, ACI, 13.02.089, *doc. 1*. "5ª Testemunha – Francisco Cavalheiro de Almeida Barboza", f. 69.

> Nessa ocasião disparando casualmente a espingarda de uma das praças, cuja bala feriu levemente o braço esquerdo da praça Manoel Felix das [Mercês], sendo mera casualidade como disse por ter eu presenciado, o Sargento e as mesmas praças; efetuado por essa forma a prisão dos quatro escravos os conduzi a cadeia desta cidade, fazendo entrega ao respectivo carcereiro...[205]

João, Anísio, Benedito e Emiliano podem ter observado um tanto impassivelmente o trabalho dos guardas ou então se tornaram mais dóceis ao observar a destreza das praças no desempenho de suas funções.

Se tivessem intenção de fugir, os réus poderiam estar, às três horas da madrugada seguinte ao crime, bem mais distantes do que num rancho vizinho ao sítio em que viviam. Eles nem decidiram se entregar imediatamente à justiça, nem procuraram se afastar dela o mais possível. Aparentemente, o planejamento do crime não envolveu uma resolução clara de como proceder depois de realizá-lo.

Facilmente capturados e tendo confessado o crime perante as autoridades e o tribunal, todos os quatro réus foram condenados em 17 de junho de 1876. Tiveram a pena de prisão perpétua com trabalhos comutada para 300 açoites e uso de ferros por oito anos. Salvo as especificidades de cada caso, os quesitos propostos pelo Juiz de Direito foram idênticos no julgamento dos assassinatos de Francisco de Salles e Manoel Inácio de Camargo. Eles inquiriam ao júri se cada um dos réus matou o senhor; se eram de fato escravos dele no momento da morte; se havia outra prova relativa ao assassinato além da confissão dos réus e se eles eram menores de 21 anos. As respostas também foram idênticas e unânimes: sim para os dois primeiros e o último e não para o terceiro. Aqui, a menoridade atribuída aos réus não parece ter causado efeito nenhum, a pena não foi mitigada por causa disso.[206] As custas do processo contra os réus, no valor de cerca de 300$000, couberam à herança.[207] Ela também teve de pagar três dias e meio de sustento dos escravos na cadeia (16$500), em 21 de abril de 1876. Em novembro do mesmo ano, a viúva pagou a quantia de 70$000, "proveniente de dois troles que foram ao sítio com praças (polícia)". Os "honorários ao advogado pela defesa

---

205 AESP, ACI, 13.02.089, *doc. 1*, f. 21-22.

206 AESP, ACI, 13.02.089, *doc. 1*, f. 156-164; AESP, ACI, 13.02.087, *doc. 8*, f. 167-175.

207 AESP, ACI, 13.02.089, *doc. 1*. f. 170.

dos escravos no júri, formação da culpa e mais serviços prestados à herança" somaram 1:200$000.[208]

Cerca de quatro anos depois da condenação, em setembro de 1880, encontramos os quatro réus novamente descritos no inventário da viúva de Manoel Inácio, D. Floriana Olímpia Leite Penteado. João cabra, Benedito e Anísio, solteiros de 22, 27 e 20 anos, respectivamente, foram avaliados, novamente, em 1:400$00, 1:400$000 e 1:600$000.[209] A família do feitor David também permaneceu na propriedade, à exceção de Joaquim, vendido no primeiro inventário. Bastante misteriosa é a presença de Emiliano entre os escravos avaliados, mas pouco depois fica esclarecido que ele foi mesmo vendido na primeira partilha dos bens do casal ao credor João Batista Veloso. Além disso, quatro novos escravos, todos homens solteiros, juntaram-se à propriedade daquela família.[210] Comparando os valores dos réus com o de outros cativos de condições semelhantes, tanto no inventário de Camargo quanto no de sua viúva, percebe-se que eles parecem um tanto subvalorizados, talvez em consequência das condenações.

Ainda um último cruzamento deste caso com o anterior: Manoel Ferraz de Campos Salles, futuro presidente da república, primo-irmão e cunhado de Francisco de Salles, tutor dos menores órfãos deixados por seu parente, fez parte do corpo de jurados do processo aqui analisado e, conforme apontado acima, decidiu junto do restante do júri que os réus eram culpados.[211]

Esta pesquisa se encerra quase literalmente junto da própria escravidão, apesar de seu recorte não entrar na última década de vigência da instituição. A historiografia sobre o tema vem debatendo o impacto do imenso movimento abolicionista ocorrido nas décadas finais do Império. Ao mesmo tempo, a agitação escrava crescia nas áreas de maior concentração de cativos e autoridade e proprietários não conseguiam concordar mais sobre como conter a agitação e mobilidade da população escrava. Tais desentendimentos causavam pânico quando rumores de rebelião se espalhavam. Autoridades e senhores locais solicitavam reforços do

---

208 CMU, 3º ofício, auto 7299, f. 32; 33; 27.

209 Ver tabela 13, acima.

210 CMU, 3º ofício, auto 7392. *Inventário de D. Floriana Olímpia Leite Penteado, 1880.* f. 17v-18v; 27. As quatro aquisições e heranças de D. Floriana foram analisadas anteriormente e podem ser observadas na tabela 11.

211 AESP, ACI, 13.02.089, *doc. 1.* "Termo de sorteio do júri", f. 129.

governo provincial e imperial, os quais nem sempre podiam ser atendidos a contento, já que as forças policiais estavam ocupadas em outros lugares contendo os mesmos temores que se manifestaram anteriormente. Machado argumenta que, apesar da contínua repressão exercida pela polícia e pelos empregados armados das fazendas, de algum modo os escravos percebiam que as autoridades não tinham mais instrumentos com os quais conter as ondas escravas de contestação. A mudança no discurso hegemônico concernente à defesa da propriedade escrava afinal levou à ascensão de um tipo de rebelião escrava que acabou por extinguir a própria escravidão.[212]

Depois de uma década de intensa agitação escrava com crescente apoio popular, nos meses finais de 1887 numerosos grupos de cativos simplesmente deixaram de se submeter à escravidão e fugiram das fazendas do Sudeste.[213] Neste sentido, o 13 de maio de 1888 serviu apenas para reconhecer legalmente uma realidade já existente e que estava sendo experimentada por toda a sociedade imperial, seja através do ponto de vista abolicionista, que apoiava o fim da escravidão, seja como fazendeiros que só podiam observar suas propriedades escravas deixando suas fazendas.

A peculiaridade do andamento do inventário de Camargo revelou o destino final de pelo menos alguns de seus escravos e algumas das saídas que seriam encontradas pela classe proprietária em geral para lidar com ele. Em 10 de fevereiro de 1888, juntou-se a seguinte petição aos autos, a qual foi deferida pelo Curador Geral e pelo Meritíssimo Juiz:

> Ilmo. Sr. Juiz de órfãos
> Diz Theodoro Leite Penteado, tutor de seus netos filhos do finado Manoel Inácio de Camargo e mulher, que tendo se ausentado da fazenda dos órfãos os escravos ali empregados, tornando-se necessário e com urgência substituir aqueles trabalhadores por outros livres, afim de não haver prejuízo, quer o Suplicante que V. Excia. lhes conceda autorização para isso, admitindo-se colonos estrangeiros ou nacionais, como for mais conveniente, a bem dos interesses dos órfãos, passando-se o competente alvará, todo com as formalidades legais. Pede deferimento.[214]

---

212 MACHADO, "Teremos grandes desastres..." *op cit.*

213 AZEVEDO, *Onda negra... op. cit.*, p. 199-210.

214 CMU, 3° ofício, auto 7299, f. 108.

Se estivessem ainda vivos, João, Benedito e Anísio conseguiriam junto de seus companheiros a liberdade ainda antes da lei de 13 de maio. Experimentaram, assim, tanto a resistência violenta que opuseram aos castigos de Camargo, quanto a forma algo pacífica de agência dos cativos, que simplesmente abandonaram seus senhores, conforme a situação da instituição tornava-se insustentável em 1888.

Os crimes ocorridos na década de 1870, portanto, foram cometidos por escravos crioulos, provenientes do tráfico interno principalmente da região Nordeste do Brasil, mas também do Sul e províncias mais próximas de São Paulo, como Minas Gerais. O tempo de permanência na propriedade não era regular, ou seja, os criminosos tanto poderiam ser escravos bem adaptados na propriedade quanto poderiam ser recém-adquiridos – o que constituía um sério problema para a gestão senhorial, já que não havia forma certa de se garantir a própria segurança.

De modo geral eles envolveram bem sucedida premeditação, às vezes longa, o que juntamente com o discurso politizado que os réus apresentaram perante os tribunais revela o acirramento das tensões inerentes à relação senhor-escravo com o avançar do século.

CAPÍTULO 4

Um balanço comparativo entre as décadas
de 1840 e 1870: conclusões

Por que, afinal, estes escravos mataram seus senhores?

Esta é uma pergunta difícil de ser respondida ou, melhor dizendo, de ser plenamente respondida. As intenções e motivações das pessoas, principalmente em circunstâncias tão delicadas como as dos cativos aqui abordados, são frequentemente obscuras demais para serem facilmente esclarecidas. Os atores desses dramas não tiveram oportunidade, nem talvez interesse, para se estender sobre as razões que os levaram a agir como agiram. Mesmo suas confissões, relatando maus tratos ou castigos sofridos, aconteciam na forma de perguntas e respostas solicitadas pelas autoridades. Essas normalmente se atinham aos detalhes práticos do crime, sendo a motivação um deles, mas em nenhum momento juízes e advogados acharam necessário fazer perguntas mais profundas aos réus, que esclarecessem suas motivações enquanto homens iguais a seus senhores. Tratavam-se, afinal, de escravos.

As explicações encontradas para os crimes, portanto, são limitadas por essa barreira da intimidade que não foi transposta pelos investigadores oficiais dos crimes – mas o comportamento dos réus pode ser mais revelador do que suas palavras colhidas pela justiça. Podemos, com o esforço permitido pela distância, ver um pouco além delas e vislumbrar de relance a reação violenta a uma agressão sofrida ou a tentativa de proteger entes queridos de maus tratos futuros levando ao assassinato. Reconhecemos, é claro, a humanidade destes indivíduos, tanto escravos como senhores, e tentamos através dela interpretar suas ações.

Já as circunstâncias em que os crimes aconteceram são mais concretamente apreendidas dos autos, até aqui analisados profunda e individualmente. Passemos, agora, a uma discussão mais abrangente dos delitos, relacionando-os entre si com o intuito de esclarecer assim similaridades e diferenças existentes entre eles. A tabela 14 mostra algumas das características gerais de réus e vítimas e das propriedades em que viviam.

Uma primeira diferença bastante notável entre o final dos anos 1840 e o começo dos 1870 é a quantidade de escravos envolvidos nos crimes. Muitas vezes, o número de indiciados e condenados não reflete rigorosamente os acontecimentos relatados no próprio processo criminal. As mortes de Guedes de Godói e Francisco de Salles são exemplos gritantes da forma como as autoridades públicas por vezes protegiam os interesses da família senhorial, apontando apenas alguns dos diversos escravos obviamente envolvidos no delito para responderem ao processo na justiça.

Mesmo assim, não há indícios de que nenhum destes casos tenha se aproximado do que era considerado "insurreição" pelo Código Criminal do Império de 1830 – para ser qualificado assim, vinte ou mais escravos deveriam buscar a liberdade por meio da força.[1] Mesmo naqueles casos em que grande parte da escravaria participou de combinações e/ou da execução do assassinato, seu número não chegou a vinte.

Na década de 1840, os réus agiram de modo mais individual e independente. Mesmo na morte de João Lopes de Camargo, em cujo processo houve dois réus, um deles jamais confessou o crime. Os quatro acusados daquela década eram africanos, mas isso não significa que eram homens desenraizados e que não tinham nada a perder caso fossem condenados. Aparentemente, o alto índice de africanidade entre estes réus estava ligado ao momento em que ocorreram, mais do que a uma propensão de africanos a cometerem mais crimes.

Dois deles, João e Matheus, alegavam estar junto de seus senhores havia muito tempo; o segundo fizera parte da propriedade da mãe de João Lopes de Camargo. João, que teria de 20 a 30 anos, disse ter vindo da África muito pequeno e residir em Campinas havia mais de 20. Vítimas do tráfico atlântico, eles foram trazidos para o Brasil – e para Campinas – muito jovens e ali cresceram, criados junto dos mesmos senhores em cuja morte, já adultos, estariam envolvidos. A análise do tempo de permanência é importante pois permite imaginar o investimento que os cativos devem ter feito

---

1 *Código Criminal do Império, 1830.* Parte Segunda, Tit. IV, cap. IV, art. 113.

TABELA 14 – Características gerais de réus e senhores

Ano do delito	Réu	Idade	Cor e/ou Naturalidade	Estado civil	Qualificação	Tempo de residência	Senhor	Atividades do senhor	Monte mor/ Partível	Nº de escravos (antes do crime)
1845	João de Nação	20-30	Africano	Solteiro	Tropeiro, agricultor	+ 20 anos(criado desde pequeno)	Pedro Antônio de Oliveira	Cana, café	10:311$040/ 9:418$580	17
1847	Matheus	40	Congo	Casado	Caldeireiro/ feitor	Herança materna/ criado com senhor	João Lopes de Camargo	Café, vestígios de cana	9:674$320/ 3:867$175	8
	Venâncio	20	Moçambique	Solteiro	Enxada	Pouco tempo				
1849	Antônio de Nação	34	Nhambana	Solteiro	Roça	Desde antes de 1839	Antônio José Pinto da Silva	Chá	3:009$580/ 737$883	22
1871	Camilo	29	Santos	Casado	Roça	17 anos	Joaquim Guedes de Godói	Açúcar, aguarden- te, café, alimentos	92:585$641/ 83:754$001	36
	Feliciano	21	Campinas	Solteiro	Roça	Desde sempre				
	Constantino	20	Minas	Casado	Pajem	8 anos				
	Gregório	18	Pernambuco	Solteiro	Roça	4 anos				
1872	Manoel mulato	35-36	Ceará	Solteiro	Pedreiro/ roça	5 anos	João Ferreira da Silva*	Algodão	195:914$298/ 158:640$846	61
1876	Ana	22	Bahia	Viúva	Roça	5 anos	Francisco de Salles	Café	Ativo: 23:660$000 Passivo: 40:843$567	14
	Benedito	25	Campinas	Solteiro	Feitor	Desde sempre				
	Martinho	30	Porto Alegre	Casado	Roça	3 anos				
	João	22	Santa Catarina	Solteiro	Roça	2-3 anos				
	Caetano	20	Santa Catarina	Solteiro	Roça	Menos de 1 ano				
1876	Benedito	18	Pernambuco	Solteiro	Roça	6 anos	Manoel Inácio de Camargo	Café	69:794$000/ 54:449$638	17
	Emiliano	19	Ceará	Solteiro	Roça/ cozinheiro	1 ano				
	João	18	Ceará	Solteiro	Roça	10 anos				
	Anísio	20	Bahia	Solteiro	Roça/ carpinteiro	5-6 anos				

*Os bens relativos à propriedade em que vivia Manoel mulato pertenciam à herança do pai da vítima, João Ferreira da Silva Gordo.

em estratégias de aproximação do poder senhorial. Pode até ser que o convívio implicasse na criação de laços afetivos verticais nas propriedades, mas isso não impediu que os escravos – pelo menos estes – atentassem contra a vida de seus proprietários.

Outro sintoma deste investimento é o fato de os mesmos dois escravos que foram criados com o senhor desenvolverem atividades qualificadas. De maneira similar, Benedito, feitor, também afirmou ter crescido junto de seu senhor Francisco de Salles, em 1876. Ao todo, quatro dos dezoito réus pertenciam às vítimas – ou às famílias destas – desde crianças. Podemos ainda juntar a esta conta Camilo, que nasceu em Santos mas vivia em Campinas havia 17 anos; Constantino era mineiro, mas deve ter sido comprado por Guedes de Godói com 12 anos e se tornou pajem do senhor; e João, que viera do Ceará, mas chegou em Campinas com 8 anos. Forma-se, assim, um rol de sete escravos profundamente ligados às famílias de seus proprietários e que se envolveram na morte do senhor.[2]

Voltando ainda à questão da africanidade, alguns pontos podem ser observados. Vejamos plantéis majoritariamente crioulos, como o de Pedro Antônio de Oliveira, em que havia 3 africanos num total de 17 escravos. No entanto, apenas mais dois adultos viviam ali, sendo que um não teve sua origem revelada. O mesmo era o caso da pequena escravaria de João Lopes de Camargo, em que todos os 5 adultos eram africanos. Considerando que os criminosos sempre foram maiores de 18 anos e majoritariamente maiores de 20, os réus residentes nestas propriedades eram africanos porque os adultos que ali viviam eram africanos.

Na fazenda de Pinto da Silva, entre 10 homens adultos, apenas 4 eram africanos e um deles foi condenado pelo homicídio do senhor. Antônio de nação, com sua fama de insociável, pertencia à família de sua senhora havia ao menos 10 anos quando cometeu o crime. Mesmo sendo considerado ranzinza, laços mesmo que tênues ligavam-no a alguns de seus companheiros e podem ser observados nos documentos relativos a ele.

---

2 Maria Helena Machado fez uma análise da proveniência e tempo de residência dos escravos que participaram de homicídios de senhores e feitores, mesmo que não tenham sido indiciados, e concluiu que a maioria deles residia nas fazendas onde aconteceram os crimes havia mais de 6 anos (26 entre 38 casos com o tempo de permanência conhecido). MACHADO, Maria Helena P. T. *Crime e escravidão. Lavradores pobres na crise do trabalho escravo. 1830-1888*. São Paulo: Brasiliense, 1987, p. 48-49, nota 17.

Campinas na década de 1840 era um município em expansão, cujo ápice econômico chegaria algumas décadas mais tarde. A amostra de proprietários aqui analisada reflete isso, ainda que apenas um deles pudesse ser considerado um pequeno senhor de escravos em termos numéricos. Vale lembrar que mesmo João Lopes de Camargo, com seus 8 cativos, destacava-se entre os proprietários mais modestos da cidade. As duas outras vítimas usufruíam de posição mais vantajosa, mesmo não fazendo parte da elite local. A situação financeira de Pinto da Silva, que devia ao casamento com uma senhora abastada boa parte dos bens de que desfrutava, não era muito confortável, mas ainda podia ostentar na sociedade os 22 escravos que comandava em sua plantação de chá.

O já idoso Pedro Antônio de Oliveira era, sem dúvida, o senhor melhor estabelecido entre as vítimas dos anos 1840. Seus bens talvez não valessem tanto quanto os do casal de Pinto da Silva – vale lembrar que os escravos de sua propriedade não foram avaliados no inventário, por pertencerem á herança de sua mulher e enteados – mas ao menos não estavam comprometidos por dívidas.

A proximidade das relações entre estes proprietários e seus cativos fica bastante clara através da análise dos autos criminais. Como coloca Maria Helena Machado, proprietários menos prósperos viam-se em posição de feitorizar "pessoalmente seus escravos", os quais eram em pequeno número. Como resultado disso, os laços existentes entre senhores e escravos seriam proporcionalmente mais íntimos.[3] O contato próximo e diário traria oportunidades maiores para a ocorrência de desentendimento entre as partes, levando em algumas ocasiões ao homicídio.

Como já foi explorado anteriormente, os discursos feitos pelos escravos perante as autoridades públicas na década de 1840 tiveram tons diferentes dos do período seguinte. Então, os réus demonstravam descontentamento com o cativeiro em que viviam e com o senhor a que pertenciam e nesse sentido revelaram, ainda que de maneira indireta, suas concepções sobre um cativeiro aceitável e um bom senhor – que abrangiam principalmente justiça no castigo e no tratamento dos réus e de seus familiares, incluindo aí o respeito ao direito de complementarem sua alimentação. Nos anos 1870 esse discurso se tornaria muito mais direto e aberto, até mesmo com a denúncia de maus tratos e maus senhores. Numa sociedade em que a

---

3   MACHADO, *Crime e escravidão... op. cit.*, p. 89-90.

reprodução da instituição já estava comprometida pelo fechamento do tráfico atlântico e a Lei do Ventre Livre de 1871, os réus escravos encontravam – ou julgavam encontrar – um ambiente mais propício para dizer claramente o que esperavam de seus senhores como recompensa para seu trabalho. Afinal, o Império vinha legitimando os direitos dos escravos através das leis emancipacionistas da segunda metade do século XIX.

Até meados do século, no entanto, a escravidão permanecia uma instituição ainda razoavelmente legítima. O principal desacordo ocorrido então entre senhores e escravos parece ter se relacionado aos castigos. Característica capital da escravidão, ele esteve sempre presente nos momentos imediatamente precedentes aos crimes. Visto com naturalidade na época, o açoitamento era reconhecido no Código Criminal do Império como forma legítima de punição dos escravos.[4] Para o pesquisador, porém, torna mais fácil compreender por que os réus agiram de forma tão violenta como a registrada nos autos de corpo de delito. Castigar em excesso e injustamente poderia se mostrar um enorme risco para a saúde de ambos senhores e escravos.

Principalmente através de suas ações, os cativos encontravam meios de fazer valer suas concepções sobre o que era um tratamento aceitável e poderiam reagir violentamente quando suas expectativas não eram correspondidas. Na ausência de direitos positivos, havia costumes que se esperava fossem respeitados pelos senhores, porque foram conquistados a duras penas e tornavam menos árdua a vida no cativeiro. Antônio de Nação não aceitou ser impedido por seu senhor de desfrutar de uma alimentação diferenciada. Matheus e Venâncio, sem se utilizar do discurso do "mau senhor", responderam a uma pergunta sobre a bondade do proprietário dizendo que ele não havia de durar muito tempo. O primeiro teria agido motivado pela raiva despertada pelas surras sofridas por sua mulher.

Os réus Venâncio e João, julgados em 1849 e 1845, além do indiciamento tinham em comum o fato de terem fugido pouco antes de cometerem os delitos. Venâncio voltou apadrinhado para sua propriedade, enquanto João foi descoberto pelo senhor quando ia pedir auxílio a seus parceiros. Os desenlaces das fugas foram radicalmente diferentes: uma resolveu-se com a mediação pacífica de um vizinho, enquanto a outra resultou num

---

4   *Código Criminal do Império do Brasil, 1830*, arts. 60, 113. A pena de açoites só seria revogada em 1886.

embate entre senhor e escravos, no qual o primeiro levou a pior. A bem da verdade, a solução pacífica também não foi assim tão bem sucedida, já que pouco tempo depois o escravo apadrinhado também se envolveu no homicídio do senhor.

Mesmo consistindo em ações mais individuais, laços de solidariedade podem ser observados nestes crimes. João, fugido, procurava seus companheiros quando foi flagrado por Oliveira. Venâncio alegava ter combinado com Matheus a morte de Camargo. Mesmo Antônio, mais solitário, não foi impedido por ninguém de cometer o assassinato. Este é um ponto crucial que permeia praticamente todos os homicídios estudados. Em apenas um deles, o de João Ferreira da Silva por Manoel mulato, alegou-se não haver testemunhas próximas – os escravos que trabalhavam junto deles disseram estar na casa de máquinas no momento do embate.

De resto, vítimas, réus e seu parceiros partilhavam do mesmo ambiente, muitas vezes a lavoura, espaço mais propício para permitir o testemunho ocular do crime. Diversas vezes, estes terceiros apresentaram como explicação para sua inação o estarem ocupados em outra parte ou terem ficado petrificados de medo ao acompanhar a cena e é muito possível que estivessem falando a verdade. Por outro lado, podem ter sido coniventes. Ou ainda permitiram inadvertidamente que os criminosos agissem, porque não ousaram enfrentá-los, porque a ligação tida com o senhor, ainda que profunda, não era suficiente para motivá-los a tentar lhe salvar a vida.

Os crimes da década de 1870 apresentam algumas características bastante diferentes dos anteriores. Em primeiro lugar, mais escravos estavam envolvidos em seu planejamento e execução – e mais escravos havia então em Campinas. Três dos quatro homicídios foram cometidos por quatro ou mais escravos. Agiram sozinhos apenas Manoel mulato e Feliciano, quando atacou seu senhor moço – mas, nesse último caso, o réu anteriormente fizera parte do grupo que atacara o pai da vítima. Algumas das propriedades em que os crimes aconteceram eram consideravelmente maiores do que aquelas de 1840; nenhuma delas é considerada pequena em termos de posse de escravos: três são médias e uma é grande.

A análise dos réus e dos plantéis a que pertenciam revela padrões demográficos recorrentes da época: alta taxa de homens solteiros, mas parcela expressiva de casados, além da enorme ocorrência de cativos advindos do tráfico interno. Os lugares de origem dos réus são bastante variados, predominando as regiões Nordeste e Sul. Aqueles naturais de Campinas, apesar de poucos, têm a importância de sua participação multiplicada pelo fato de serem crias das casas e, portanto, bastante ligados às famílias senhoriais. Mesmo aqueles que foram importados estavam nas propriedades havia bastante tempo. Estas características demonstram a potencial fragilidade dos sistemas de incentivo, positivos ou negativos, no domínio da escravaria.

Uma explicação para algumas dessas falhas pode ser a juventude de algumas das vítimas. Dois senhores-moços sofreram agressão por parte de escravos da herança de seus pais no início da década de 1870, sendo que uma delas não levou à morte. Os dois senhores mortos em 1876 também deviam ser relativamente jovens: ambos tinham, à época de sua morte, somente filhos menores e deixaram suas mulheres grávidas. A filha mais velha de Salles (o qual ainda dependia muito da ajuda de seu pai) tinha apenas 5 anos e a de Camargo, 12. Portanto, somente uma das cinco vítimas dos anos 1870 era um senhor bem estabelecido e mesmo na família desse um rapaz também foi agredido por um escravo. Estes jovens demonstraram não ter a maleabilidade necessária para exercer políticas de domínio eficientes junto a suas escravarias. Não deixa de ser irônico que, perante as expressivas mudanças que ocorriam naquele período, foram os senhores mais moços os que não conseguiram adaptar aos novos tempos seus artifícios de mando. Ou talvez naquele cenário de acirramento de conflitos suas inépcias não foram perdoadas pelos escravos, enquanto em momentos em que a escravidão se mostrava mais firme os novos senhores tinham mais oportunidades para aprender a comandar.

Um segundo ponto recorrente é a combinação, às vezes bastante anterior, de se cometer o assassinato. É importante ressaltar, contudo, que mesmo assim os ataques aos senhores sempre aconteceram imediatamente depois de os escravos terem sido castigados ou quando estavam na iminência de sê-lo. Os homicídios eram frutos tanto de um planejamento premeditado quanto de circunstâncias extremas em que os réus procuraram se defender da violência física exercida pelas vítimas.

A existência de planos não delatados de morte do senhor é evidência sólida dos fortes laços que ligavam os conspiradores. Estes projetos significavam consonância de concepções e objetivos. Os cativos estavam de acordo quanto aos motivos que os levariam à ação, o que transparece em seus depoimentos perante a justiça; concordavam quanto à justiça de suas reivindicações, quanto ao modo de ação e, fator importantíssimo, não se denunciaram. Obviamente, a própria natureza da documentação analisada ressalta estes aspectos: os processos criminais existem porque os planos foram levados a efeito com sucesso; várias outras conversas deste tipo certamente tiveram desfechos muito diferentes. Mas a concretização do projeto era uma possibilidade real.

Por fim, os depoimentos dos réus, com suas particularidades e sutilezas, deixam transparecer a transformação ocorrida nos discursos sobre seus direitos. Todos estes aspectos estão intrinsecamente relacionados. Segundo Hebe Mattos, mais significativo do que um eventual aumento no número de crimes cometidos por escravos – crescimento esse demonstrado pelo estudo de Machado[5] – é "inflexão do discurso que os cativos apresentaram nessas ocasiões".

Os réus dos anos 1870 demonstravam através de suas falas repúdio ao que consideravam "mau cativeiro", aquele que não respeitava as obrigações senhoriais de comida, vestuário, domingos e dias santos livres,[6] além de castigos justos e da não incrementação do ritmo de trabalho. "A originalidade da argumentação dos cativos negociados no tráfico interno, nas últimas décadas da escravidão", prossegue a autora, "está no sentido genérico que atribuíam ao 'mau cativeiro' e na positividade que emprestavam ao 'bom cativeiro', sem o qual o senhor não merecia obediência". O surgimento de um "código geral de direitos dos cativos", propiciado pela "troca de experiências de cativeiro" entre escravos provindos do tráfico interno, esfacelaria "a própria essência da dominação escravista, que residia na capacidade de transformar em privilégio toda e qualquer concessão à ausência de prerrogativas inerente a estatuto de escravo".[7]

Contribuía imensamente para a possibilidade deste novo posicionamento dos escravos o fato de o Estado passar a reconhecer legalmente alguns direitos positivos dos cativos.[8] O decreto de 15 de setembro de 1869

---

5   Ver tabela 2.

6   MATTOS DE CASTRO, Hebe M., "Laços de Família e direitos no final da escravidão". In: ALENCASTRO, Felipe (org.). *História da Vida Privada no Brasil 2. Império: a corte e a modernidade nacional.* São Paulo: Companhia das letras, 1997, p. 357.

7   MATTOS, "Laços de família...", *op. cit.*, p. 359-360.

8   MATTOS, "Laços de família...", *op. cit.*, p. 360.

proibia, sob pena de nulidade, a separação de cônjuges e de filhos menores de 12 anos de seus pais. A lei de 28 de setembro de 1871 não só libertava o ventre, mas reconhecia como direito do escravo a posse de pecúlio por ele amealhado, o qual poderia ser utilizado na compra da própria alforria mesmo à revelia do senhor.

A nova circunstância política e econômica – vale lembrar que depois do final do comércio atlântico os preços de escravos subiram muito, tornando interessante aos senhores um maior cuidado com o bem-estar de sua escravaria – fornecia aos escravos armas mais eficientes em sua luta por melhor tratamento. Neste momento, aqueles transcritos, citados por Emília Viotti da Costa, que estavam ocultos na primeira metade do século XIX, poderiam vir à tona, tornando-se cada vez mais públicos num contexto de maior fragilidade do sistema escravista.[9] Os réus dos anos 1870 assumiram conjuntamente a responsabilidade pelos homicídios, baseados na concepção de que os senhores, com seu tratamento bruto, violavam seus direitos. Direitos estes que, como colocou Hebe Mattos, eram entendidos como coletivos e não pessoais. Esse raciocínio tornava mais lógica a ação conjugada.

Não obstante, duas observações podem ser feitas a respeito dessa discussão. As leis emancipacionistas que tiveram lugar nas décadas finais da escravidão reconheciam certos direitos dos escravos, mas não reconheciam todos aqueles reivindicados por eles. A salvaguarda da família e a possibilidade de autocompra eram avanços importantes e mudavam o cenário dos relacionamentos entre senhores e escravos, mas muitas vezes não eram estes os direitos que os cativos reivindicavam em seus depoimentos e cuja frustração os levava ao homicídio – apesar de eles poderem também ter contribuído em suas escolhas.

A definição do "bom cativeiro" permanecia ainda muito pautada pelo costume em 1876, tal como era em 1845. Boa alimentação, vestuário suficiente e adequado, dias livres, castigos e trabalhos moderados não eram, nos anos 1870, direitos positivamente reconhecidos pelo Estado. A própria lei de 1871 que reconhecia o direito do escravo ao pecúlio estabelecia que este poderia ser formado por doações, heranças ou pelo "que, por consentimento do senhor, obtiver do seu trabalho e economia".[10] A legislação concernente à

---

9   COSTA, Emília Viotti da. *Coroas de Glória, Lágrimas de Sangue. A rebelião dos escravos de Demerara em 1823*. São Paulo: Companhia das Letras, 1998, p. 99 e seguintes.

10   *Lei de 28 de setembro de 1871*, art. 4º, *apud* CONRAD, Robert. *Os últimos anos da escravatura no Brasil. 1850-1888*. Rio de Janeiro: Civilização Brasileira, 1978, p. 366-369.

Quando falha o controle   215

escravidão das últimas décadas do império pode ser interpretada como tentativa de manter o controle sobre o processo de emancipação, processo esse que se acirrava conforme o final do século se aproximava.[11]

Escravos que sofriam de maus-tratos, como Camilo, nem sempre encontravam na justiça respaldo a suas queixas; peritos podiam avaliar seus ferimentos, reconhecer que eles existiam e simplesmente decidir que eram "feridas de menor importância" e negar a existência de dano. Como já foi indicado, evidencia-se, assim, a dinâmica ambígua da instituição.

Aquilo que os escravos consideravam seus direitos, portanto, continuava em grande medida a ser entendido como concessão pelos senhores. Evidência disso é a crença dos últimos de que eles poderiam negá-los ou modificá-los conforme sua vontade, sem dever explicações ou obrigações a seus cativos. Thompson, em seu estudo sobre a Lei Negra de 1723, na Inglaterra, observou que "o domínio da lei é apenas uma outra máscara do domínio de classe";[12] as discrepâncias entre as noções senhoriais e escravas sobre os direitos dos últimos podem ser encaradas nesse sentido. Premidos por apertos econômicos ou ambição ou pela própria autoimagem de senhores onipotentes, as vítimas aqui estudadas se negaram ou falharam na negociação com seus cativos e não foram perdoadas por isso.

A segunda observação se refere ao discurso dos escravos nos anos 1840, sobre estes mesmos aspectos. Mesmo na ausência de reconhecimento legal de seus direitos, os primeiros réus deste estudo também lutaram e cometeram crimes por entenderem que eram maltratados. O conceito do "mau cativeiro" não estava então disseminado, mas de qualquer forma fica claro que eles não estavam satisfeitos com o tratamento que lhes era dirigido. A restrição e pessoalidade dos "direitos" por eles reivindicados não implica na superfluidade de suas demandas. As vantagens, no dizer de Mattos, por eles requisitadas incluíam, mais do que a preferência por determinados tipos de

---

11   MACHADO, Maria Helena P. T. "'Teremos grandes desastres, se não houver providências enérgicas e imediatas': a rebeldia dos escravos e a abolição da escravidão". In: SALES, Ricardo & GRIMBERG, Keila. *Brasil Império*. Rio de Janeiro: Civilização Brasileira, 2009. A Lei dos Sexagenários de 1885 é exemplo gritante de uma manobra política para prolongar a existência da instituição o máximo possível. Ver a esse respeito: MENDONÇA, Joseli Maria Nunes. *Entre a mão e os anéis: a lei dos sexagenários e os caminhos da abolição no Brasil*. Campinas: Editora da Unicamp, 1999.

12   THOMPSON, E. P. *Senhores e Caçadores: a origem da lei negra*. Rio de Janeiro: Paz e Terra, 1987, p. 350.

trabalho, a prerrogativa de não verem suas mulheres sendo surradas. Essa autora afirma com propriedade que na escravidão não podia haver direito, mas isso não significa que não houvesse padrões de comportamentos aceitáveis e esperados no trato com os cativos.

Mais do que motivados pela escravidão em si, os crimes analisados parecem ser reações à frustração dessas expectativas e revelam de maneira gritante a natureza violenta das relações sociais sob a escravidão. Embora a violência não seja prerrogativa exclusiva do sistema escravista, as condições desse sistema eram determinantes na execução desses crimes. Apesar das peculiaridades e pessoalidades de cada crime, eles tinham em comum o fato de serem senhores e escravos e os crimes acontecerem no bojo da especificidade dessa relação. Esses homicídios, da maneira como ocorreram, aconteceram porque se tratava de senhores e escravos.

Através dos casos analisados, é possível ter uma ideia do cotidiano das relações sociais existentes dentro de propriedades escravistas, tanto transversais como horizontais. O contato com os senhores, que nos casos em que estes eram assassinados era bastante próximo, constituía apenas um dos aspectos da sociabilidade dos escravos. Esta interação informava as formas de vida dos cativos de maneira pungente. O drama causado por ela podia chegar, como chegou aqui, a extremos de extraordinária violência. Mas, por outro lado, violentas eram as relações no século XIX. Ver através dela as pessoas que as experienciavam, como vítimas ou algozes, foi o objetivo deste trabalho.

A opção por analisar concomitantemente os anos 1840 e 1870 se mostrou produtiva, considerando que tanto as semelhanças quanto as diferenças entre os dois períodos permitem compreender melhor a natureza das relações entre senhores e escravos, assim como as transformações nela implementadas com o avançar do século.

As diferenças concernem ao número de escravos envolvidos nos crimes e na intensificação do ritmo de trabalho que ocorreu a partir da metade do século. O fechamento do tráfico atlântico em 1850 acarretaria em mudanças drásticas no perfil das escravarias, fator importante para entender quem eram os cativos que cometiam crimes contra seus senhores e quais suas relações nas senzalas em que viviam.

Assim, o que se viu no primeiro período foram réus africanos sendo indiciados e condenados pelos assassinatos, mas isso não implica dizer que eram todos boçais, sem relações e conquistas significativas dentro de suas respectivas propriedades. Pelo contrário, muitos deles pertenciam já há muito tempo às mesmas famílias senhoriais.

Já na década de 1870, com a maioria da população escrava tendo nascido no Brasil – mesmo que em regiões distantes de Campinas – algumas questões semelhantes se impunham: a existência de laços familiares e a ocupação de postos de trabalho privilegiados não eram suficientes para garantir o domínio sobre a escravaria. Num contexto de crescimento do debate sobre a escravidão, as demandas escravas se colocavam mais firme e abertamente e a formação de laços comunitários entre os cativos, com o intuito de exigir o cumprimento de seus direitos, era mais evidente.

Mais importante é a observação das relações, pacíficas ou conflituosas, dos atores envolvidos, principalmente entre escravos. Elas permitem apreender as formas de vida das pessoas que foram escravizadas durante o Império e que ainda assim conseguiam expressar seus interesses.

BIBLIOGRAFIA

Documentos manuscritos

Arquivo do Estado de São Paulo – Autos Crimes do Interior

Microfilme 13.01.37. *Documento 2. Réu: João Africano, escravo de Pedro Antônio de Oliveira, 1845.*

Microfilme 13.01.41. *Documento 6. Réus: Matheus e Venâncio, escravos de João Lopes de Camargo, 1849.*

Microfilme 13.02.41. *Documento 10. Réu: Antônio, escravo de Antônio José Pinto da Silva, 1849.*

Microfilme 13.02.077. *Documento 1. Réu: Camilo, Feliciano, Constantino e Gregório, escravos de Joaquim Guedes de Godói, 1871.*

Microfilme 13.02.077. *Documento 3. Réu: Feliciano, escravo de Joaquim Guedes de Godói, 1871.*

Microfilme 13.02.081. *Documento 6. Réu: Manoel, escravo de herança de João Ferreira da Silva Gordo, 1873.*

Microfilme 13.02.087. *Documento 8. Réu: Ana, Benedito, Martinho, João e Caetano, escravos de herança do finado Francisco de Salles, 1875.*

Microfilme 13.02.089. *Documento 8. Réu: Benedito, Emiliano, João e Anísio, escravos de herança de Manuel Inácio de Camargo, 1876.*

Centro de Memória da Unicamp – Tribunal de Justiça de Campinas

1º ofício, auto 2543. *Inventário de Pedro Antônio de Oliveira, Inventariante Antônio Manoel de Oliveira, 1845.*

1º ofício, auto 6771. *Inventário de João Lopes de Camargo, Inventariante Guilhermina Barbosa de Andrade, 1848.*

1º ofício, auto 2757. *Inventário de Antônio José Pinto da Silva, Inventariante D. Maria Joaquina da Conceição, 1849.*

3º ofício, auto 6849. *Inventário de D. Maria Joaquina da Conceição, Inventariante José Rodrigues de Oliveira, 1855.*

3º ofício, auto 7169. *Inventário de Joaquim Guedes de Godói, Inventariante D. Maria Luiza de Campos, 1871.*

3º ofício, auto 4302. *Inventário de João Ferreira da Silva Gordo, Inventariante Manoela Joaquina de Moraes, 1872.*

3º ofício, auto 7277. *Inventário de Francisco de Salles, Inventariante Ana Eliza de Salles, 1876.*

3º ofício, auto 7299. *Inventário de Manoel Inácio de Camargo, Inventariante D. Floriana Olímpia Leite Penteado, 1876.*

Arquivo Edgar Leuenroth – Unicamp

Microfilme MR 0320. *A Gazeta de Campinas*, Unicamp, no. 318, 25/12/1872.

Cúria Metropolitana de Campinas

Livro de óbitos de escravos, livro VII. Paróquia da Conceição, Janeiro de 1868 a fevereiro de 1888.

Documentos impressos

ANTONIL, André João. *Cultura e opulência do Brasil por suas drogas e minas.* (1711) (Ed. A. Mansuy) Paris: IEHEAL, 1968.

Código Criminal do Império do Brasil, 1830.

Código do Processo Criminal de 1832.

Código do Processo Criminal de 1841.

Lei de 28 de setembro de 1871 apud CONRAD, Robert. *Os últimos anos da escravatura no Brasil. 1850-1888.* Rio de Janeiro: Civilização Brasileira, 1975, p. 366-369.

PATI DO ALFERES, Francisco Peixoto de Lacerda Werneck, Barão de. *Memória sobre a fundação de uma fazenda na província do Rio de Janeiro.* Rio de Janeiro/Brasília: Fundação Casa de Rui Barbosa/Senado Federal, 1985.

"Pequena memória da plantação e cultura do chá", por José Arouche de Toledo Rendon, Tenente-General e Diretor do Curso Jurídico de São Paulo, em primeiro de janeiro de 1833. In *Coleção das três principais memórias sobre a plantação, cultura e fabrico do chá.* São Paulo: Typographia Liberal, 1851 *apud* WISSEMBACH, Maria Cristina Cortez. *Sonhos africanos, vivências ladinas: escravos e forros em São Paulo (1850-1880).* São Paulo: Hucitec, 1998.

Regimento que há de guardar o feitor-mor de engenho... in: MELO, J. A. Gonçalves de. "Um Regimento de Feitor-mor de engenho de 1663". *Boletim do Instituto Joaquim Nabuco de Pesquisas Sociais,* 2 (1953): 82-87.

ROCHA, Pe. Manoel Ribeiro. *Ethiope resgatado, empenhado, sustentado, corrigido, instruído e libertado. Discurso theológico-jurídico em que se propõe o modo de comerciar, haver e possuir validamente, quanto a um e outro Foro os pretos cativos africanos e as principais obrigações que concorrem a quem deles se servir.* Lisboa: Oficina Patriarcal de Francisco Luiz Ameno, 1758. Esta obra foi publicada em *Cadernos do Instituto de Filosofia e Ciências Humanas,* no. 21. Departamento de História, IFCH-Unicamp, agosto 1991

Obras de referência

Novo Dicionário Eletrônico Aurélio. CD-ROM, 2004.

Livros e artigos

ALVES, Maíra Chinelatto. "O Falecido Senhor: disputas e conflitos na partilha de uma propriedade em Campinas nos anos 1860". In: *Anais do XIX Encontro Regional de História organizado pela ANPUH – SP.* São Paulo, 2008.

AZEVEDO, Célia Marinho de. *Onda negra, medo branco. O negro no imaginário das elites – Século XIX*. Rio de Janeiro: Paz e Terra, 1987.

AZEVEDO, Elciene. *O direito dos escravos. Lutas jurídicas e abolicionismo em São Paulo*. Campinas: Editora da Unicamp, 2010.

BACELLAR, Carlos de Almeida Prado. *Os senhores da terra: família e sistema sucessório entre os senhores de engenho do Oeste Paulista*. Campinas: Centro de Memória da Unicamp, 1997.

BACELLAR, Carlos de Almeida Prado; SCOTT, Ana Silvia Volpi; BASSANEZI, Maria Silvia Casagrande Beozzo. "Quarenta anos de demografia histórica". In: *Revista Brasileira de Estudos Populacionais*, vol. 22, n. 2.

BARICKMAN, J. B. "Até a véspera: o trabalho escravo e a produção de açúcar nos engenhos do Recôncavo Baiano (1840-1881)". In: *Afro-Ásia*, 21-22, 1998-1999.

BEIGELMAN, Paula. *A formação do povo no complexo cafeeiro*. São Paulo: Pioneira, 1968.

BERTIN, Enidelce. *Alforrias na São Paulo do século XIX: Liberdade e Dominação*. São Paulo: Humanitas/FFLCH/USP, 2004.

_____. *Os meia-cara. Africanos livres em São Paulo no século XIX*. Salto: Schoba, 2013.

CARDOSO, Fernando Henrique. *Capitalismo e escravidão no Brasil Meridional*. São Paulo: Difusão Europeia do Livro, 1962.

CHALHOUB, Sidney. *Visões da Liberdade: Uma história das últimas décadas da escravidão na corte*. São Paulo: Companhia das Letras, 1990.

CONRAD, Robert. *Os últimos anos da escravatura no Brasil. 1850-1888*. Rio de Janeiro: Civilização Brasileira, 1975.

COSTA, Emília Viotti da. *Coroas de glória, lágrimas de sangue. A rebelião dos escravos de Demerara em 1823*. São Paulo: Companhia das Letras, 1998.

_____. *Da senzala à* colônia. (1966). São Paulo: Fundação Editora da Unesp, 1998.

COSTA, Iraci del Nero. "Notas sobre a posse de escravos nos engenhos e engenhocas fluminenses". In: *Revista do* IEB. São Paulo: IEB-USP, 28, 1988.

CRATON, Michael. *Testing the chains: Resistance to Slavery in the British West Indies.* Ithaca and London: Cornell University Press, 1982.

CRAWFORD, Stephen C. "Punishments and Rewards". In: ENGELMAN, Stanley L. & FOGEL, Robert William. (orgs.) *Without consent or contract: the rise and fall of American slavery. Conditions of slave life and the transition to freedom: technical papers, Volume II.* Nova York/Londres: W. W. Norton & Company, 1992.

CUNHA, Manuela Carneiro da. "Sobre os Silêncios da Lei: lei costumeira e positiva nas alforrias de escravos no Brasil do século XIX". In: *Antropologia do Brasil: mito, história e etnicidade.* São Paulo: Brasiliense, 1987.

DEAN, Warren. "A botânica e a política imperial: a introdução e a domesticação de plantas no Brasil". In: *Estudos Históricos.* Rio de Janeiro, vol. 4, n. 8, 1991, p. 216-228.

_____. *Rio Claro. Um Sistema Brasileiro de Grande Lavoura, 1820-1920.* São Paulo: Paz e Terra, 1977.

DIAS, Maria Odila Leite da Silva. *Quotidiano e Poder em São Paulo no Século XIX,* 2ª ed. Revista. São Paulo: Brasiliense, 1995.

_____. "Hermenêutica do cotidiano na historiografia contemporânea". In: *Revista Projeto História,* vol. 17, 1998.

_____. "Novas subjetividades na pesquisa histórica feminista: uma hermenêutica das diferenças". In: *Revista Estudos Feministas,* ano 2, 1994.

DRESCHER, Seymour. *From slavery to freedom: Comparative Studies in the Rise and Fall of Atlantic Slavery.* Nova York: New York University Press, 1999.

FERNANDES, Florestan. *A integração do negro na sociedade de classes.* São Paulo: Dominus/Edusp, 1965.

FONER, Eric. *Nada além da liberdade: a emancipação e seu legado.* Rio de Janeiro: Paz e Terra, 1988.

226 Maíra Chinelatto Alves

FRAGA FILHO, Walter. *Encruzilhadas da Liberdade: Histórias e Trajetórias de Escravos e Libertos na Bahia, 1870-1910*. São Paulo: Editora da Unicamp, 2006.

FRANCO, Maria Sylvia. *Homens livres na ordem escravocrata*. São Paulo: Cairós, 1983.

GEERTZ, Clifford. *A interpretação das Culturas*. Rio de Janeiro: Zahar, 1978.

GENOVESE, Eugene. *A Terra Prometida: o mundo que os escravos criaram*. Rio de Janeiro/Brasília: Paz e Terra/ CNPq, 1988.

GINZBURG, Carlo. *A micro-história e outros ensaios* (trad.). Lisboa/Rio de Janeiro: Difel/Bertrand Brasil, 1991.

_____. *Mitos, Emblemas, Sinais*. São Paulo: Companhia das Letras, 1989.

_____. *Queijo e os Vermes*. São Paulo: Companhia das Letras, 1991.

GÓES, José Roberto. "São muitas as Moradas: Desigualdades e Hierarquias entre os Escravos". In: FLORENTINO, Manolo; MACHADO, Cacilda (orgs.) *Ensaios sobre a escravidão (1)*. Belo Horizonte: Editora UFMG, 2003.

GOMES, Flávio dos Santos. *Histórias de Quilombolas: Mocambos e comunidades de senzalas – Século XIX*. Rio de Janeiro: Arquivo Nacional, 1995.

GOMES, Flávio dos Santos; REIS, João José (orgs.). *Liberdade por um Fio. História dos quilombos no Brasil*. São Paulo: Companhia das Letras, 1996.

GRINBERG, Keila. *Liberata, a lei da ambiguidade: as ações de liberdade da corte do Rio de Janeiro no século XIX*. Rio de Janeiro: Relume Dumará, 1994.

HARTMAN, Saidyia V. "Seduction and the ruses of power". In: *Callalo*, vol. 19, no. 2, 1996.

HESPANHA, Antônio Manuel. "Justiça e Administração entre o Antigo Regime e a Revolução". In: HESPANHA, Antônio Manuel Botelho. *Justiça e Litigiosidade: História e Prospectiva*. Lisboa: Fundação Calouste Gulbenkian, 1992.

JOHNSON, Walter. "On agency" in *Journal of Social History*, vol. 37, n° 1, 2003.

KAHN, Charles. "An Agency Theory Approach to Slave Punishments and Rewards". In: ENGELMAN, Stanley L.; FOGEL, Robert William (orgs.).

Quando falha o controle 227

Without consent or contract: the rise and fall of American slavery. Conditions of slave life and the transition to freedom: technical papers, Volume II. Nova York/ Londres: W. W. Norton & Company, 1992.

KARASCH, Mary, *A vida dos escravos no Rio de Janeiro, 1808-1850.* São Paulo: Companhia das Letras, 2000.

KAYE, Anthony E. *Joining Places: Slave neighborhoods in the Old South.* Chapel Hill: The University of North Carolina Press, 2007.

KLEIN, Herbert S. "American slavery in recent Brazilian scolarship, with emphasis on quantitative socio-economic studies". In: *Slavery and Abolition*, vol. 30, no. 1, mar. 2009, p. 113-135.

LARA, Silvia H. *Campos da Violência: escravos e senhores na capitania do Rio de Janeiro, 1750-1808.* São Paulo: Paz e Terra, 1988.

_____. "Escravidão, cidadania e história do trabalho no Brasil". In: *Projeto História: Revista do Programa de Estudos Pós-Graduados em História da Pontifícia Universidade Católica de São Paulo,* no. 16. São Paulo: EDUC, 1998

LEE, Deborah A.; HOFSTRA, Warren R. "Race, memory, and the death of Robert Berkeley: 'A murder... of... horible and savage barbarity'". In: *The Journal of Southern History*, Vol. 65, No. 1 (Feb, 1999), p. 41-76. Disponível em: http://www.jstor.org. Acesso em: 4 nov. 2014.

LENHARO, Alcir. *As Tropas da Moderação.* São Paulo: Símbolo, 1979.

LEVI, Giovanni. "Sobre a micro-história". In: BURKE, Peter (org.). *A escrita da história – novas perspectivas.* São Paulo: Editora da Unesp, 1992.

LUNA, Francisco Vidal; KLEIN, Herbert S. *Evolução da Sociedade e Economia Escravista de São Paulo, de 1750 a 1850.* São Paulo: Edusp, 2005.

MACHADO, Maria Helena P. T. *Crime e escravidão. Lavradores pobres na crise do trabalho escravo. 1830-1888.* São Paulo: Brasiliense, 1987.

_____."De Rebeldes a Fura-Greves: As Experiências de Liberdade dos Quilombolas do Jabaquara na Santos Pós-Emancipação". In: GOMES, Flávio dos Santos; CUNHA, Olívia M. G. da. *Quase-Cidadãos. História e Antropologias do Brasil Pós-Emancipação.* Rio de Janeiro: Ed. da FGV, 2007.

_____. *O plano e o pânico. Os movimentos sociais na década da abolição*. Rio de Janeiro: Ed. UFRJ/Edusp, 1994.

_____. "Sendo cativo nas ruas. A escravidão na cidade de São Paulo. In: Porta, P. *História da Cidade de São Paulo*, vol. Império. São Paulo: Paz e Terra, 2004.

_____. "'Teremos grandes desastres, se não houver providências enérgicas e imediatas': a rebeldia dos escravos e a abolição da escravidão". In: SALLES, Ricardo; GRIMBERG, Keila. *Brasil Império*. Rio de Janeiro: Civilização Brasileira, 2009, p. 367-400.

MARQUESE, Rafael de Bivar. "Moradia escrava na era do tráfico ilegal: senzalas rurais no Brasil e em Cuba, c. 1830-1860". In: *Anais do Museu Paulista*. São Paulo: N. Sér. vol. 13. n. 2.

MARQUESE, Rafael; TOMICH, Dale. "O Vale do Paraíba escravista e a formação do mercado mundial do café no século XIX". In: GRINBERG, Keila; SALLES, Ricardo. *O Brasil Império (1808-1889)*. Rio de Janeiro: Civilização Brasileira, 2008.

MARTIN, Jonathan D. *Divided mastery: slave hiring in the American south*. Cambridge/Londres: Harvard University Press, 2004.

MARTINS, Valter. *Nem senhores, nem escravos: os pequenos agricultores em Campinas (1800-1850)*. Campinas: CMU/Unicamp, 1996.

MATTOS, Hebe Maria. *Das cores do silêncio: os significados da liberdade no Sudeste escravista, Brasil século XIX*. Rio de Janeiro: Nova Fronteira, 1998.

_____. "Laços de família e direitos no final da escravidão". In: ALENCASTRO, Felipe (org.). *História da Vida Privada no Brasil 2: Império: a corte e a modernidade nacional*. São Paulo: Companhia das letras, 1997.

MATTOS, Ilmar R. *O tempo de saquarema. A formação do estado imperial*. São Paulo: Hucitec, 1990.

MELLO, Pedro C. de. "Expectation of abolition and sanguinity of coffee planters in Brazil, 1871-1881". In: FOGEL, Robert Willian; ENGERMAN, Stanley L. *Without consent or contract: the rise and fall of American slavery. Conditions of slave life and the transtition to freedom: technical papers, Volume II*. Nova York/Londres: W. W. Norton & Company, 1992, p. 629-646.

MENDONÇA, Joseli Maria Nunes. *Entre a mão e os anéis: a lei dos sexagenários e os caminhos da abolição no Brasil.* Campinas: Editora da Unicamp, 1999.

MILLER, Joseph C. "Retention, reinvention and remembering – restoring identities through enslavement in Africa and under slavery in Brazil". In: CURTO, José, C; LOVEJOY, Paul. *Enslaving connections – changing cultures of Africa and Brazil during the era of slavery.* Nova York: Humanity Books, 2004.

MINTZ, Sidney; Price, Richard. *O nascimento da cultura afro-americana: uma perspectiva antropológica* (trad.). Rio de Janeiro: Pallas/Universidade Cândido Mendes, 2003.

MOTTA SOBRINHO, Alves. *A Civilização do Café (1820-1920).* São Paulo: Brasiliense, s/d.

NARO, Nancy Priscilla. *A slave's place, a master's world. Fashioning dependency in rural Brazil.* Londres/Nova York: Continuum, 2000.

PENNINGROTH, Dylan C. "My people, my people: the dynamics of community in southern slavery". In: BAPTIST, Edward E.; CAMP, Stephanie M. H. *New studies in the history of American slavery.* Atenas/Londres: The University of Georgia Press, 2006.

PETRONE, Maria Teresa Schorer. *A lavoura canavieira em São Paulo: expansão e declínio (1765-1851).* São Paulo: Difusão Europeia do Livro, 1968.

PIROLA, Ricardo Figueiredo. *Senzala Insurgente: malungos, parentes e rebeldes nas fazendas de Campinas (1832).* Campinas: Editora da Unicamp, 2011.

_____. "O governo e o desgoverno dos escravos: a pena de morte escrava e a lei de 10 de junho de 1835". In: *Anais do 4º encontro "Escravidão e Liberdade no Brasil Meridional"*, Curitiba, 13 a 15 de maio de 2009.

POUTIGNAT, Philippe; STREIFF-FENART, Jocelyne. *Teorias da etnicidade. Seguido de Grupos étnicos e suas fronteiras de Fredrik Barth.* (trad.). São Paulo: Editora Unesp, 1998.

QUEIROZ, Suely Reis R. *Escravidão negra em São Paulo: um estudo das tensões provocadas pelo escravismo em São Paulo no século XIX.* Rio de Janeiro: José Olympio, 1977.

230 Maíra Chinelatto Alves

REIS, João José. *Rebelião escrava no Brasil: a história do levante dos malês em 1835*. São Paulo: Companhia das Letras. 2003.

_____. "Escravos e coiteiros no quilombo do Oitizeiro. Bahia, 1806". In: REIS, João José; GOMES, Flávio dos Santos (org.). *Liberdade por um fio. História dos quilombos no Brasil*. São Paulo: Companhia das Letras, 1996.

RIBEIRO, João Luiz. *No meio das galinhas as baratas não têm razão: a Lei de 10 de junho de 1835. Os escravos e a pena de morte no império do Brasil*. Rio de Janeiro: Renovar, 2005.

ROCHA, Cristiany Miranda. *Gerações da senzala: famílias e estratégias escravas no contexto dos tráficos africano e interno. Campinas, século XIX*. Campinas: [s. n.], 2004.

SALLES, Ricardo, *E o Vale era o escravo. Vassouras, século XIX. Senhores e escravos no coração do Império*. Rio de Janeiro: Civilização Brasileira, 2008.

SANTOS, Ronaldo Marcos dos. *Resistência e Superação do Escravismo na Província de São Paulo (1885-1888)*. São Paulo: IPE/USP, 1980.

SCHWARCZ, Lilia K. M. *Retrato em branco e negro: jornais, escravos e cidadãos em São Paulo no final do século XIX*. São Paulo: Companhia das Letras, 1987.

SCHWARTZ, Stuart. *Escravos, roceiros e rebeldes*. Bauru: EDUSC, 2001.

SCOTT, Rebeca J. *Emancipação escrava em Cuba: a transição para o trabalho livre; 1860-1899*. Rio de Janeio/Campinas: Paz e Terra/ Ed. Unicamp, 1991.

SILVA, Sérgio. *Expansão Cafeeira e Origens da Indústria no Brasil*. São Paulo: Editora Alfa-Ômega, 1995.

SLENES, Robert W. "Grandeza ou decadência? O mercado de escravos e a economia cafeeira da província do Rio de Janeiro, 1850-1888". In: COSTA, Iraci del Nero da. *História econômica e demográfica*. São Paulo: IPE/USP, 1986.

_____. "'Malungo, Ngoma vem!': África coberta e descoberta no Brasil. In: *Revista* USP, 12, 1991/92.

_____. *Na senzala, uma flor: esperanças e recordações na formação da família escrava, Brasil, Sudeste, século XIX*. Rio de Janeiro: Nova Fronteira, 1999.

_____. "O que Rui Barbosa não queimou: novas fontes para o estudo da escravidão no século XIX". In: *Estudos Econômicos*, vol. 13, n° 1, jan.--abr. 1983.

_____. "Senhores e subalternos no Oeste Paulista". In: ALENCASTRO, Felipe (org.). *História da Vida Privada no Brasil 2. Império: a corte e a modernidade nacional*. São Paulo: Companhia das Letras, 1997.

_____. *The demography and economics of Brazilian slavery, 1850-1888*. Stanford University, PhD, 1976.

_____. "L'arbre nsanda replanté: cultes d'affliction kongo et identité des esclaves de plantation dans le Brésil du sud-est (1810-1888)". *Cahiers du Brésil Contemporain*, Paris, EHESS, v. 67/68, (2007), p. 217-313. Versão revista e ampliada de "A Árvore de Nsanda Transplantada: Cultos Kongo de Aflição e Identidade Escrava no Sudeste Brasileiro (Século XIX)". In: LIBBY, Douglas Cole & FURTADO, Júnia Furtado (orgs). *Trabalho Livre, Trabalho Escravo: Brasil e Europa, Séculos XVIII e XIX*. São Paulo: Annablume, 2006, p. 273-314."

STEIN, Stanley. *Grandeza e decadência do café no Vale do Paraíba com referência especial ao município de Vassouras*. São Paulo: Brasiliense, 1960.

THOMPSON, E. P. *A Formação da Classe Operária Inglesa*. Rio de Janeiro: Paz e Terra, 1987.

_____. *Costumes em Comum. Estudos sobre a cultura popular tradicional*. São Paulo: Companhia das Letras, 1998.

_____. *Senhores e Caçadores: a origem da lei negra*. Rio de Janeiro: Paz e Terra, 1987.

VELLASCO, Ivan de Andrade. *As seduções da ordem: violência, criminalidade e administração da justiça. Minas Gerais – século 19*. Bauru: EDUSC. 2004/ANPOCS.

VOGT, Carlos & FRY, Peter. *Cafundó: a África no Brasil: linguagem e sociedade*. São Paulo, Companhia das Letras, 1996.

WISSEMBACH, Maria Cristina Cortez. *Sonhos africanos, vivências ladinas: escravos e forros em São Paulo (1850-1880)*. São Paulo: Hucitec, 1998.

AGRADECIMENTOS

Essa pesquisa começou em 2005, ainda durante meu curso de graduação em História no Instituto de Filosofia e Ciências Humanas da Unicamp, onde comecei a me interessar pelos atos de resistência dos escravos à escravidão. Desde então, tomou rumos inesperados, às vezes ditados por contingências dos arquivos, mas principalmente devido às escolhas feitas ao longo do caminho, no sentido de buscar interpretações mais consistentes dos autos criminais que formavam a base da pesquisa. Agradeço, portanto, a Maria Helena Machado, que me ensinou muito nos últimos anos e cuja contribuição fez desse estudo muito melhor do que seria sem ela. Seu próprio trabalho e sua maneira de perceber e discutir os diversos temas ligados à história da escravidão são uma fonte enorme de inspiração e aprendizado. Sou muito grata pela acolhida e estímulo constantes. Muito obrigada por me *orientar*.

As professoras Maria Cristina Wissenbach e Keila Grinberg me ajudaram imensamente. As questões levantadas em nosso encontro durante a banca de qualificação tornaram-se parte essencial desse trabalho e espero tê-las discutido – já que nem sempre responder é possível – à altura. Devo muito ao professor Robert Slenes, que orientou os primeiros passos desse trabalho e chamou minha atenção para a riqueza do cruzamento de documentos elaborado adiante. Agradeço a oportunidade e incentivo de iniciar um trabalho de pesquisa ainda durante a graduação, treinamento que certamente facilitou o percurso na pós-graduação. Agradeço também à professora Maria Cristina Wissenbach e ao professor Robert Slenes pela participação na banca de defesa da dissertação e o acompanhamento atencioso do meu trabalho já há alguns anos.

Os professores e colegas do Departamento de História Social da FFLCH-USP, em particular aos da linha de pesquisa de História Atlântica, me inspiraram a refletir sobre o estudo da escravidão. Um agradecimento especial a Kleber Amâncio, colega já antigo, que segue por caminhos tão similares aos meus. Os funcionários do Arquivo Público do Estado de São Paulo sempre foram muito pacientes e prestativos; tiveram a imensa boa vontade de me prover a documentação de que necessitava, mesmo quando o fundo de Autos Criminais encontrava-se em reorganização. Agradeço também aos funcionários do Centro de Memória da Unicamp, onde já passei boas horas decifrando inventários.

A Fundação de Amparo à Pesquisa do Estado de São Paulo forneceu o suporte financeiro que permitiu que me dedicasse integralmente à elaboração desta pesquisa. O Grupo Coimbra me concedeu uma bolsa do Programa para Jovens Professores e Pesquisadores de Universidade Latino-Americanas – os três meses que passei na Universidade de Leiden (Holanda) foram importantíssimos no desenvolvimento desse trabalho e na compreensão da importância do estudo da história dos escravos no Brasil. Agradeço ao meu tutor, professor Pieter Emmer, a gentileza e atenção com que me recebeu e à professora Marianne Wiesebron, cujo cuidado foi essencial durante minha estadia em Leiden.

Mariana Françoso foi fundamental na obtenção desta bolsa e na preparação para o intercâmbio. Aos meus queridíssimos amigos recifenses, Bruno Miranda, Larissa Menezes, Daniel Vieira e Camila Pimentel, agradeço terem trazido um pouco de calor brasileiro ao bravo inverno do Norte. Carla Sanfelici foi extremamente gentil ao me receber, assim como Denise Pinheiro e Erick Stevens. Aos últimos, fico imensamente grata por partilharem comigo seu natal e pelas deliciosas noites, regadas a boa música, que passamos juntos.

Sou muito grata à minha família, pela casa a que sempre posso voltar. Agradeço demais o apoio, a paciência, as conversas e silêncios sem os quais não seria possível chegar até aqui. Minha mãe sempre foi minha maior incentivadora e companheira. Meu pai é exemplo de paciência e generosidade, mesmo sendo algo avoado. Minha irmã me ensina todos os dias a tornar a vida um pouco mais leve. Clara é nossa luz e válvula de escape, fonte interminável de risos e abraços. Agradeço a Hélder Pinheiro, que me deu de presente meus primeiros livros de história; a Cecília, Arlindo, Vera e Teresa Chinelatto as risadas fáceis e nossa história conjunta. A Claudete e Naur de Oliveira agradeço dividirem suas vidas comigo.

O início dessa jornada teve o apoio precioso de Daniela Silveira e Lerice Garzoni, que me estimularam a seguir novos caminhos. Deborah Leanza é minha interlocutora essencial no trabalho e na vida: espero que ainda viajemos muito juntas, pela história e fora dela. Loyane Ferreira foi sempre um porto seguro a que pude me voltar quando o mundo ficava turbulento demais. Andréia Marson e Cristina Abreu me acompanham há muito, ainda que às vezes a alguma distância. Guilherme Pozzer e Renata Monezzi são grandes amigos e vizinhos, cujas conversas e cafés sempre me trazem amparo e risadas. Renata Xavier acompanhou de perto o período final do trabalho; dividimos ansiedades e expectativas tornando o fardo, assim, mais leve. Ilma Valadão desde o início me ajudou de um tanto que não sei dizer. Geraldo Witese e Lettícia Leite: não é que nos encontramos no final? E todo final também é começo. Deixo também meu carinho aos amigos que chegaram no posfácio: Marília Ariza, Débora Mattos, Lorena Telles, Carla Ferrer, Pedro Torreão, Maria Clara Sampaio, Fabiana Beltramin, Alexandre Cardoso e Clícea Maria Miranda. Com eles ri, viajei, discuti e partilhei muito das angústias e delícias da pesquisa e da vida. Fica aqui meu muito obrigada.

Esta obra foi impressa em Guarulhos
no verão de 2015 pela Gráfica Imagem
Digital. No texto foi utilizada a fonte
ITC New Baskerville em corpo 10,5 e
entrelinha de 14,5 pontos.